政府驱动型空间开发的中国实践

Government-Driven Urban and Land Spatial Development of China

汪劲柏　著

中国建筑工业出版社

图书在版编目（CIP）数据

政府驱动型空间开发的中国实践＝Government-
Driven Urban and Land Spatial Development of China／
汪劲柏著. —北京：中国建筑工业出版社，2021.12
　　ISBN 978-7-112-26865-8

　　Ⅰ.①政… Ⅱ.①汪… Ⅲ.①区域经济发展－研究－
中国 Ⅳ.①F127

中国版本图书馆CIP数据核字（2021）第258909号

　　本书着眼于梳理我国1949年以来政府驱动空间开发的实践与成效，结合不同时期的代表性案例，从"开发主体——空间生产——价值循环"三个层面解析其开发机制，归纳提出基于中国情境的"政策区"开发模式和"两次价值循环"规律。本书案例充分翔实，对1949年以来八轮政府驱动型开发进行纵览，并对湖北省早期大项目开发、宁波北仑地区开发、浦东新区开发、雄安新区开发等各阶段的代表案例进行了专门性剖析。同时延伸介绍了若干其他国家的案例经验。本书还从原理层面进行探讨，用"集体行动"、"机制设计"、"价值循环"等理论思想和方法，构建"政府与市场互动"的分析框架，为实现"有效市场和有为政府更好结合"提供研究支撑。

　　本书可供广大国土空间规划、城乡规划、城乡空间开发、房地产开发的从业人员借鉴，供高等院校城乡规划相关专业师生等学习参考。

责任编辑：吴宇江　许顺法
书籍设计：锋尚设计
责任校对：张　颖

政府驱动型空间开发的中国实践
Government-Driven Urban and
Land Spatial Development of China
汪劲柏　著

＊

中国建筑工业出版社出版、发行（北京海淀三里河路9号）
各地新华书店、建筑书店经销
北京锋尚制版有限公司制版
天津翔远印刷有限公司印刷

＊

开本：787毫米×1092毫米　1/16　印张：14$\frac{1}{4}$　字数：328千字
2022年4月第一版　2022年4月第一次印刷
定价：**67.00**元
ISBN 978 – 7 – 112 – 26865 – 8
　　　　（38147）

序

新中国成立后，曾经学习苏联的计划经济模式；自"一五"时期起，由中央政府主导实施了苏联及东欧国家援助的156个大项目建设，使我国快速走上了工业化道路。此后我国为应对当时的严峻国际环境，还曾搞过多年的"大三线"和"小三线"建设。1978年后，我国实行改革开放政策；1992年，在邓小平南方谈话的指引下，我国明确了以建立社会主义市场经济为改革的根本取向；在经济发展和城乡开发建设的现实中，市场配置资源的范围和作用逐步增大。但这并不意味着政府作用趋于式微；尤其在与空间资源使用相关的地区性空间开发领域，如经济技术开发区、高新区、新城新区等，必须要由政府来统筹，并以空间规划和公共开发为先导；由于地区性空间开发的共同特征是由政策驱动，因而可称之为"政策区"。我国从一个贫困落后的农业国迅速崛起为世界第二大经济体，既离不开市场化改革，亦离不开"强政府"及广为采用的政策区发展模式。

毋庸讳言，过去的发展虽然取得了举世瞩目的伟大成就，但同时也留下了很多缺憾及需要反思之处。吴敬琏先生（2011）在谈到我国经济发展面临的困难时曾经说到，"所有的困境都指向一个原因，那就是中国长时期以来采取以投资驱动的增长模式"。这一认识有深度，但似乎过于简单化，需要有更多的深入研究。本书即旨在较为系统地回顾和评析我国不同时期的政府驱动型空间开发实践，以求得出较为全面的认知并汲取真切的经验和教训。

党的"十八大"以来，中央大力倡导生态文明和高质量发展，对各类政策区也不断加以整顿和规范；2016年发布的《中共中央国务院关于进一步加强城市规划建设管理工作的若干意见》，明确要求"严控各类开发区和城市新区设立"。与此同时，根据新时代的发展需求，新的政策区也仍在不断推出，如中国（上海）自由贸易试验区、北京副中心、雄安新区、长三角生态绿色一体化发展示范区，等等。从这些新的政策区的战略定位、价值导向、开发模式等角度看，均体现了新时代的新诉求。与此同时，也要看到政策区的发展具有时空延续性；在新时代的新发展中，尤其需要以史为鉴，在科学的发展观引领下砥砺前行。

国内外已有不少学者从不同视角解读过中国特色的空间发展范式，但从地区空间开发视角的系统性研究还不多，尤其是从计划经济到改革开放的大跨度和全视野的研究更是罕见。本书作者自攻读博士学位开始，已经多年专注于这个研究领域；这项工作既为承上，亦为启下。本书的出版，无疑将丰富这一领域的研究文献，相信对相关的研究工作和空间开发实践均会有所裨益。

赵民
2021年6月于同济西苑

前　言

如何有效推进政府驱动型空间开发是当前中国高质量发展面临的关键问题之一，在城镇化快速发展时代，这也构成了规划学科的重要研究方向。"十四五"规划提出"推动有效市场与有为政府更好结合"，为相关研究提供了思考导向。

本书以我国1949年以来政府驱动的大型空间开发为研究对象，以对改革开放前后的全视野考察为研究切入点。研究的思想土壤来自"政府—市场"关系和"发展型国家"的经典理论，并运用集体行动理论和机制设计理论的思想方法。在纵览新中国七十年来的大型空间开发实践基础上，对我国发展型政府的"一以贯之"的发展逻辑做出概括，提出"政策区"（Policy-driven Districts，简称PD）开发模式，对其中"集中式资源调配"与"分散化资源利用"此消彼长的核心机制关系进行模型化演绎，用以解释政府驱动开发的四种情景演化逻辑，并进一步辨析其中两类主体的"两次价值循环"关系，揭示此种模式内含的逻辑性矛盾，提出应优化两次价值循环，构建新型联合开发机制。

本书选择了四个不同时期的典型案例进行深入剖析，包括计划经济时期湖北省大项目开发、计划经济到改革开放转轨时期宁波北仑地区开发、改革开放时期浦东新区开发、当前新时期雄安新区开发，梳理不同时期案例的开发背景、实践演进和成效影响，并从"开发主体——空间生产——价值循环"三个层面解析案例实践中政府驱动开发机制。最后还延展到对国际上政府驱动空间开发的案例经验研究。

本书共计10个章节。其中第1章为绪论，介绍研究的背景与目的、研究的主要思路与内容框架；第2、3、4章为理论与实践总述，主要内容是1949年以来八轮代表性的政府驱动开发实践纵览，结合相关理论综述，推演提出"政策区"模式的情境解释；第5、6、7、8章节为案例解析，对不同时期四个代表性案例做出实践分析和模式解读；第9章延伸到对国际典型案例的研究；第10章是本书的研究结论与展望。

目 录

序
前 言

第 1 章　绪论 ··· 1

　　1.1　研究的缘起 ··· 1

　　　1.1.1　中国的发展大潮中常见政府驱动空间开发的身影 ···················· 1

　　　1.1.2　在既有经典理论基础上需要加强针对性研究 ·························· 2

　　　1.1.3　更需要着眼未来寻求政府驱动型开发的与时俱进 ·················· 4

　　1.2　研究思路与框架 ··· 6

　　　1.2.1　问题聚焦 ·· 6

　　　1.2.2　研究思路 ·· 6

　　1.3　研究的导向 ··· 7

　　　1.3.1　反思中国的发展逻辑 ··· 7

　　　1.3.2　寻找共同的理论方向 ··· 8

　　　1.3.3　拓展有效的开发研究 ··· 8

　　1.4　研究框架 ·· 9

　　1.5　本章小结 ·· 11

第 2 章　理论综述：从"政府—市场"关系到集体行动机制 ···················· 13

　　2.1　空间开发相关理论 ·· 13

　　　2.1.1　以寻求经济突破为着力点的区域开发理论 ··························· 14

　　　2.1.2　以总结空间模式为着力点的空间经济理论 ··························· 15

　　　2.1.3　以寻求开发价值为着力点的开发策略研究 ··························· 16

　　2.2　政府驱动相关理论 ·· 16

　　　2.2.1　自由市场经济理论的话语体系及其政府投资理论 ·················· 16

　　　2.2.2　政府管制经济理论的话语体系及其政府生产理论 ·················· 18

　　　2.2.3　两个话语体系的靠近趋势 ··· 19

2.3 对政府驱动空间开发的政治经济解释 ···20

2.3.1 空间生产理论 ··20

2.3.2 城市政体理论 ··20

2.3.3 发展型国家（政府）理论 ··21

2.4 三个重点的理论土壤 ···22

2.4.1 吉登斯结构化理论 ··22

2.4.2 奥尔森集体行动困境理论 ··24

2.4.3 机制设计理论 ··26

2.5 本章小结 ···28

第3章 实践纵览：新中国成立以来八轮代表性的政府驱动型开发 ·······················29

3.1 20世纪50年代：依托156大项目驱动空间开发 ··29

3.1.1 156大项目的时代背景 ··29

3.1.2 156大项目的主要内容 ··30

3.1.3 156大项目开发的影响 ··30

3.2 20世纪60年代：依托"三线"战备大项目驱动片区开发 ·································31

3.2.1 三线大项目的时代背景 ··31

3.2.2 三线大项目的主要内容 ··32

3.2.3 三线大项目开发的影响 ··32

3.3 20世纪70年代：依托成套引进大项目驱动片区开发 ····································33

3.3.1 成套引进大项目的时代背景 ··33

3.3.2 成套引进大项目的主要内容 ··33

3.3.3 成套引进大项目开发的影响 ··34

3.4 20世纪80年代：大项目调整与开发区起步 ··35

3.4.1 大项目调整与开发区试验的时代背景 ··35

3.4.2 大项目调整与开发区试验的主要内容 ··35

3.4.3 大项目调整与开发区试验的影响 ··37

3.5 20世纪90年代：开发区大发展 ··37

3.5.1 开发区大发展的时代背景 ··37

3.5.2 开发区大发展的主要内容 ··38

3.5.3 开发区大发展的影响 ··40

3.6 21世纪00年代：从开发区到新城新区的进一步扩张 ·····································41

3.6.1 从开发区到新城新区大开发的时代背景 ··41

3.6.2　从开发区到新城新区大开发的主体内容 41

3.6.3　从开发区到新城新区大开发的影响 49

3.7　21世纪10年代：大战略频出与地区开发转型 51

3.7.1　大战略频出与地区开发转型的时代背景 51

3.7.2　大战略频出与地区开发转型的主要内容 52

3.7.3　大战略频出与地区开发转型的影响 58

3.8　2017年以来：新时期的片区空间开发 59

3.8.1　新时期的片区空间开发的时代背景 59

3.8.2　新时期的片区空间开发的主要内容 60

3.8.3　新时期的片区空间开发的影响 69

3.9　本章小结 70

第4章　模式解析：基于中国情境的"政策区"开发模式 73

4.1　计划经济与改革开放时期的比较分析 73

4.1.1　早期大项目主导与近期政策驱动的差异分析 73

4.1.2　早期大项目主导与近期政策驱动的关联分析 75

4.1.3　大项目主导与政策驱动的内在一致性 77

4.2　"政策区"开发模式的提出 77

4.2.1　"政策区"模式的核心特征 78

4.2.2　"政策区"模式的适用范围与概念外延 79

4.3　"政策区"开发模式的理论框架 80

4.3.1　"政策区"三层次认知解析模型 80

4.3.2　"政策区"模式的一般形成机制 82

4.3.3　"政策区"开发机制的理论模型 84

4.3.4　"政策区"机制模型的情境模拟 87

4.3.5　"政策区"开发机制的逻辑悖论 88

4.4　新中国成立以来政府驱动型空间开发的演变解释 90

4.4.1　开发实践在不同情境中的演化 90

4.4.2　开发实践在情境间演变的理论解释 91

4.5　新中国成立以来政府驱动型空间开发的逻辑悖论解释 93

4.5.1　"政策区"开发实践中出现的普遍性问题 93

4.5.2　应对逻辑悖论的理论思考——两次价值循环论 96

4.6　超越逻辑悖论的开发机制优化 100

4.6.1 优化的原理——区分两次价值循环 ………………………………… 100
4.6.2 机制优化的路径——建构新型的联合开发机制 …………………… 103
4.7 本章小结 ………………………………………………………………… 105

第5章 计划经济时期案例：湖北省多地大项目开发 ……………………… 107
5.1 湖北省的政府驱动大项目开发演进 ………………………………… 107
5.1.1 20世纪50年代：苏联援建大项目时期 ……………………………… 107
5.1.2 20世纪60～70年代：三线大项目时期 ……………………………… 108
5.1.3 20世纪80～90年代：开发区与大新区时期 ………………………… 108
5.1.4 2000年以来：主题创新时期 ………………………………………… 109
5.1.5 湖北政府驱动大规模开发的演变总结 ……………………………… 109
5.2 湖北省的政府驱动大项目开发成效分析 …………………………… 110
5.2.1 政府驱动大项目在地区开发中发挥主导作用 ……………………… 110
5.2.2 政府驱动大项目主导地区开发的现实问题 ………………………… 121
5.3 湖北省的政府驱动大项目开发机制解析 …………………………… 123
5.3.1 对地区开发机制的理论还原 ………………………………………… 123
5.3.2 对地区开发机制的理论解释 ………………………………………… 125
5.4 本章小结 ………………………………………………………………… 126

第6章 计划经济向改革开放转轨期案例：宁波北仑地区开发 …………… 127
6.1 北仑地区开发历程及其政府驱动的演进 …………………………… 127
6.1.1 1978～1983年：政府驱动大项目启动开发 ………………………… 127
6.1.2 1984～1991年：开发区与大项目区齐头并进 ……………………… 128
6.1.3 1992～2002年：政策和项目联动开发 ……………………………… 130
6.1.4 2003～2010年：政策区开发二次创业 ……………………………… 131
6.2 北仑地区的政府驱动开发的成效分析 ……………………………… 133
6.2.1 大项目与大政策塑造了北仑地区开发 ……………………………… 133
6.2.2 大项目与大政策造成北仑地区开发的现实问题 …………………… 139
6.3 北仑地区的政府驱动开发机制解析 ………………………………… 141
6.3.1 对地区开发机制的理论还原 ………………………………………… 141
6.3.2 对地区开发机制的理论解释 ………………………………………… 145
6.4 本章小结 ………………………………………………………………… 146

第7章　改革开放时期案例：浦东新区开发·······················147

　　7.1　浦东新区开发历程及其政府驱动的演进·······················147

　　　　7.1.1　1990～1995年：启动开发开放阶段·······················147

　　　　7.1.2　1996～1999年：跨越发展阶段·······················149

　　　　7.1.3　2000～2004年：结构整合阶段·······················149

　　　　7.1.4　2005～2010年：二次创业阶段·······················150

　　　　7.1.5　小结·······················151

　　7.2　浦东新区的政府驱动开发的成效分析·······················152

　　　　7.2.1　政府驱动对地区开发的推动作用·······················152

　　　　7.2.2　政府驱动造成地区开发的现实问题·······················156

　　7.3　浦东新区的政府驱动开发的机制解析·······················159

　　　　7.3.1　对浦东开发的政府驱动机制的理论还原·······················159

　　　　7.3.2　对浦东开发的政府驱动机制的理论解释·······················162

　　7.4　本章小结·······················163

第8章　新时期案例：雄安新区开发·······················165

　　8.1　雄安新区开发历程及其政府驱动的演进·······················165

　　　　8.1.1　雄安新区开发的时代背景·······················165

　　　　8.1.2　雄安新区开发的提出过程·······················168

　　　　8.1.3　雄安新区开发建设的推进·······················169

　　　　8.1.4　小结·······················170

　　8.2　雄安新区的政府驱动开发的成效分析·······················170

　　　　8.2.1　集中承载北京的非首都功能疏解·······················170

　　　　8.2.2　推动地区产业转型升级和区域发展·······················171

　　　　8.2.3　探寻中国未来城市发展模式·······················172

　　8.3　雄安新区的政府驱动开发的机制解析·······················173

　　　　8.3.1　雄安新区开发实践中的开发主体结构·······················173

　　　　8.3.2　雄安新区开发实践中的空间生产·······················174

　　　　8.3.3　雄安新区开发实践中的价值循环·······················175

　　8.4　本章小结·······················176

第9章　国际案例：来自多个国家的经验·······················179

　　9.1　国外政府驱动空间开发的演变·······················179

9.1.1   近代以前的政府驱动片区开发实践 ································ 179

9.1.2   近代以来的政府驱动空间开发实践 ································ 179

9.2   英国新城运动和米尔顿·凯恩斯新城的政府驱动开发 ················ 180

9.3   法国巴黎马恩河谷的政府驱动开发 ································ 183

9.4   日本筑波科学城、六本木新城的政府驱动开发 ···················· 185

9.5   美国"绿带城镇"、雷斯顿城开发中的政府参与 ·················· 188

9.6   巴西巴西利亚的政府驱动开发 ···································· 189

9.7   印度昌迪加尔的政府驱动开发 ···································· 190

9.8   韩国世宗的政府驱动开发 ·· 192

9.9   本章小结 ·· 193

第 10 章　研究结论与展望 ·· 195

10.1   研究结论 ··· 195

10.2   引申思考与展望 ··· 196

参考文献 ··· 199

第1章 绪论

1.1 研究的缘起

1.1.1 中国的发展大潮中常见政府驱动空间开发的身影

新中国成立以来总体上经过计划经济和改革开放两个大的发展时期，计划经济时期总体上奠定了我国的工业化基础和总体布局，改革开放时期则进一步推进了国民经济的综合实力走向世界前列。回顾这个历程，常常能看到政府驱动空间开发的身影。

在计划经济时期，奠定总体经济格局的主要是国家推动并主导实施的重大项目片区开发。

其中，苏联援建"156"大项目是新中国第一波大规模的地区开发。在5年内，实际完成投资占全部工业基本建设投资的50%左右（陆振华，2008），不仅大大增强了我国的工业实力，还奠定了东北（沈阳、鞍山为中心）、华北（京、津、唐为中心）、华中（武汉、郑洛为中心）、西部（重庆、西安、兰州为中心）等大的工业经济布局。

"三线"建设大项目是第二波大规模的地区开发，历经"三五计划"、"四五计划"到"五五计划"，由国家政府直接部署，在三线地区十一个省份建成投产一系列基本建设大中型项目，占全国比重分别为53.03%、50.4%、40.78%（王丹莉，2020）。约15年间，国家先后投资了2000亿元，到20世纪70年代末，共形成固定资产原值1400亿元，约占全国的1/3，建成全民企业2.9万个（黄荣华，2010）；建成了近2000个大中型骨干企业、科研单位、大专院校和交通邮电项目，形成了45个以重大产品为中心的专业化生产科研基地和30个各具特点的新兴工业城市（孙健，1992）

成套引进大项目是第三波大规模的政府驱动开发。开始于1972年，分两个大的批次，第一批次总投资205亿元，占同期基本建设投资的7.4%，第二批次总投资180亿美元外汇和1300亿元人民币，甚至超出当时基本建设总投资很多（陈锦华，2005），虽然实施有参差，但同样构成了国家工业化和城镇化的重要内容。

改革开放后，政府驱动空间开发的主要内容发生转变，从国家投资大项目转向国家和地方政府推动的经济特区、开发区、新城新区等。

1980年深圳经济特区成立，随后又先后成立了珠海、汕头、厦门等经济特区。到1983年，深圳已签订了2500多个经济合作协议，财政收入比办特区前增长10倍多（吕连仁，2002）。这是中央不给直接投资而是通过给政策，由地方实施招商引资形成的新的政府驱动型空间开发模式。后续的情况显示，这种开发模式在深圳取得了巨大的成功，并推广到全国的"开发区"发展。在整个20世纪80年代，开发区经济从探索、怀疑到形成风气全国铺开，贡献了国民经济最活跃的板块。

1990年浦东新区开发作为国家战略而推出，规划规模达500多平方公里，树立了新的地区开发标杆。1992年至1996年，我国就有各类开发区4210个（其中国家批准和省批准1128个、省以下批准3082个），规划占地面积12356.67平方公里（王永红，2003），几乎达到同期全国600多个设市城市建成区的面积总和（庄林德，张京祥，2002）。开发区已经成为各地工业化和城镇化的主要阵地，可谓独领一时风骚。

2000年新型城镇化战略提出后，开发区"一枝独秀"的风光岁月受到了挑战（皮黔生，王恺，2004），其焦点地位逐步让渡于"城市新区"。进一步衍生出大学城（教育园区）、新行政中心（政务新区）、交通设施拉动新区（临港新城/空港新区/车站新区）、郊区大盘（田园新城）、综合性新区/新城等一系列各种类型的新区开发实践。在推动城乡发展的同时，也催生了高企的土地财政。2010年全国土地财政已经接近全部地方财政收入的一半（简玉婷，2011）。这在中国成为全球第二大经济体的征程中发挥了重要支撑作用。但也导致对投资经济的依赖和土地财政的惯性，带来了资源消耗、东西差距、城乡失衡等问题。

2016年国家出台《中共中央国务院关于进一步加强城市规划建设管理工作的若干意见》，提出"严控各类开发区和城市新区设立"。与此同时，根据新时代的发展需求，新形式的地区开发仍在不断推出。2017年新推出的雄安新区，致力于不走老路，拓展地区开发新的范式。同期探索的还有长三角生态绿色一体化示范区、北京副中心、各地的自由贸易区等。

纵览这个过程，是政府驱动型空间开发在中国实践高潮迭起的过程，也是中国经济从一穷二白走向世界前列的过程。从每一个阶段的发展历程看，这种政府驱动的空间开发实践，都发挥了重要作用，在某种程度上，是我国政府推动经济社会发展的重要阵地和有力抓手。但毋庸讳言，在取得成绩的同时也留下了某些遗憾及需要反思之处。如何能系统地回顾和分析我国不同时期的政府驱动型空间开发实践，以求得出较为全面的认知并汲取启迪，是本书研究工作的基本出发点。

1.1.2   在既有经典理论基础上需要加强针对性研究

从西方经典经济学理论来说，政府驱动开发的理论思想主要来自凯恩斯主义，其起源是对"市场失灵"的应对。在亚当. 斯密关于"看不见的手"自由市场经济理论指导下，西方资本主义经历了最初的经济繁荣，但在20世纪30年代陷入"大萧条"而印证出"市场失灵"的问题。为了应对"市场失灵"，凯恩斯以"政府埋钱听任私有企业根据自由放任的原则挖出钞票"的假想例子来描述其政府投资思想（高鸿业，2002），具体做法之一就是各种政策驱动（或政府投资）的大项目。凯恩斯在1938年2月给罗斯福总统的信中也曾指出"经济回升的关键是执行大规模的公共工程计划"（陶宏，2009）。这在应对资本主义经济大萧条和重振资本主义经济方面发挥过积极的作用，一度在欧美国家受到追捧，催生了美国的田纳西河谷流域治理、州际高速公路建设、城市更新等政府驱动型开发项目。

但20世纪60～70年代的滞胀危机摧垮了对凯恩斯政府干预主义的迷信，经济自由主义再度高涨，经济学家的视角转向了"政府失灵"或"政策无效"，主张还是用市场机制作为资源配置的基本工具，把政府身上过多的职能卸下来，形成所谓的"新自由主义"时期。这时的代表人物是弗里德曼和拉弗等。

到了20世纪70年代以后，斯蒂格利茨等经济学家进一步论证了市场中的信息不对称、非理性决策等根本性的缺陷。人们逐渐认识到政府和市场都不是完美的，"政府干预经济"不再是一个是与否的问题，而是如何"更好地干预"的问题。

更进一步的分析，突破了传统"政府—市场"二元对立逻辑，而是着眼于"政治—经济互动平衡"的视角，分析地区开发中的不同社会角色发挥的作用，涌现出"增长同盟"（Molotch，2007）、"企业家政体"（Stone，1989，Osborne，1993）、"发展型国家"（Johnson，1982，White，1988）、"多中心治理"（Ostrom，2007）等新的理论模型和发展观点。

如果用这些经典理论来映照中国的政府驱动型开发实践，能看到某些解释力的存在，但又有很大不同。我国的政府驱动开发，其底层逻辑来自于无产阶级专政理论，以及七十余年来实践出真知形成的改革经验。无产阶级专政理论主张："无产阶级夺取政权以后，……把一切生产工具集中在国家即组织成为统治阶级的无产阶级手里，并且尽可能快地增加生产力的总量"，这初步界定了国家（政府）具有"集中管理"和"促进生产"两大职能。这种体制首先在苏联建立，将"集中管理"和"促进生产"两大职能统一在"计划经济"体制中。新中国成立时也采取了类似的"全能国家"体制，国家通过直接指令和计划安排等方式，获得对全部资源的支配能力，集中安排地区开发，这在新中国成立初期取得了明显成效，但后来陷入体制效率低下的掣肘。改革开放后，邓小平提出"国家不给资金，只给政策"、"不管白猫黑猫，能抓住老鼠就是好猫"等发展理念，国家从"全能安排"转为"宏观调控"，激励地方政府和企业自主追求经济效益，在随后的四十年里实现了持续快速的经济发展。

这个过程与西方经典理论中关于"政府—市场"二元对立走向"政治—经济互动平衡"的趋势在逻辑上是互通的。但我国在开展市场经济体制改革的同时，国家宏观控制体系并未真正削弱。虽然承认并利用市场配置方式，但国家和各级政府仍对社会资源有高度的掌控能力，同时仍然有意识地介入市场而不仅是制订市场规则，形成"有管制的市场"经济，这一点与西方注重自由市场的经典理论不完全兼容。

查默斯·约翰逊（1982）、世界银行（1993，2000）、罗伯特.韦德（1994）等从日本、韩国等东亚经济现象的研究中，总结出政府对经济发展较多干预的"发展型国家"模式。在此基础上，戈登·怀特（1988）结合中国、朝鲜、越南等国经验进行理论修正，认为发展路径和政治形态并无必然联系，无论社会主义国家还是资本主义国家都存在"发展型国家"体制，从而提出了"社会主义发展型国家"，并与"资本主义发展型国家"体制相区分（禹忠恩，

2008）。郁建兴（2008）、耿曙（2019）、陈玮（2019）等认为，"发展型国家"理论对中国的发展路径具有解释力。黄宗昊（2019）将"发展型国家"模式分为1.0版本和2.0版本，其中：1.0版本强调产业政策和国家能力对经济发展发挥重要的驱动作用，是源自"二战"后东亚地区快速发展经验的原生版"发展型国家"模式；2.0版本则注重社会力量的崛起和民主化对产业政策实施过程的影响，注重在政府政策实施过程中的"国家—社会关系"，用自主性和镶嵌性概括简单的国家管制一元论之外的复杂的"政策网络"过程。

镶嵌（embedded）是马克·格兰诺维特（Mark Granovetter）首先提出，应用于解释经济活动是镶嵌于社会关系中的基本原理。埃文斯（Peter Evans）将"镶嵌"概念拓展到政治经济学领域，提出"镶嵌自主性"（embedded autonomy）的概念用以描述国家与社会（市场）的互动关系，认为只有官僚自主性与社会镶嵌性相结合，即官僚在自主实施国家政策提供公共服务的同时，需要将自己镶嵌在社区中，加强作为社区成员的身份认同，形成与社会力量良好的协调合作，才能获得良好的发展。这与我国治理体系中强调"群众路线"、"服务人民"等做法有共通之处。

1997年和2008年金融危机给东亚"发展型国家"经济带来重创，日益深化的全球化、信息化、民主化浪潮，对传统的"发展型国家"模式带来诸多新的变量。将相关研究推进到更加深入的自主性和镶嵌性"政策网络"过程。这个过程与各国特定的政治—经济—社会环境高度嵌合，因各国情况差异而很难概括出统一的"模式"，从而需要开展更多的针对性研究。

就本书的主题"政府驱动型空间开发的中国实践"而言，这种针对性研究至少包括三个方面：

（1）注重将一般性发展模式解释与具体的发展实践解析相结合。我国的政府驱动型空间开发这一具体实践形式，是在我国特定的政治经济环境下形成的实践经验，其中反映了我国特定的自主性和镶嵌性"政策网络"过程，是"发展型国家"一般范式无法完全覆盖的内容。

（2）不局限于"国家（政府）—企业—社会"对立论、交互论或单向驱动论，而是将国家、企业、个体都置于社会群体行动的一般规律框架下进行研究，这是在"发展型国家"、"政策网络"等基础概念之上的进一步延伸，是对传统"政府—市场"二元视角的理论重构。

（3）我国的政府驱动型开发，不仅发生于改革开放时期，更常见于计划经济时期，有其内在的一以贯之的特性。本书不仅关注我国改革开放后的快速发展，还将计划经济时期也纳入考察。对其全面考察有助于更深入地理解我国政府驱动型开发的内在特征。

1.1.3　更需要着眼未来寻求政府驱动型开发的与时俱进

当前，面临新冠疫情影响和国际形势的变化，全球化面临逆流，各国发展趋向内卷，政府驱动的投资开发仍然是多国寻求经济振兴的重要抓手，不仅在中国仍大有市场，在国际上也受到更多重视和关注。甚至一向标榜自由市场经济的美国，也在积极出台多举措的政府驱动型投资开发战略。从这个形势说，政府驱动型开发有重要作用，合适的命题是如何进行精明有效的政府驱动开发。尤其是在新的时代转型环境下，如何推动政府型驱动空间开发的与时俱进。

从更全面的视野看，当前面临的时代转型可谓意义深远而重大，对中国、对世界都是如此。极端气候频发，国际地缘经济争端不断，新冠疫情黑天鹅事件绵延不去，国际经济走势普遍低迷，人类面对自己的未来似乎从未如此彷徨。但彷徨之中总能抓到一些历史的雪泥鸿爪，从中找到一些历史前行的坐标或灯塔。本书基于笔者有限的认识，从理解政府驱动空间开发的角度，将转型趋势总结为以下3个方面：

（1）人类发展底层逻辑的转型

全球人类的大规模发展正在造成自然界前所未有的压力，诸如极端气候、环境资源问题等，倒逼人类转变既有的生存发展方式，中国提出的碳达峰、碳中和计划，以及日益严格的国土空间管控，是针对这一挑战的积极响应。同时，大数据、人工智能、生物医学、新能源等科学技术日新月异的发展，正在以前所未有的力度改变着人类生存和交往方式，但仍然无法避免新冠疫情、极端气候对人类安全的挑战，无法避免因贫富差距扩大、种族矛盾等带来的社会不稳定。源自生态和科技以及其他方面的挑战，要求传统的"发展型国家"向"发展型与服务型兼具"的国家（政府）角色转变，不仅仅关注增长的速度，还要关注发展的质量。

（2）国际交往与发展逻辑的转型

在新冠疫情和国际经济政策变化影响下，新时期的国际发展逻辑呈现内卷化态势。新冠疫情绵延不去，虽然在中国已经得到基本控制，但在全球多个国家仍持续蔓延，部分国家出现了第二波、第三波高潮，为了外防输入，各国都在收紧国门，原来频繁密切的国际交往几乎在一时间戛然而止。同时，国际政治经济格局也在剧烈变化，"西方主要国家民粹主义盛行、贸易保护主义抬头"，"逆全球化趋势更加明显，全球产业链、供应链面临重大冲击"（刘鹤，2021）。在这种逆全球化浪潮下，原本以国际生产和贸易网络为基石的自主竞争型地区发展模式面临挑战。复杂的国际环境要求更多的政府调控，也需要更多的带动内需的开发投资。中国适时提出的"国内国际双循环"发展格局，不仅适用于中国，对世界各国都有借鉴价值。

（3）我国的城镇化发展逻辑转型

据第七次人口普查显示，我国2020年末常住人口城镇化率为63.89%。根据国际经验，后续城镇化速度会出现一定程度放缓，城镇化对经济增长的驱动将从供给端转向供给、需求双驱动（蔡翼飞，2020）。在这样的背景下实施双循环战略，需要注重城镇作为经济载体和消费市场的双重作用，以城镇作为主要的节点来构建国内经济大循环系统。数据同样显示，我国的户籍人口城镇化率和常住人口城镇化率相差有18个百分点，意味着我国城镇化发展还有很大的内涵性提升空间。政府驱动型开发也要与时俱进，在增量扩张上需要收缩脚步，但在质量提升上还可进一步发挥作用。比如，我国近几年推出了各种新的地区开发、利用与保护战略，包括建设生态文明、国土空间保护、城市更新、区域协调发展、新型城镇化等，仍然需要政府驱动力发挥重要作用。

这些新情况，给新时期政府作用的发挥提供了条件和基础，也带来了约束和导向，政府驱动型开发需要着眼新的环境，在高位城镇化背景下梳理开发内容，在紧约束的资源条件下把握开发力度，在国内国际双循环格局下把握开发空间，构建适应新时期需要的地区开发模型，合理高效发挥政府作用和市场能力，推动地区开发效能新的提升。

国家统计局2019年发布的《新中国成立70周年经济社会发展成就系列报告》显示，1979～2018年我国经济年均增长率达到9.4%。虽然近几年经济增速有所趋缓，但面对新冠疫情冲击能够在全球率先重振经济，依然引起了世人瞩目。一些人乐观预计，邓小平同志提出的"三步走"战略目标可能提前实现，中国可能在未来不久成为世界最大经济体。这样的预期当然令人振奋，但学者需要有冷静的思考，需要解译这样发展的内在逻辑是什么？未来能够继续吗？本书试图从解读政府驱动型空间开发的中国实践这一视角，对这个命题进行一些探讨。

1.2 研究思路与框架

1.2.1 问题聚焦

基于上述背景的思考，本书关注的初始问题是：中国语境下大规模空间开发的机制特征及其效能优化。基于初步的经验及理论研究发现，中国语境下大规模空间开发基本都是政府驱动的行为，故而将研究问题进一步聚焦为：政府驱动型空间开发的中国实践研究。

这个问题可以分解为三个小问题：

（1）新中国成立70年来政府驱动型片区开发是否具有"政府驱动型空间开发"这一一以贯之的规律性特征？

（2）如果有，如何在既有经典理论基础上开展进一步有针对性的理论解释？

（3）如何从这一理论解释中进一步理清策略指引，从而进一步优化这类发展实践？

1.2.2 研究思路

针对上述问题，本次研究以新中国成立以来政府驱动的地区开发实践为现实基础。在改革开放之前主要是计划安排大项目，比如苏联援建的156大项目、延续多年的三线建设大项目、成套引进大项目等，都是当时全国引领性的产业空间开发，由国家政府直接配置资源、直接投资建设、直接主导计划运营，在我国东中西部地区开展了一系列空间开发实践。改革开放后，国家改变驱动空间开发的手段和方式，改为以政策驱动地方开发为主，形成了经济特区、经济技术开发区、高新区、新城新区、自贸区等一大批政策驱动型空间开发，构成我国经济腾飞的重要内容。从改革开放前到改革开放后，国家（政府）对空间开发的驱动力同样强大，但驱动方式从计划安排转向政策推动，从政府全包转为政府与市场协作。这个转变是历史性的，客观上带来了生产效率的巨大提高，但下一步是继续放开？还是有收有放？这是值得思考的问题。通过对70余年来政府驱动空间开发实践的时代背景、主要内容和开发影响的梳理，可以获得对这一发展形态的纵览性认知，为进一步解析奠定基础。

本次研究的理论基础是政府驱动空间开发相关理论，并结合社会集体行动理论和机制设计理论进行解析。西方经典理论关于政府驱动的解释主要来自于凯恩斯主义，后经治理理论的演绎和修正，形成了"发展型国家"、"多中心治理"等理论观点。我国的政府驱动开发，其逻辑起点是无产阶级专政制度，与西方基于自由市场基础上的有限政府介入有很大不同。但本书注重于吸收不同理论观点中有借鉴意义的部分，不将发展路径和政治形态捆绑分析，侧重于对发展路径和机制效能的解释，这包括：（1）从"发展型政府（国家）"角度解析政府与市场关系；（2）从结构化理论和集体行动理论的角度解析政府与市场、社会在实际发展中的互动塑造关系；（3）从机制设计理论的角度解析这种互动塑造关系在特定时空体现出的形式与效能；（4）进而对其内在的逻辑机制进行总结，对其逻辑悖论进行解释，对其优化策略进行原理性的探讨。

综合现实与理论两个层面的解析，本书致力于对我国自计划经济到改革开放一以贯之的政府驱动型空间开发做一般总结，概括凝练"政策区"开发一般模式，并对其内在逻辑机制进行解释。将这一逻辑解释，应用于不同时期典型案例的实践解读，可以对研究观点形成验证和深化。本书根据从计划经济到改革开放的时代变迁，选择四个具有阶段代表性的案例进行专门论述，同时延伸到对国际上发达国家、发展中国家和东亚国家的若干典型案例的经验论述。

通过这样较为完整的理论与实践论述，最终形成本书的研究结论，并对未来研究做出展望。

1.3 　研究的导向

1.3.1 　反思中国的发展逻辑

作为中国最权威的经济学家之一，吴敬琏曾经总结："所有的困境都指向一个原因，那就是中国长时期以来采取以投资驱动的增长模式"，这蕴含着两层信息：一是中国长期采取投资驱动的增长模式，这可能是支撑中国发展奇迹的一个重要基石；另一个则是这个模式正在给我们制造困难，并且是比各种看得见的困境更加深入的根源性的困难。

政府驱动空间开发正是我国投资驱动增长模式的重要呈现。其具体的实施方式呈现为大项目主导或政策驱动等方式。前者是政府直接实施大项目，比如中国早期计划经济时代。后者是政府通过政策驱动和引导多元投资形成地区开发，比如改革开放以后的开发区和城市新区开发。从我国的发展实际看，不同时期政府驱动的大规模开发均发挥了推动国民经济发展的重要作用，是政府促进经济发展的重要抓手。

国内外不少学者从不同视角解读中国特色的政府驱动发展，但从地区空间开发视角的系统性研究还不多，尤其是从计划经济到改革开放的全视野研究非常少。当前，进入60%城镇化率时代的中国，地区空间开发正在从原来的大规模增长走向存量优化和内涵提升。同时，更加深化的市场经济和更加多变的国际形势，对政府驱动型开发提出了更加复杂的需求。总结过去是为了更好地展望未来，如何能与时俱进地优化政府驱动型开发的形式和路径，更好发挥政府驱动的牵引、托底、激发等关键作用，需要我们站在历史的高度上，做更加系统的研究梳理。

1.3.2　寻找共同的理论方向

研究政府驱动型开发的理论基础是政府与市场关系理论，这不仅是中国的课题，也是世界性课题。西方理论家对政府失灵和市场失灵有过深入解析，中国综合利用政府与市场力量的改革开放实践则提供了另一个视角的证明。当前，对于政府与市场的关系的认识正在逐渐形成共识，即需要综合运用政府和市场两个方面的优点，并互相弥补不足。也就是说，传统的"国家—市场"二元论已经逐步走向"政治—经济互动平衡"论。但是这个"互动平衡"究竟该如何形成，却还存在很多的争论。西方国家主张在自由市场框架下有限度地引进政府干预，凯恩斯理论是其主要的思想表达，而中国主张"有效市场与有为政府更好结合"（引自国家"十四五"规划表述），对政府集中领导给予了更多倚重。由于文化属性和话语体系的差异，这两大思想体系在具体的实施中形成各国不同的政治经济制度框架，既有趋同性，即都寻求通过市场经济实现价值增值，又有很大区别，即社会资源的实际掌控运营的集中和开放程度差异很大。

就本书所关注的空间开发主题而言，中国和西方都有政府驱动开发的经验，但二者的出发点和作用结构是不一样的。中国的国家（政府）对社会资源有总体责任，其政府驱动开发更强调国家（政府）公共目标的实现。而西方国家以自由市场为基本体制，其政府驱动开发是国家（政府）在其权限范围内的有限资源调配，发挥的更多的是规则协调的作用，其过程也体现出更多的多主体博弈关系。展望未来的全球化经济，这两类做法之间必定会有更多的交流。在"政治—经济互动平衡"中寻找驱动地区开发的共同理论方向，无疑对这两类的发展都有重要意义。

1.3.3　拓展有效的开发研究

中国的大项目和政策区开发已经发挥了重要作用，相关的研究积累也有不少。但从我国的发展现实看，仍有必要进一步拓展有效的地区开发研究。这个"有效"至少应包括以下几个方面：

其一，不盲从西方市场经济，也不避讳中国的集中制度惯性，综合运用东西方的政治经济理论，客观地讨论如何提升地区开发的价值和效率。实际上，中国虽然改革开放了四十年，但根本制度与西方国家有很大差异，几乎没有一个西方理论可以照搬照用。因而需要从中国的实际出发，进行原理性的思考。

其二，不拘泥于即时性的市场热点，也不脱离现实，从地区开发的实际入手，探求其内在逻辑，解析其内在机制，寻求系统性的解析和建构。为追求短期市场价值而流于即时性商业技巧的研究也很多，比如将房地产开发等同于地区开发，渲染商业技巧、夸大概念营销的作用等等，而对根本性的制度背景与价值循环逻辑的解析不多。

其三，不拘泥于房地产开发也不局限于政府经济，综合考察住房、基础设施、公共服务设施、环境景观等各方面，解析真实完整的地区开发事实。就目前中国的地区开发的相关实践来说，其重要性和影响已经超越了现有的城市规划、房地产经济、土建工程、经济地理等学科的范畴。2000年以来的城镇化和近期的新型城镇化战略，已经从土地财政、投资经济、国民生活等方面对中国产生了全局影响。对其研究也需要深入到政治经济原理性思考。

其四，不拘泥于经济回报或社会约束，从地区政治、经济、社会、环境的大循环的角度理解地区开发行为，突出其核心的价值循环关系研究，建构基础理论和关联学科的体系。展望未来，中国城市水平可能从60%增长到70%，表面上是城市人口的增多，深层次的是中国全体国民都要实现城镇化转型。一方面是大量非城镇化地区以及经济未能现代化的大量乡村地区，都将可能纳入以城镇体系为轴心的经济循环，实现与城镇化相关联的经济转型和发展提升。另一方面过去四十年已经实现城镇化覆盖的区域，也面临空间更新、经济提升、生活提升、生态提升等质量型发展需求。这意味着在未来一段时期，空间开发任务还有很多。同时，由于客观经济形势的变化，在国内国际双循环和新兴经济仍待培育的大背景下，地区空间开发将仍然是拉动经济增长的重要支撑，仍将是政府推动发展的重要抓手。故而，有关政府驱动型空间开发的研究将具有持续性的意义。

这些方面的有效性加强，是本书致力于推进研究的目标导向。这是一个系统提升的复杂过程，也是一个有重大意义的长期过程，本书并不能尽述其中奥义。但千里之行始于足下，本书用一些力所能及的工作成果，为丰富这一领域的研究和实践添砖加瓦。

1.4 研究框架

基于上述的研究思路组织本书的研究内容框架（图1–1）。

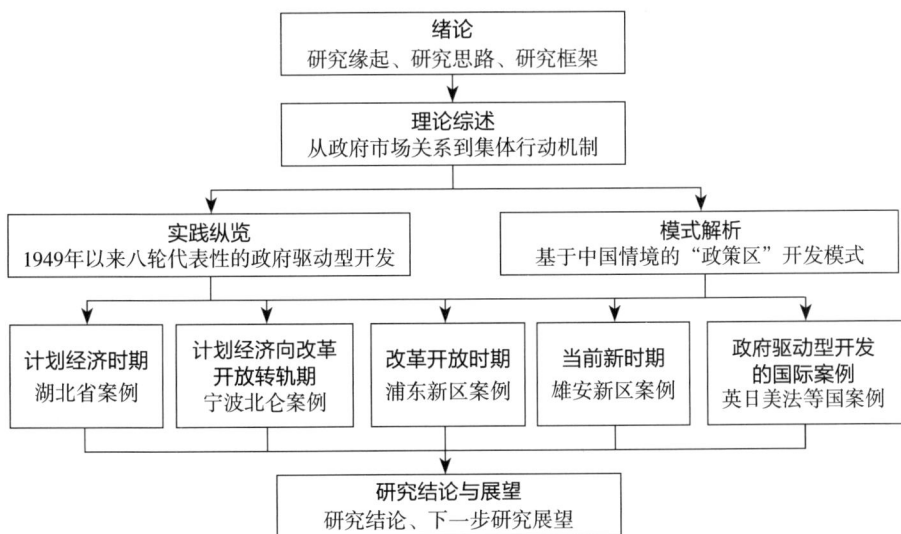

图1–1 研究内容框架图
资料来源：作者自绘

本书共分10章，依据上述框架展开讨论。

第1章为本书的绪论。全面介绍了本书的研究内容，包括研究缘起、研究导向、研究思路与框架等，为全书内容的展开提供了基本的框架依循。

第2章为理论综述。基于对空间开发相关理论、政府驱动相关理论的综述，将本书的理论土壤聚焦于政府驱动空间开发的政治经济解释，包括空间生产理论、城市政体理论和发展型国家（政府）理论，进一步思考其中政府与市场关系的内在逻辑，引入吉登斯结构化理论、奥尔森集体行动困境理论和赫尔维茨机制设计理论，将解析视野从政府与市场的二元关系，延伸到一般化的社会集体行动解析，以此形成一般化的理论框架和衡量标准。

第3章为实践纵览。对新中国成立以来八轮代表性的政府驱动空间开发实践进行了总体梳理。梳理对象包括新中国成立初的156项大项目、三线大项目、改革开放后的大规模开发区、城市新区开发等，都是各阶段具有全国影响的政府驱动型开发实践。梳理内容主要是各轮实践的时代背景、开发内容、形成的影响等。从中把握从前往后一以贯之的逻辑性规律以及经常存在的一般性问题。

第4章是模式解析。在理论综述和实践纵览的基础上，提出"开发主体—空间生产—价值循环"三层次解析框架，对不同时期的典型实践做一贯式的解析，把握从计划经济时期到改革开放以来政府驱动空间开发的内在一般性特征，概括为"政策区"模式（Policy-driven Districts，PD）。通过建构概念模型，解析"政策区"模式的核心机制，是"集中资源调配"与"分散资源利用"之间既此消彼长又互动协作的内在关系。并提出"两次价值循环"作为揭示其开发机制效能的关键窗口，未来构建新型联合开发机制是应对其逻辑悖论、彰显其效能优势的关键。

第5章是典型案例，以湖北省多地的政府驱动大项目开发作为计划经济时期案例。从新中国成立初期的156项大项目到三线大项目、再到后来的成套引进大项目，湖北省均占有重要份额。其中，早期的大项目主要分布在武汉、黄石、十堰、宜昌、荆门、潜江、鄂州、襄樊等地。这些大项目对所在城市有塑造性的影响，但也带来依赖效应、挤占效应等问题。通过前文的理论框架解析其开发机制，以集中资源调配为主导，分散资源利用的活力不足，导致后期难以持续，需要进行市场化改革。

第6章以宁波北仑地区开发作为计划经济向改革开放转轨时期的典型案例。北仑地区开发始于1979年的10万吨矿石中转码头"大项目"建设，采取的是计划经济国家投资驱动开发机制。其后1984年在小港设立宁波经济技术开发区，则开始了国家给政策、地方能动运营的"政策区"开发模式。随着地方政府不断争取，大项目和政策区都在不断扩大升级，地区开发也从项目基地逐步扩张至北仑全区。在这个过程中，大项目与政策区共同构成了地区开发的"原动力"，开发机制也经历了"集中资源调配主导"向"地方能动运营"、"分散化市场竞争"占主导的转变，实现了较好的开发成效。

第7章以浦东新区开发作为改革开放时期的典型案例。"浦东开发开放"自1990年启动，是我国的"政策区"开发从经济开发区局部试验向全面铺开、再向城市新区综合开发升级的旗帜性案例。其开发伊始就明确了政策驱动为主的机制路径。一系列政策的施行带来了资金、社会资源、要素市场等的集聚，吸引了大量的外资投入，尤其是放宽土地管理权限激活了土地经营，促成了持续多年的地区开发热潮，从无到有塑造了一个世界级的现代化浦东新区。这种机制可以概括为集中的政府驱动与分散化的市场利用相结合的机制。从浦东的实际看，这种机制无疑是能够取得巨大的成效的。但其中集中调配资源的安排常能有效贯彻，而在政策实施到市场中时常会出现某些异化，这是这种开发模式需要进一步探讨的问题，本书称之为"从集中管控到分散经营的传导组合失效"。

第8章以雄安新区开发作为新时期政府驱动开发的案例。雄安新区开发承载着缓解北京大城市病、促进京津冀协调发展、探索地区开发新模式等多重使命，受到国家政府强有力的政策驱动和资源投入，比早前的片区开发更加注重非经济探索性价值和社会整体的全面参与。

第9章介绍了具有典型意义的部分西方发达国家和发展中国家的开发实践，包括英国的三代新城开发、法国的巴黎郊区新城开发、日本的筑波科学城和六本木新城开发、美国的"绿带城镇"实践、巴西巴西利亚开发、印度昌迪加尔开发、韩国世宗特别自治市开发等。反映出各国政府都有驱动空间开发的实践，只是发挥的角色各不相同，可以本书研究提供参考借鉴。

第10章是对全书的总结，归纳为7点结论，突出体现在从计划经济时期到改革开放时期的全视野政策区开发模式的总结、集中调配与分散利用的解释模型构建、两次价值循环的关系揭示等方面。

以上内容组织，兼顾了实践研究和理论探讨，既有全面性，又较为深入，有助于做出针对政府驱动空间开发的系统性研究总结。

1.5　本章小结

本章从当下中国的发展现状和既有经典理论的梳理入手，提出面临当前及未来发展挑战需要针对政府驱动空间开发进行系统研究。随后全面介绍了本书的研究设计，包括聚焦研究问题、明确研究导向、细化研究思路、组织研究内容框架等，为全书内容的展开提供了基本的框架依循。

第2章 理论综述：
从"政府—市场"关系到集体行动机制

我国的政府驱动开发，其逻辑起点是无产阶级专政制度，与西方基于自由市场基础上的有限政府介入有很大不同，但本书侧重于吸收不同理论观点中有借鉴意义的部分，不将发展路径和政治形态捆绑分析，侧重于对发展路径和机制效能的解释，这包括：（1）从"发展型政府（国家）"角度解析政府与市场关系；（2）从结构化理论和集体行动理论的角度解析政府与市场、社会在实际发展中的互动塑造关系；（3）从机制设计理论的角度解析这种互动塑造关系在特定时空体现出的形式与效能；（4）从而对其内在的逻辑机制进行解译，对其逻辑悖论进行解释，对其优化策略进行原理性的探讨。

本章针对空间开发、政府驱动两方面的相关理论，进行基础性的梳理总结，树立政府与市场协同作用的基本认知；进而，引入吉登斯结构化理论、奥尔森集体行动理论、赫尔维茨机制设计理论等，将视野从政府与市场的二元关系，延伸到一般化的社会集体行动解析。其基本认知是：无论政府还是企业，都是一种特定时空的社会集体行动，其公共性和私利性是相互塑造和相互转化的，只不过集体规模的大小决定了其公共性占主导还是私利性占主导。基于这样的认知，就可能形成一般化的理论框架和衡量标准，来解译政府与市场协作关系的内在逻辑，这与2.0版本的发展型国家（政府）理论的观点是基本一致的，即更关注多个群体在国家（政府）驱动发展过程中的影响和反馈塑造，而不是单一的政府主导或市场主导。

2.1 空间开发相关理论

基于空间尺度的不同，空间开发理论可以分为宏观区域开发理论和中微观空间建设开发理论，前者以经济地理和区域经济相关理论为主，主要关注区域经济社会发展的规律性认识，后者以城市开发、空间经济政治理论为主，主要关注空间格局变化及其经济社会内涵。

2.1.1 以寻求经济突破为着力点的区域开发理论

"二战"后，有很多学者关注不发达地区的贫困根源。美国经济学家纳克斯（1953）、纳尔逊（1956）、缪尔达尔（1957、1958）等研究均发现，不发达地区常常会形成一种"低水平均衡陷阱"，并通过"循环累积效应"形成"贫困的恶性循环"，需要有意识地开展区域开发，而不是任其发展。同时期，罗森斯坦·罗丹（1943）的"大推进理论"、莱宾斯坦（1957）的"临界最小努力理论"、钱纳里和斯特劳特（1966）的"两缺口模式"理论等，都揭示了地区开发需要在特定时期有意识地增加资本投资，以求跨越低水平均衡的最小临界点，促进资本形成，从而实现地区工业化，其中利用外资是增加资本投资的重要方式之一。此外，也有学者提出了"三缺口理论"、"四缺口理论"等，以及一揽子引进国外资金、技术、人才、管理知识的建议。

法国经济学家弗朗索瓦·佩鲁（1955）、赫尔希曼（1958）、布代维尔（1966）以及美国著名城市与规划学者约翰·弗里德曼（1967）等先后发展了"极化发展"的理论，认为地区开发应充分利用"中心—边缘"关系，重点培育地区发展的增长极。美国经济学家威廉姆逊（1965）、阿隆索（1964）、缪尔达尔（1957）等从不同角度佐证了类似的观点。梯度推移理论、点轴发展理论等在某种意义上同样属于增长极演化的一种，共同构成了对区域开发空间路径的解释。

赫尔希曼（1958）等学者进一步研究了区域开发的具体产业路径，认为应优先投资需求价格弹性和收入弹性大且产业前后向联系强、能够"引致"其他投资项目最快发展的项目，从而形成不平衡增长理论。罗斯托（1960）提出了经济增长的六个阶段，为实际开发勾勒了一个逐步推进的发展图景。刘易斯（1954）"拐点"理论（图2-1）则认为在区域开发过程中传统农业生产方式和现代城市制造业生产方式并存，造成农业剩余劳动力对现代工业部门"无限劳动力供给"的现象，形成的产业二元结构论被认为是解释劳动力过剩的欠发达国家经济发展过程的普遍真理（肖慈方，2003）。而随着传统部门的剩余劳动力被吸纳完毕，意味着需要有发展模式的结构转型，这在中国近几十年的发展中表现得淋漓尽致。

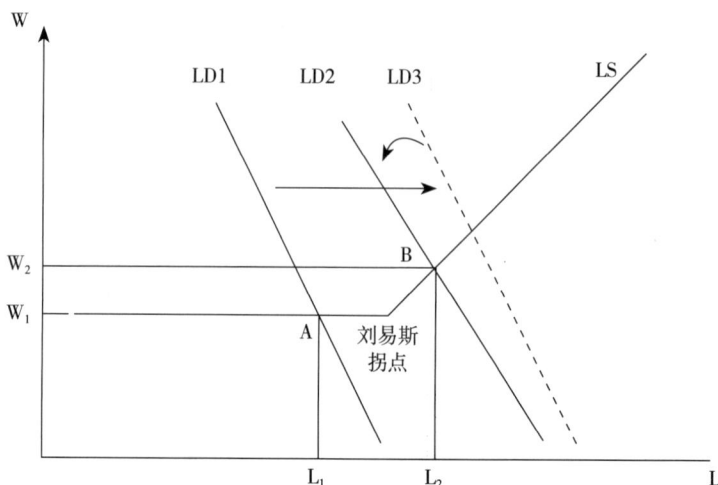

图2-1 刘易斯拐点理论模型
资料来源：https://baike.baidu.com/item/刘易斯拐点/

2.1.2　以总结空间模式为着力点的空间经济理论

中微观空间开发基础理论首先发端于古典区位理论对地区空间经济模式的总结和后续的一系列解释。

1826年，杜能在其著作《孤立国》中，首先基于农业生产规律提出了单中心区域结构模型，即"农业区位论"；1909年，韦伯在德国工业经济背景下通过"工业区位论"揭示了工业化时代产业区域布局的基本逻辑；1923年，克里斯泰勒进一步发展了具有综合服务功能的"中心地"六边形布局模型，形成经典的"中心地理论（Central Place Theory）"，也称城市区位论；1940年，廖什从"产品市场分布"的角度进一步提出了"市场区位论"（图2-2），推导出以大城市为中心、市场区和生产点竞争配置的区域空间经济网络，完善了古典区位论对于微观经济要素空间布局的系统总结。但古典区位论偏向静态模式描述，之后弗里德曼（图2-3）进一步从动态视角模拟了城市外部的区域空间结构演化，提出了从低水平的均衡、到极核式集聚发展、再到由极核扩散发展、最终到高水平的均衡的四阶段理论（张京祥，2000）。此外，杨吾扬（1989）、张京祥（2000）等从单个城市的角度进一步总结了地域结构演变的共性四阶段，包括独立城市膨胀阶段、市区定向蔓延

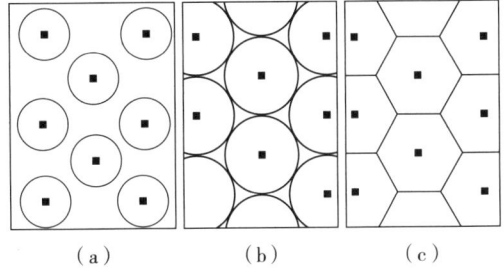

图2-2　廖什市场区位论城市发展过程
资料来源：坂本英夫. 最近の地理学［J］. 1932.

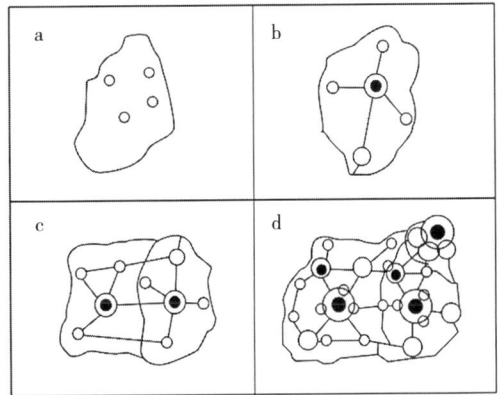

图2-3　弗里德曼城市体系区域空间结构演化过程的四个阶段
资料来源：吴雨馨，"城市怎么办"城市规划制图室
http://www.urbanchina.org/content/content_7200632.html

阶段、城市向心体系的形成阶段以及城市连绵带阶段（王华，2011）。这一系列的理论基本形成了对地域空间结构的系统总结。

在这些空间模式总结的基础上，阿隆索、克鲁格曼等从空间经济视角进行了原理性解释。阿隆索在《区位与土地利用》（1964）一书中，用新古典经济理论解析区位、地租和土地利用之间关系，提出著名的地租竞价曲线（bid-rent curves）（图2-4），其原理至今仍然有很强解释力。克鲁格曼则在其著作《空间经济学》（2005）中，将传统的"中心—外围"模型用现代的数理模型做了更加严谨的诠释，引起广泛关注。

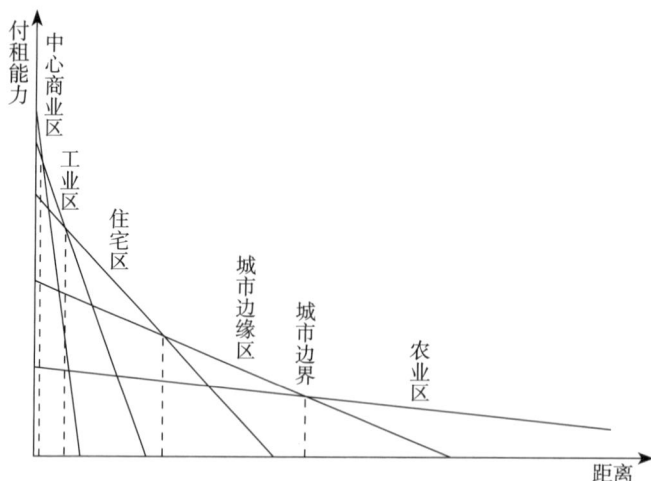

图2-4　阿隆索地租竞价理论
资料来源：https://wiki.mbalib.com/wiki/阿隆索地租模型

2.1.3　以寻求开发价值为着力点的开发策略研究

此外，还有许多结合具体空间开发实践的经验总结和理论探讨，比如美国城市土地协会编著的《联合开发——房地产开发与交通的结合》（2003），列述了费城东市场走廊、华盛顿特区1101康涅狄格大道与国际广场、蒙特利尔伯纳图文光茶馆等联合开发案例，总结了交通设施与房地产开发联动的技术、政策和理论要点，认为联合开发可使公共与私人的利益各得其所，创造特殊的相乘效果。

2.2　政府驱动相关理论

源于自由市场理论和社会主义国家政府理论所形成的两大话语体系都有政府推动大项目开发的实践，但彼此之间存在差异，前者多见于凯恩斯主义话语体系，后者多见于苏联和中国等马克思主义话语体系。借鉴樊纲（1994）关于现代三大理论体系的划分，新古典主义、凯恩斯主义和马克思主义分别代表了自由市场、政府干预和阶级专政的三类主体立场，其中凯恩斯政府投资理论代表了自由市场话语体系对政府驱动型开发的理论解释，是新古典主义基础上对政府作用缺失的反思和补充。马克思主义话语体系中的政府驱动型开发则主要体现在集中式计划安排经济理论。而最终这两个话语体系中的政府驱动片区开发模式在发展型国家的政府定位中得到了一定程度的统一。

2.2.1　自由市场经济理论的话语体系及其政府投资理论

凯恩斯政府投资理论代表了自由市场话语体系对政府驱动型开发的理论解释，是新古典主义基础上对政府作用缺失的反思和补充。这个话语体系中的政府经济职能，从不干预经济、过度干预经济到企业家型城市的转变，经历了斯密→凯恩斯→弗里德曼→斯蒂格利茨→费恩斯坦、哈维等人观点的演进；政府则逐步扩大经营社会资源的能力，但一直没有对社会资源形成绝对掌控。

最早由1776年亚当·斯密的《国民财富性质和原因的研究》（简称《国富论》）一书对自由市场经济理论作了系统概括，强调市场环境下的自由竞争是资源配置的基础，政府的任务是保卫国民和维持公共服务，不得干预市场经济。但20世纪30年代的大萧条摧垮了对自由市场经济的盲目迷信，市场主体自身难保不得不求助于政府，形成了凯恩斯政府干预理论。

凯恩斯《就业、利息与货币通论》（或简称《通论》，1936）的研究从就业问题出发，用一种"非自愿失业"的分析论证信奉市场自发平衡的萨伊定律是错误的，认为社会总体的有效需求总是趋向于不足，就业也总是难以充分，降低失业率"最聪明的办法是双管齐下：一方面设法由社会统制投资量，让资本的边际效率逐渐下降，同时运用各种政策来增加消费倾向"（凯恩斯，2010），同时又认为要"让国家的权威与私人的策动力量互相合作，……除了消费倾向与投资引诱二者必须由中央加以统制……确实没有理由要使经济生活比以前更社会化"（凯恩斯，2010），表达了其主张国家（政府）有限干预经济的观点。凯恩斯主张用财政政策和货币政策干预经济，其中"财政政策是解决萧条和危机问题的最有效的手段"（高鸿业，2002），并"论证"政府财政政策对国民收入的影响要比实际财政收支数字大得多的"乘数效应"（胡代光，等，2004）。凯恩斯甚至以"政府埋钱听任私有企业根据自由放任的原则挖出钞票"的假想例子来描述其政府投资思想（高鸿业，2002），并强调可以"举债支出"，认为非举债支出其实是社会货币的调配，会压缩消费需求，只有举债支出才是真正新增的投资乘数。而这种政府投资的思想的一个直接有效的具体做法，就是各种政府驱动（或政府投资）的开发，这在应对资本主义经济大萧条和重振资本主义经济方面发挥过积极的作用，一度在欧美国家受到追捧，比如美国的田纳西河谷流域治理、州际高速公路建设、城市更新等。

这是对"市场失灵"的初步论证，政府的作用在资本主义世界得到空前的提高。但这并未撼动自由市场理论的基础性地位，关键的是整个社会资源仍然掌握在大多数私人手中，政府只能通过政策影响和服务于这些资源主体从而对经济产生间接影响。随后，从20世纪60~70年代的滞胀危机又一次摧垮了对凯恩斯政府干预主义的迷信，经济自由主义再度高涨，经济学家的视角转向了"政府失灵"或"政策无效"，主张还是用市场机制作为资源配置的基本工具，把政府身上过多的职能卸下来，形成所谓的"新自由主义"时期。这时的代表人物是弗里德曼和拉弗等。

到了20世纪70年代以后，斯蒂格利茨等经济学家进一步论证了市场中的信息不对称、非理性决策等根本性的缺陷，让人们逐渐认识到政府和市场都不是完美的，"政府干预经济"不再是一个是与否的问题，而是如何"更好地干预"地问题。莫洛奇（Moloch）的"增长同盟"理论较早突破了传统的政府与市场的分界，发现了地区开发中政府与企业、社会精英之间的内在关系，后来发展形成了"主体"理论。费恩斯坦、斯通等人分析美国乃至全球的主体类型，其中"企业家型主体"受到了较多的关注和期望，与之相应的是"企业家型的城市"

（Entrepreneurial City）（Mollenkopf，1983；Gottdiener，1987；Harvey，1989）理论，强调企业家精神和企业理念在政府改革和运作中的移植与渗透，推崇建立一种松散灵活、具有高度适应性和高竞争能力的地方管治形式（张京祥，等，2006）。

近几年，因金融危机和经济危机纠缠不去，对新自由主义的批判和对凯恩斯主义的呼声渐高；各国政府和央行也曾多次联手"救市"，反映出对政府干预经济的普遍共识，只是采取的方式和程度不同。但从另一个方面看，全球的经济学家都还没有能给目前面临的危机开出真正有效的"良方"；国内学者的观点也杂然纷呈，反映出相关理论研究还需要有更大的推进。其中，针对政府驱动型开发的研究，主要出现在凯恩斯政府投资理论盛行以来，多出现在具体的案例和政策研究中，或者作为凯恩斯理论研究的一部分而出现，与今天中国的环境已经有很大的差距。有必要结合当前的情况做进一步探讨。

2.2.2　政府管制经济理论的话语体系及其政府生产理论

凯恩斯所强调的国家干预是在自由市场基础上的有限干预和对市场弊端的有限弥补，源于马克思主义的政府管制经济理论与凯恩斯理论有着本质的不同。这个话语体系更强调政府管制作用的发挥，形成以集中管理为基础的有限市场体制，政府对社会资源一直有强大的掌控力。

近代的政府管制经济理论主要实践在社会主义国家，这些国家无一不是在高度复杂剧烈的社会矛盾中建立起来，在马克思主义的指导下，这些国家用最富革命性的精神和勇气建立起新的无产阶级专政政权。马克思对无产阶级专政的经典论述是："无产阶级夺取政权以后，……把一切生产工具集中在国家即组织成为统治阶级的无产阶级手里，并且尽可能快地增加生产力的总量"，初步界定了社会主义国家（政府）具有"管制"和"发展"两大职能。其中，管制职能要求国家集中掌控社会资源，其市场经济只能是在国家集中掌控基础上的有限放开市场；发展职能要求国家从事具体生产活动，而不仅仅是公共服务，这为国家（政府）介入市场提供了理由（陈春常，2010）。这形成一种国家掌控社会资源、强力推动生产发展的局面，与凯恩斯的政府干预理论在基本面上正好相反。此外，马克思主义高度重视生产力的作用，并创造性地提出了生产力决定生产关系、生产关系反作用于生产力的社会演化基本原理，但在现实中可能会导致一种简单化的理解，即对生产的片面追求（樊纲，1994）。并且，虽然马克思理论非常强调人的发展和国家对无产阶级最广泛的民主，由于目标较为模糊和理想化，缺乏相应的实施方案设计，从而形成了"国家"是社会资源的"实际责任人"的局面。这直接反映在战后计划经济体制在苏联和中国建立，国家实际行使了社会资源的最高掌控主体的职能，并以技术化的扩大生产作为经济发展的主要诉求。

这种体制首先在苏联建立，斯大林将"发展"职能和"管制"职能统一在"计划"体制中，建立起集权制政治经济体制，实行高度集中的国家政府、高度集中的计划经济体制和高度集权的行政命令体制。这在困难时期能有效调动全国资源，以应对来自资本主义列强的挑战和快速实现现代化，但同时也埋下体制僵化和腐败的隐患。

新中国成立时也采取了类似的"全能国家"体制，国家通过单位制、人民公社制、户籍制以及意识形态工具和全员动员等方式获得对全部资源的支配能力，通过直接指令和计划安排的方式从无到有建立起了现代经济基础，但计划经济制度后来出现体制僵化、效率低下等问题致难以为继，最后不得不开启市场化改革的步伐。

改革开放后，邓小平提出以经济建设为中心，国家从"全能安排"转为"宏观调控"，激励企业和地方政府追求经济效益，实现了持续快速的经济发展。但我国的国家宏观控制体系并未真正削弱，虽然承认并利用市场配置方式，但国家和各级政府仍对社会资源有高度的掌控能力，同时仍然有意识地介入市场而不仅是制订市场规则，形成"有管制的市场"经济。戈登·怀特将这种体制称为"社会主义发展型国家"，并与"资本主义发展型国家"体制相区分（禹忠恩，2008）。

到今天，我国改革开放已经进行了四十年，取得了明显的成绩，靠"摸着石头过河"闯出来的路子既充满了勇气也充满着彷徨。但源于马克思主义的国家集中计划思维并未因为改革而绝迹。在这个基础上形成的"政府—市场"经济关系，逐步从国家集中为基础的有限市场和对国家集中弊端的有限弥补，走向"有效市场与有为政府"的协调统一，与凯恩斯主义的以自由市场为基础、有限政府为补充的"政府—市场"关系有很大不同。

循着这样的理论逻辑，改革开放后中国的政府驱动型开发虽然调整了范畴结构但规模没有收缩反而不断扩大，在放开末端市场的同时在基础产业、基础设施和重大区域战略方面反有加强，拓展了大规模的政府与市场共同参与的城乡开发项目，形成富有中国特色的片区开发逻辑，这是西方传统的"政府—市场"关系理论体系所不能解释的，需要进行反映中国本土经验的理论总结。

2.2.3　两个话语体系的靠近趋势

从20世纪90年代以来，这两个话语体系呈现靠近趋势，其中关键点就是对国家和市民社会的关系及其经济职能上的认识趋同，即都认同政府与市场两个力量的综合运用。

其中，已经得到较为广泛认知的理论体系来自"治理"理论。英语中的"治理"一词，自1989年世界银行用"治理危机"（crisis in governance）来概括非洲发展的状况，开始引起人们的广泛关注。鲍勃·杰索普（1999）强调，"过去15年来，它在许多语境中大行其道，以至成为一个可以指涉任何事物或毫无意义的'时髦词语'"。虽然许多学者都对"治理"一词给出了不同的概念界定，并且在社区、公司、政府等不同类型的管理机构中展开思考，但一些关键性的内涵和取向仍然可以抓住：即国家与社会、市场以新方式互动，以应付日益增长的社会及其政策议题，国家和市民社会不是零和博弈关系，过于国家管制和过于自由市场都是不可取的。治理"直接导致了政治及传统层级统治与社会自主治理之间的互补形式，这一模式中，'干预'的责任和义务已经遍及公共和私人行为者"（王诗宗，2009）。

但两个话语体系在干预经济的程度和立场上仍然有差异。自由市场经济理论话语体系中的国家干预经济更多的是制定规则和促进经济发展；而政府管制经济理论话语体系中，国家干预经济表现出更多的行动介入或操控，两者之间的区别可以简单地用"促进经济"和"介入经济"来概括。

两个话语体系中对地区开发的定位也在靠近（图2-5）。在自由市场经济理论话语体系中，地区开发在完善地区公共工程的同时，首先是市场主体的市场行为；直到凯恩斯时代，国家投入了很多地区开发以拉动经济增长，地区开发才具有了更多的政府驱动经济内涵。而在政府管制经济理论话语体系中，地区开发作为发展行动的一部分一直就有着国家职能的属性，而在其市场化改革之后才有越来越多的市场主体参与地区开发。二者存在的区别就在于介入经济的立场是"促进发展"还是"介入发展"。虽然这两个方向有着本质的不同，但有着方向上的趋同，即都强调对政府与市场两者优势的同时利用以及对劣势的互相弥补；因而在其发展方向和原则性逻辑上产生了一些趋同化的概念，比如"企业家主体"和"发展型国家"。

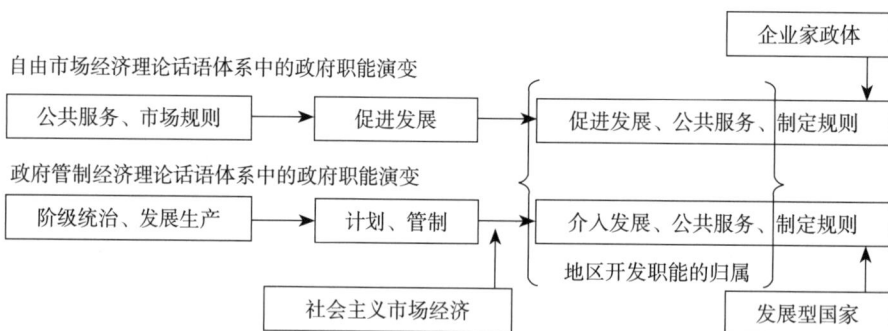

图2-5　两大话语体系中政府职能的融合趋势
资料来源：作者自绘

2.3　对政府驱动空间开发的政治经济解释

2.3.1　空间生产理论

对空间开发的政治经济解释首先来自于新马克思主义空间生产理论，代表性的学者如列斐伏尔、大卫·哈维、爱德华·索加等。最早是列斐伏尔发表《空间的生产》（1974年）一书，提出空间生产是资本主义缓解过度积累矛盾的一种方式。大卫·哈维（1982）则进一步发展出资本的三次循环模型，认为空间生产是资本主义经济循环和再生产的一项重要环节，从而揭示了资本主义微观空间开发和再开发盛行的根源（图2-6）。

2.3.2　城市政体理论

于近期盛行的"城市政体理论"抛弃了新马克思主义理论的阶级化立场和理论推导的研究方法，而从客观的城市空间实践中进行总结，其最经典的两本著作——莫洛奇（Molotch）的《城市财富：空间政治经济学》（1987）和斯通（Stone）的《政体政治：治理亚特兰大，

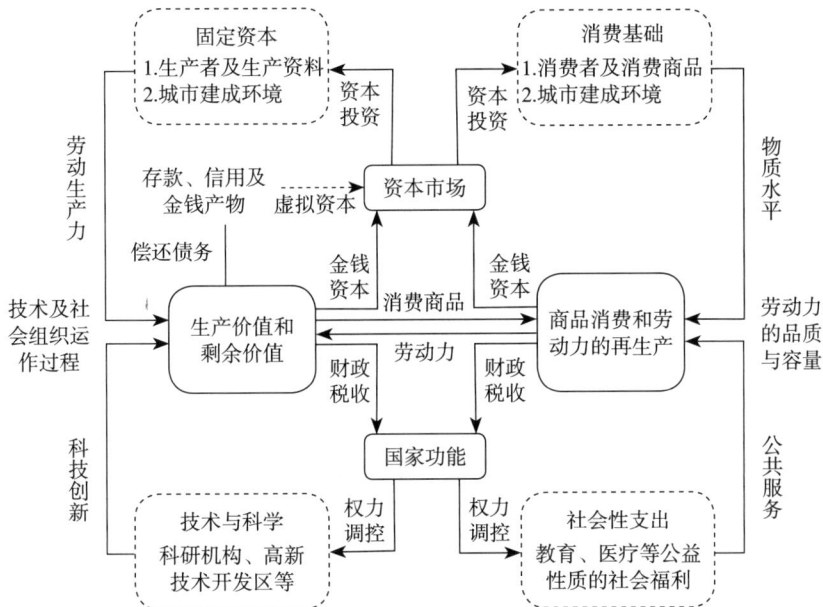

图2-6 哈维资本三次循环模型

资料来源：范建红，梁肇宏，赵亚博，金利霞. 资本、权利与空间：日本社区营造的经验与启示[J]. 城市发展研究，2020，27（1）：102-109，124.

1946—1988》（1989），都源自对美国城市中空间开发的大量事实考量，从而发现，现实中地产开发商、金融机构、政治家、中产阶级等组成了非正式但事实有效的地区开发的决定性力量群体，提出了"增长机器（Growth Machine）"、"发展型政体"等概念。

应该看到，这种"城市政体理论"为微观空间开发的机制提供了合理的理论解释，这种非正式群体塑造地区发展的关键手段便是推动微观空间的开发和再开发，从中可以维持资本主经济循环的能动运行，优化资源分配，表达主导性群体的意志。这种"城市政体"塑造地区开发的具体实施，在企业家（Enterpreneurial）政府理论（或者企业家城市理论）中得到了体现，其背景是西方政府治理模式转型的"治理（Governance）理论"，20世纪80年代兴起的新公共管理理论主张政府治理中引入企业部门的市场化运作机制；1992年，大卫与泰德合著《Reinventing Government（改造政府）》一书，明确提出运用企业家精神重塑政府治理，荡涤官僚主义作风。这是构成发展型政体一个重要基础。理论研究者认为城市企业家主义的典型特征就是政府部门积极推进与私人机构的合作，吸引外来资金、直接投资和吸引劳动力资源，以促进地方经济的发展（栾峰，何丹，2005）。

2.3.3 发展型国家（政府）理论

在城市政体理论兴起于解释西方世界的同时，东亚地区的经济崛起也吸引了学者们的目光。查默斯·约翰逊（1982）、戈登·怀特（1988）等从日本、中国的发展经验中总结提出了发展型国家理论，认为东亚经济奇迹部分来自于积极的政府干预，这种政府干预与政治意

识形态关系并无必然联系，而是与国家能力、产业政策、务实的官僚体系等相关。郁建兴
（2008）、耿曙（2019）、陈玮（2019）等认为，"发展型国家"理论对中国的发展路径具有解
释力。

但公民社会的崛起和金融危机的冲击，对这种依靠精明官僚体系的政府干预理论带来挑
战，埃文斯（1995）从Granovetter（1985）的名篇《经济行动与社会结构：嵌入问题》中汲取
养分，提出国家（政府）嵌入到社会中进行发展干预的思想。米格代尔（2001）、奥斯特罗姆
（余逊达，2012）等也阐述了类似的"国家—社会"互相嵌入塑造的研究观点。黄宗昊（2019）
用1.0版本和2.0版本来区分这种"国家—社会"互动塑造的发展型国家模式与传统发展型国家
模式，用自主性和镶嵌性来概括简单的国家管制一元论之外的复杂的"政策网络"过程。

2.4 三个重点的理论土壤

本书注重吸收上述不同理论观点中有借鉴意义的部分，并进一步聚焦三个层面的理论思
考：（1）其一，国家（政府）、市场、社会是如何互动塑造的，这方面"自主式镶嵌"理论
提供了良好的观察视角，但更具本质性的论述来自于吉登斯的结构化理论，吉登斯以结构化
理论对微观个体和宏观社会的互动做了精辟阐述，为思考新时期政府与市场关系提供了思考
框架；（2）其二，如果国家（政府）、市场与社会是互动塑造的，那么有何一般性的规律？
这一点可以从奥尔森的集体行动理论中找到养分，奥尔森将政府、企业、社会都统一化为不
同规模的社会集体行动，从集体行动的规律性认知中把握不同尺度社会群体的一般行为逻辑；
（3）其三，如果能找到国家（政府）、市场与社会的一般性行动规律，那么是否可以有共同性
的指标对其行动效能进行衡量呢？这方面的经典论述来自于赫尔维茨的机制设计理论，他提
出了两个基本性的衡量指标，即信息效率和激励相容，为理解开发机制的绩效及其优化设计
提供了考量基础。

这三方面的理论成果，都是人类思想大家的深邃洞见。吉登斯提出结构化理论被英国前首
相布莱尔视为政策导师，提出的"第三条道路"影响了英国甚至其他国家的决策；奥尔森在集
体行动研究的成就催生了专门用于奖励优秀政治经济学术论文的奥尔森奖；赫尔维茨则因为在
机制设计理论方面的建树被授予2007年诺贝尔奖。这些研究不局限于城市研究或政治经济研究
领域，但共同构成了本书解析政府驱动型空间开发的理论土壤。

2.4.1 吉登斯结构化理论

吉登斯结构化理论产生于20世纪80～90年代，当时的背景是苏联解体、东欧剧变，全球经济
一体化与电子信息技术的革命，不同国家的发展越来越趋于相互交织、类同化和激烈竞争。英国
在经历了新自由主义与民主社会主义的反复之后，进入了对"第三条道路"的探寻（菲利浦，
2006：119）。与"第三条道路"相比，传统的发展道路要么偏重社会整体的结构性权威，认为社

会结构超越个人并对个人有强加的制约力，比如帕森斯结构主义、凯恩斯主义、罗斯福国家干预发展思想、苏联和中国的计划经济等；要么偏重社会个体能动性的作用，认为所有的社会整体都可以化约（reducible）为个人的逻辑性堆砌，这是自由市场发展思想的逻辑起点，亚当·斯密、哈耶克、撒切尔以及与之关联的自由市场主义、解释社会学等思想都可归入这个阵营。对于第三条道路的思考，实际上就是对于社会与个体之间相互关系的再剖析，寻找一个两不偏袒、两方面都能发挥作用的新的概念框架。结构化理论是吉登斯的这种努力在理论层面的反映。

在结构化理论中，社会与个体被演绎为"结构"与"能动"两个基本概念，两者之间的相互作用即为"结构化"。所谓结构化（structuration），是指社会关系凭借结构二重性，跨越时空不断形成结构的过程（吉登斯，1998：26，89-20，61-62，281）。即在绵延的行动流中，结构（规则和资源）反复不断地被生产和再生产的过程，在这个过程中，结构（规则和资源）就是行动的条件，同时又是行动的后果。正是通过结构化的过程，社会的宏大结构于人的日常生活中才得以建构。

基于这种结构二重性而描述的社会再生产的循环，可简单化的用下图表示（图2-7）：

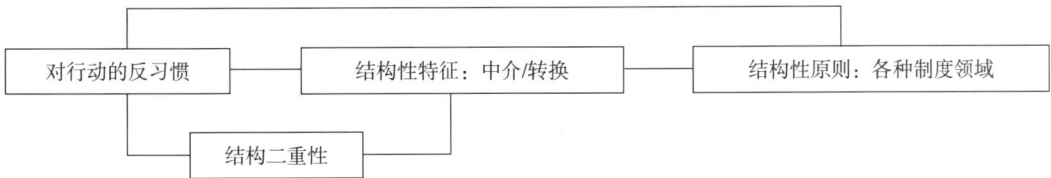

图2-7　吉登斯结构化理论勾勒的社会再生产循环
资料来源：[英]吉登斯，著，李康、李猛，译. 社会的构成：结构化理论大纲 [M]. 北京：生活·读书·新知三联书店出版社，1998年：P296.（原图重绘）

其中对行动的反思性监控是个体行为的体现，结构性特征（中介/转换）是社会整体结构的体现，而结构性原则是贯穿不同社会、体现在各种制度领域的内在的结构逻辑，在结构化理论中这种内在的逻辑并不是超然存在的，而是渗透在个体行为的反思性监控之中，并通过个体行动的反思性监控的集合，形成特定社会形态的结构性特征，而这种结构性特征，以及更加一般化的结构性原则，同时为个体行动的反思性监控提供了例行化的反思基础，同时也通过这种个体行动的反思性监控得以实现。即，结构性特征和原则既是个体行动反思性监控的制约也是个体行动反思性监控的产物，不存在脱离个体行动的结构性特征和原则，也不存在脱离社会结构性特征和原则的个体行动。

基于这样的原理，吉登斯将社会性总体的再生产和演化进行了重新的理论演绎和阐述。比如，区分了"社会—结构丛—结构性特征"和"系统—结构性原则"两个概念体系，其中社会是特定时空的表现，而系统具有更加广泛性；将人类社会分为部落社会、阶级分化社会和阶级社会（资本主义）三种类型；对社会之间的系统宽泛分类为"前历史"体系和零散体系、帝国世界体系、早期资本主义世界经济体系、当代资本主义世界经济体系（民族—国家世界体系）；从而建构整个社会变迁的总体形态演变（表2-1）。

吉登斯关于社会变迁的总体形态示意（其中不同箭头反映了演化趋向） 表2-1

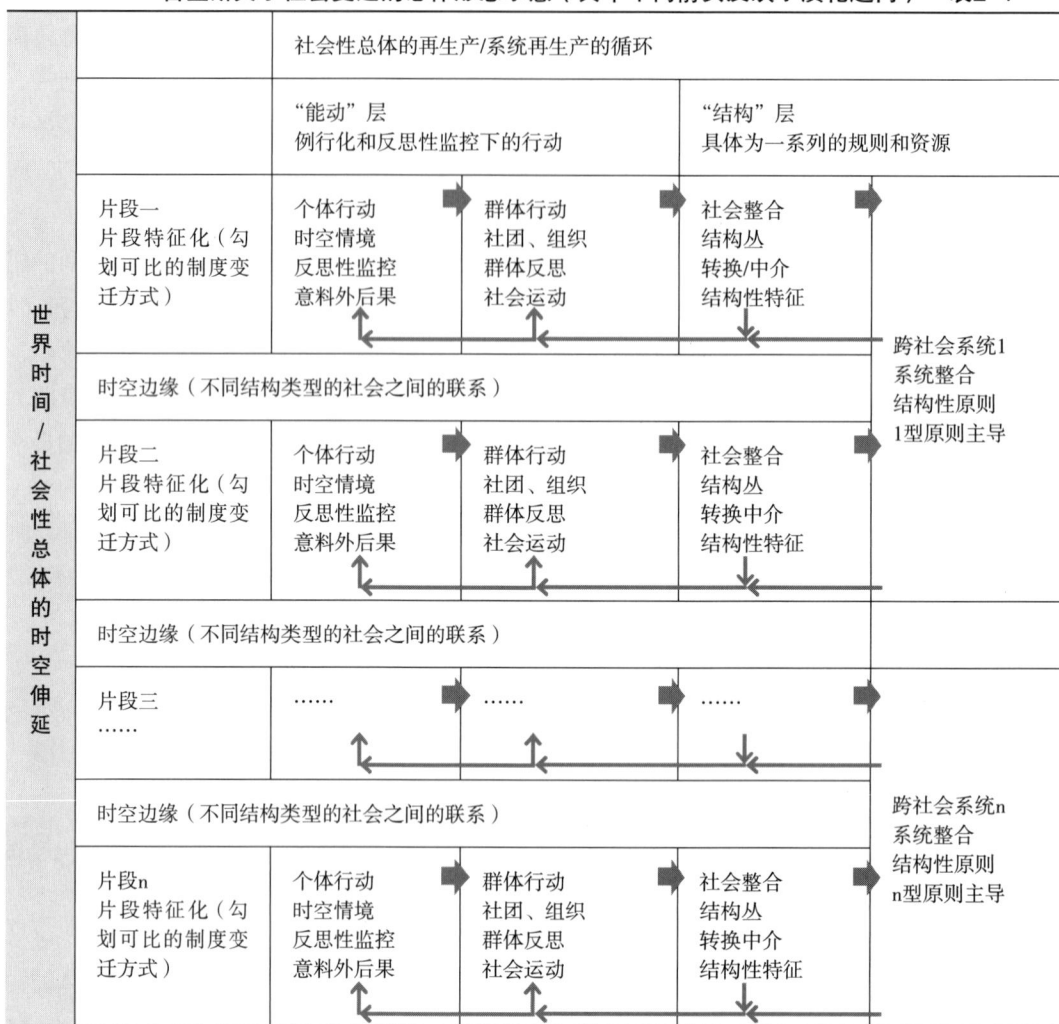

		社会性总体的再生产/系统再生产的循环		
		"能动"层 例行化和反思性监控下的行动	"结构"层 具体为一系列的规则和资源	
世界时间／社会性总体的时空伸延	片段一 片段特征化（勾划可比的制度变迁方式）	个体行动 时空情境 反思性监控 意料外后果 → 群体行动 社团、组织 群体反思 社会运动	→ 社会整合 结构丛 转换/中介 结构性特征 →	跨社会系统1 系统整合 结构性原则 1型原则主导
	时空边缘（不同结构类型的社会之间的联系）			
	片段二 片段特征化（勾划可比的制度变迁方式）	个体行动 时空情境 反思性监控 意料外后果 → 群体行动 社团、组织 群体反思 社会运动	→ 社会整合 结构丛 转换中介 结构性特征 →	
	时空边缘（不同结构类型的社会之间的联系）			
	片段三 ……	……	…… ……	
	时空边缘（不同结构类型的社会之间的联系）			跨社会系统n 系统整合 结构性原则 n型原则主导
	片段n 片段特征化（勾划可比的制度变迁方式）	个体行动 时空情境 反思性监控 意料外后果 → 群体行动 社团、组织 群体反思 社会运动	→ 社会整合 结构丛 转换中介 结构性特征 →	

资料来源：结合吉登斯著作《社会的构成：结构化理论大纲》的主要章节内容整理而成。

正如吉登斯本人所说，"结构化理论并非对世界的普遍性概括"（Christopher，els.，2001：230-231），它"只是一个研究人类社会行动的本体性框架"（Bryant els.，1991：201）。结构化理论阐释了社会的宏大结构在人们的日常生活中得以建构的基本原理，但并不能告诉我们这个结构本身是什么样的。其阐述的基本原理，同样适用于理解庞大的政府体系如何在一系列的市场个体的能动中得以重构，然后又如何反过来影响具体的市场个体的行为，从而避免了对政府或者市场的单一依赖。

2.4.2 奥尔森集体行动困境理论

用现实来比对理论，会发现，在吉登斯所关注的个体能动与社会结构之间，还存在着表述不清的一个断层，即集体行动层面。在现代社会中，个体常常以参与某个集体的形式来参与社会结构。对于集体行动的逻辑，曼瑟尔·奥尔森是相关研究的集大成者。他被誉为20世纪中后期最有影响力的经济学家之一，他的贡献不仅在于提出了富有挑战性的观点，还在于使用新型方法论，以集体行动的内在矛盾和固有逻辑为基础，以分析利益集团的作用机理为主线，从一个全新的角度来阐释经济增长和国家兴衰，提出了一种独特的分析经济社会发展的理论框架。

奥尔森首先关注：为什么对每一个人都有利的集体行动常常难以实现？在《集体行动的逻辑》（1965）一书中，奥尔森发现，如果个人活动使集团状况有所改善，其付出的成本是个人的，但是集团收益是公共的，并且集团越大分享利益的人就越多，基于理性经济人的设定，经济人或理性人会不倾向于为集团的公共利益采取行动，而更倾向于“搭便车”。进而，奥尔森将集体利益分为相容性（inclusive）和排他性（exclusive）两类，前者更有可能实现集体的公共利益。奥尔森认为规模越大的集团，个人分利越小，从而更不容易达成集团集体的共同利益，小集团则更容易形成个人利益与集体利益的一致。针对“搭便车”问题，奥尔森教授提出“选择性激励（selective incentives）”机制，即根据个人贡献有选择性地给予额外奖励或惩罚。但是奥尔森也发现集团规模大可能会导致信息成本过高而无法实现选择性激励的问题。这几个方面的问题概括起来就是收益分享和组织成本都会阻碍集体行动的实现，这个“集体行动的逻辑”实际上是一种“集体行动的困境”。

进而，奥尔森在《国家的兴衰》（1982）中运用集体行动的理论来解释国家的繁荣与萧条的内在逻辑。奥尔森认为，随着时间推移，在稳定社会中必然会出现大量的集体行动组织或集团，但从理论层面不存在任何一个国家所有具有共同利益的人都可以形成对等的组织或集团。其中小集团的成员具有更强的组织力，比如一个企业生产组织；而最大的集团可能包含全部社会人口，比如民族国家，其组织集体行动难度最大，但是最有动力推动社会整体的繁荣，形成一种“共荣利益（Encompassing Interests）”。奥尔森将个体对集团的成本收益不对等关系扩展到整个社会，单个利益集团对于整个社会的影响也同样存在着成本收益不对等的问题，从而带来“利益集团”搭“社会”便车的现象，只代表小部分利益的集体行动组织热衷于收入或财富的分配而不是生产更多的产品，形成一种“分利联盟”，或者称作致力于“寻租”的组织，或“特殊利益集团”。特殊利益集团为提高其成员收入而不惜降低社会效率或产量，其主要做法是争取政策倾斜、成立垄断组织等，“分利联盟”还会减缓采用新技术导致变化带来的资源再分配，这些都可能降低经济增长率，从而降低了社会效率或总收入。这实际上构成了国家衰败的基本原因，而国家繁荣的根源则主要呈现在奥尔森的第三本力作中。

2000年出版的《权力与繁荣》是奥尔森的进一步思考成果。书中，奥尔森并不像其他西方经济学家那样排斥政府权力，而是通过引入政府权力于经济增长分析之中，说明国家权力与私人权利（或政府与市场）之间的关系决定了繁荣的程度。奥尔森认为，权力能够产生强制性服从的能力，同时具有破坏性和建设性力量。奥尔森用盗贼横行和常驻匪帮的例子，说明专制政府也有动力推动社会整体的繁荣，认为如果“在共容利益指引下使用权力，其后果至少在某种程度上与社会利益是一致的，能实现公共物品的供应，即使不是基于善良的愿望去做的”；而在民主国家，候选人也可能偏袒能提供选票的“大多数人”而非所有人，从而影响社会整体繁荣（虽然相比专制政府其推动整体繁荣的动力更强）。奥尔森将这个原理称之为“另一只看不见的手"原理（与斯密"看不见的手"相对应）。奥尔森还对科斯定理进行了解析，认为，由于集体行动的困境、武力的黑暗面和意外事故的可能性，契约的遵守需要强制性的第三方保证，"有很多人口组成的社会不能通过自愿性的社会契约或者科斯谈判克服无政府状态建立一个政府"。随后，奥尔森结合现实案例解析了在现实的组织自由社会和高度组织化社会的可能衰败问题。前者同样是由于集体行动的困境，公民会保持对公共事务"理性的无知"，集体行动组织出现会非常缓慢，整个社会趋于僵化。后者如苏联斯大林时期，通过征用全社会资产增加储蓄和投资、通过产品和工资价格差获得国企高额利润、通过差异化激励生产意愿等方式获得快速的经济增长，但私人企业家的创新被扼杀，社会生产率趋于降低，信息单向层级化导致腐败，最终可能促生以层级或部门为单位的小集团利益取代总体的共容利益，导致整体衰败且难以变革。奥尔森还分析了日本、德国、意大利等原法西斯国家在"二战"后的快速发展，认为更强的共容利益追求和更少的狭隘利益集团是推动国家繁荣的关键。

在临终前，奥尔森最终提出了他所认为的最优化的"政府—市场"关系结构，核心概念是"强化市场型政府（Market-augmenting Government）"，指一个有足够权力保护个人财产权、强制执行各种契约、但受约束无法剥夺或侵犯私人权利的政府，是国民经济成功的关键。

可以看出，奥尔森将权力分析引入经济研究，是对传统西方经济学理论的一次超越。在其一系列的研究中提出了很多有创见的概念和观点，比如对搭便车现象在个人、集体和社会不同层面的解析，对个人理性与社会非理性的洞见，对"另一只看不见的手"的原理概括，对苏联经济模式及其转型的剖析等，尤其是共容利益和特殊利益小集团的区分，为解析各类社会群体行动提供了一个有普遍适用性的理论工具，也为吉登斯结构化理论在集体层面的缺乏提供了弥补。但奥尔森的理论仍然是以原理性的解析为主，并没有提出关键性的衡量工具，这在下一节介绍的"机制设计"理论中将得到补充。

2.4.3　机制设计理论

赫尔维茨在1960年和1972年开创了机制设计理论，并因此荣获2009年诺贝尔经济学奖。机制设计理论讨论的一般问题是：对于任意给定的一个经济或社会目标，在自由选择、自愿交换、信息不完全等分散化决策条件下，能否设计以及怎样设计出一个经济机制，使经济活动参与者的个人利益和设计者既定的目标一致。与吉登斯和奥尔森理论的相似之处在于，机制设计理论同样没有设定政府或是市场的先在唯一性；但与吉登斯和奥尔森理论偏重于理论推演不同的是，机制设计理论更像是一个数字游戏，将经济机制的设计变量进行精炼，通过模型函数的换算，推导出何种要素组合是最为有效的。

在赫尔维茨之前，西方关于市场社会主义经济机制可行性的大讨论，铺垫了机制设计理论的基础。一方面，以米塞斯和哈耶克为代表的学者，认为社会主义不可能获得维持经济有效运转的信息，中央机构无法洞悉每个消费者和企业的偏好；另一方面，以兰格和雷纳为代表的亲社会主义者，认为即使在社会主义条件下仍然可以利用市场机制，可以通过边际成本定价的分散式经济机制解决哈耶克等人质疑的信息成本巨大问题。但后者仍然面临着如何激励基层组织的问题。在这些大讨论的基础上，赫尔维茨（Hurwicz，1960）的论文《资源配置中的最优化与信息效率》首次提供了一个规范框架来处理经济制度辩论所涉及的重要问题（田国强，2009），开创了经济机制和机制设计理论的新领域。后来，赫尔维茨教授又写了《无须需求连续性的显示性偏好》、《信息分散的系统》等一系列著名论文，进一步完善机制设计的思想和理论基础。1973年赫尔维茨教授在《美国经济评论》上发表论文《资源分配的机制设计理论》，完整地提出了机制设计理论的理论框架。

机制设计理论的突出贡献是对衡量经济机制的两个关键指标进行了深入论述，即信息效率（Informational Efficiency）和激励相容。

在研究初期，赫尔维茨主要是集中在机制的信息和计算成本方面，把机制定义为一个信息交换系统和信息博弈过程，把关于机制的比较转化成对信息博弈过程均衡的比较，从而提出信息效率概念。信息效率要求所设计的机制只需要较少的关于消费者、生产者以及其他经济活动参与者的信息和较低的信息成本。赫尔维茨的研究成果证明，在纯交换的新古典经济环境中（即在自利性假设和凸性假设下），竞争的市场机制用比其他机制更少的信息达到了有效的资源配置，这是第一次从理论上论证竞争市场机制在资源配置上的有效性。

在对信息成本的进一步研究中，赫尔维茨利用术语隐私（privacy）表示信息约束限制，并意识到，在信息不完全的情况下，除非得到好处，否则参与者一般不会真实地显示有关个人经济特征方面的信息，而总是倾向于用虚假信息获得"占优均衡"。从而提出了著名的"真实显示偏好"不可能性定理，认为在新古典环境下，真实显示偏好和资源的帕累托最优配置不可能同时达到，除非得到某种激励。这决定了任何机制设计都不得不考虑激励问题。由此，激励相容（Incentive Compatibility）成为机制设计理论，甚至是现代经济学的一个核心概念，也成为实际经济机制设计中一个无法回避的重要问题。赫尔维茨将其定义为，如果在给定机制下，如实报告自己的私人信息是参与者的"占优策略均衡"，那么这个机制就是激励相容的。在这种情况下，即便每个参与者按照自利原则制订个人目标，机制实施的客观效果也能达到设计者所要实现的总体目标。

总之，机制设计理论将制度定义为非合作博弈，根据这些博弈形式的均衡结果，比较了不同的制度，从而使经济学家能够相对于某个最优标准来评价不同制度的表现。机制设计理论的研究对象大到整体经济制度的一般均衡设计，小到某个经济活动的局部均衡设计；其研究范围涵盖了计划经济、市场经济以及各种混合经济机制。同时，机制设计理论中"设计者"的概念也是非常广泛的，既可以是宏观经济政策制定者或制度设计者，也可以是微观经济单位的主管领导。这使得机制设计理论具备了非常广泛的应用前景，将大到宏观经济政策、制度的制定，小到企业的组织管理问题纳入到统一的分析框架中，对现实问题具有很强的解释力和应用价值。比如对于实践中一些出发点很好的规章制度却得不到有效贯彻执行，甚至参与者还利用既有政策来最大化个人利益，从而造成巨大效率损失的问题，机制设计理论认为这不仅仅是因为物质和技术等的约束，最主要的还是设计的制度不满足激励相容，因而无法保证个人理性与集体理性的同时实现。

可以看出，机制设计理论和奥尔森集体行动理论有内在的互证性，"激励相容"与奥尔森所谓的"共容利益"如出一辙，小集团容易达成集体行动也恰恰由于其信息成本较低较容易达成内部的共容利益，大集团则难以达成这些指标而难以设计有效的集体行动机制。不过，机制设计理论将运行机制设计的关键点进一步明晰化，具有更强的应用性特征，而奥尔森的理论更偏重原理的解析。但是，机制设计理论同样存在明显的不足，比如其假定的"自由选择、自愿交换、信息不完全等分散化决策条件"，忽视了现实中广泛存在的权力干预的影响，如奥尔森所说的"缺失了一个不可或缺的部分"。但其提出的概念框架仍然具有广泛的适用性。

2.5 本章小结

本章首先探讨了我国与西方国家在政府驱动开发上的异同，通过对已有相关理论的梳理，从空间开发和政府驱动两方面，吸收不同理论观点中有借鉴意义的部分，形成本文对政府驱动空间开发的政治经济解释。本文解析政府驱动型空间开发的理论土壤主要来源于吉登斯结构化理论、奥尔森集体行动困境理论和机制设计理论，将视野从政府与市场的二元关系，延伸到一般化的社会集体行动解析，以此形成一般化的理论框架和衡量标准，来解译政府与市场协作关系的内在逻辑。

<table>
<tr><td>

第3章

</td><td>

实践纵览:
新中国成立以来八轮代表性的政府驱动型开发

</td></tr>
</table>

本章对新中国成立以来的政府驱动型空间开发实践进行全貌纵览。新中国成立70余年来,中央及省市政府推动经济社会发展的主要手段之一就是通过大项目或大政策推动地区空间开发。按照主导的作用方式不同,其历程可分为以大项目主导为主的计划经济时期和以政策驱动为主的改革开放时期。前者是指1949~1978年期间,以中央政府为主导的"全能型"政府通过计划经济手段实施一个个生产性或非生产性大项目,常常构成所在地区空间开发的主体内容。由于诸多原因,这种空间开发方式虽然取得了一定成绩,但未能实现我国地区发展的整体起飞。1978年十一届三中全会启动了"改革开放"的步伐,伴随着一系列拨改贷、分税制、企业改制、分权化等改革,开发的重心也逐步从政府实施大项目转移到以经济特区、开发区、城市新区等为代表的政策驱动型地区开发,事实证明,这种方式极大推动了地区发展以及国家整体工业化、城镇化的进程。

为把握重点,避免芜杂,本书重点考察其中具有代表引领性的政府驱动型空间开发。其中,计划经济大项目主导时期,主要有20世纪50年代156大项目、60年代"三线"战备大项目、70年代成套引进大项目三个轮次代表性的开发实践;改革开放政策驱动时期,主要有20世纪80年代大项目调整与开发区试验、90年代开发区大发展、21世纪初期从开发区到城市新区的大开发、2008年至2017年大战略频出以及2017年以来城市新区与区域战略联动等,共五轮次代表性的空间开发实践。

3.1 20世纪50年代:依托156大项目驱动空间开发

3.1.1 156大项目的时代背景

1949年新中国成立后,人民政府没收了当时掌握国民经济命脉的官僚垄断资本,建立起社会主义国有经济,实行财政集中管理。1953年11月确立进行全面社会主义改造和实现国家工业化的总路线。采取的措施主要有:第一,扩大国有制,将私人所有制改变为集体所有制和国有制，农民家庭农场制改成了合作社制，私人工商业则实行国家主导的全行业公私合营；第二，扩大指令计划，对粮油棉和工商业物资施行统购统销。到1956年，市场经济成分在生产领域中下降到3.6%、在批发商业中下降到3.5%、在零售商业中下降到17.5%；计划成为占绝对优势的资源配置机制（高萍，2004）。当时国务院下属81个机构中，由计划委员会负责制定计划、经济委员会负责监督计划实施，并按行业、产品类别设置了数十个经济管理部门，占机构总数的一半以上。这一时期确立了与计划经济相配套的"全能型"政府体制（何金玲，2009）。

与体制建设相同步的是国家工业基础建设。从旧社会传承过来的工业基础较为薄弱，且畸重沿海。新中国的经济基础是在苏联援建156个大项目以及限额以上的694个重点项目的基础上建立起来的。

3.1.2　156大项目的主要内容

1952年8月，周恩来率领由陈云、李富春及政务院各部委领导人组成的中国政府代表团抵达莫斯科，征询苏联领导人对中国"一五"计划草案的意见，并提出苏联对中国科技和建设援助的需求。经过多次谈判和磋商，在1955年公布的第一个五年计划中明确了苏联援华的156项工程。但由于具体项目变更，实际推进实施项目为154项，主要为重工业项目。其中又有4个项目未建（第二汽车制造厂和第二拖拉机制造厂因厂址未定、山西潞安一号立井和山西大同白土窑立井因地质问题未建），实际正式施工的项目为150个。其中有147个在"一五"期间启动，另外3个在"二五"期间启动，其构成是：军事工业企业44个；冶金工业企业20个，其中包括钢铁工业7个、有色金属工业13个；化学工业企业7个；机械加工企业24个；能源工业企业52个，其中煤炭工业和电力工业各25个、石油工业2个；轻工业和医药工业3个（李百浩，等，2006）。

在国家经济基础十分薄弱的情况下，苏联援助的156项工程都是重点建设的大型骨干项目，覆盖能源、钢铁、有色、化工、机电、轻工及国防等领域，总投资203亿元，占同期基本建设投资的12.4%（国家统计局，1999）。

3.1.3　156大项目开发的影响

这是新中国首次通过利用国外资金、技术和设备开展的大规模工业建设，形成了八大工业发展区域，包括：以沈阳、鞍山为中心的东北工业发展区域；以京、津、唐为中心的华北工业发展区域；以太原为中心的山西工业发展区域；以武汉为中心的湖北工业发展区域；以郑州为中心的郑洛沐工业发展区域；以西安为中心的陕西工业发展区域；以兰州为中心的甘肃工业发展区域；以重庆为中心的川南工业发展区域。这些发展区域初步奠定了国家工业化的基本格局，使旧中国工业密集于东部沿海的状况发生了变化，不仅奠定了新中国工业化的初步基础，而且培养了人才，积累了经验。其中，鞍钢、武钢、长春第一汽车制造厂、东北三大动力、治淮工程、甘肃白银有色金属基地等直到现在仍然在国民经济中发挥着重要作用。

这些大项目对所在地区的城市发展影响极大。在当时高度集中计划安排的背景下，各地区发展和社会资源调配都按照国家计划进行，而这些大项目是国家计划的重点内容，自然而然成为各地方发展的核心内容。一方面，为了落实大项目，国家计划会配置相应的资源来支撑有关项目的实施；另一方面，地方发展主体也会以该大项目为中心调配地方资源，地方不仅会积极参与该大项目的发展，还会尽一切可能来力保有关大项目，因为国家计划的实现程度也关系到地方利益和政绩。

根据大项目落地的情况不同，对地方城市发展的具体影响可以分为以下三种类型（图3-1）：

（1）老城内部集约发展。在具有城市工业依托的地区，大项目的布局多是在老城原有工业基础上，进行改造、拓展，调整其不合理的功能布局，通过空间的内向性重组形成新型工业区，比如沈阳、哈尔滨、重庆等。

（2）跳开老城扩张。在现状工业基础几近空白的传统城市周边，拓展城市新区建设新型工业城市（镇）区，比如洛阳、包头、邯郸、承德等。

（3）完全新建城市（镇）。在现状没有城市依托也无工业基础的未开发地区，根据大项目生产的需要，完全新建工业城市（镇），多选择在资源产地附近地区，以中小城镇为主，比如株洲、白银、富拉尔基等（李百浩，等，2006）。

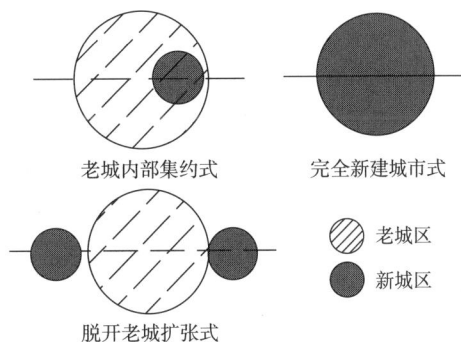

图3-1　156个大项目与地方城市发展关系模式图
资料来源：李百浩，彭秀涛，黄立. 中国现代新型工业城市规划的历史研究——以苏联援助的156项重点工程为中心[J]. 城市规划学刊，2006（4）：P84-92.

3.2　20世纪60年代：依托"三线"战备大项目驱动片区开发

3.2.1　三线大项目的时代背景

新中国政府驱动空间开发的第二波高潮是"三线"战备大项目。在1964年，经济困境已趋于好转，但中苏交恶使中国处于孤立状态。当时的中国面临着来自周边多个方向的战争威胁：南有越战，西南有中印冲突，东南有台湾骚扰，西北有中苏边境交恶。而当时国内工业与人口布局集中于大城市和沿海前沿，潜在的战争损毁危险较高，于是在特定的历史背景下展开了"三线"建设。

所谓"三线"，是出于战备考虑而形成的概念。假设外敌侵袭时，我国沿海和沿边疆的省（自治区）是战争的"一线"和"二线"（战场），内陆纵深地区则是可以作为战略大后方的"三线"地区。除了全国层面的"大三线"概念外，各省还进一步构思了各自的"小三线"战略后方。"大三线"的地理范围大致是甘肃省乌鞘岭以东、山西省雁门关以南、京广铁路以西和广东省韶关以北的区域，其范围包括川、贵、滇、陕、甘、青、宁等七省（区）的全部或大部分地区，以及豫、鄂、湘、晋四省的西部地区，共约318万平方公里，占国土面积约三分之一（孙应丹，2010）。这个区域无论从过境的任何一方进入都有上千公里的距离，周围有高山拱卫，是我国应对外敌入侵时军事上最安全的区域。

3.2.2 三线大项目的主要内容

1964年的中央工作会议正式做出了三线建设的决策，此后迅速形成了一波建设高潮，后受"文革"影响有所起伏，历经"三五计划"到"五五计划"约15年。国家先后投资了2000亿元，到20世纪70年代末，共形成固定资产原值1400亿元，约占全国的1/3，建成全民企业2.9万个（黄荣华，2010）；建成了近2000个大中型骨干企业、科研单位、大专院校和交通邮电项目，形成了45个以重大产品为中心的专业化生产科研基地和30个各具有特点的新兴工业城市（孙健，1992）。在广大的西南、西北地区建立起相对独立的、"小而全"的国民经济体系、工业生产体系、资源能源体系、军工制造体系、交通通信体系、科技研发体系和战略储备体系。

3.2.3 三线大项目开发的影响

三线大项目的宏观选址与苏联援建156大项目同样是偏重中西部，但是并不讲究全国的均衡，而是集中在"三线"战略腹地区域，为原本工业经济不发达的中西部打造了工业基础。但是出于战备的考虑，三线大项目的微观选址着重"山、散、洞"的原则，这本身是违背经济规律的，从而形成了山沟里办工业的景象，常常是小工厂形成小社区、大工厂形成工业新城镇。过于分散的布局和不便的交通影响了这些工业的自身发展；分散化布局导致所有设施都需要现场配套，也大大增加了建设成本，导致总体的建设绩效不高。由于这些不便，随着战争危机的缓解，这些山区工厂从20世纪70年代就开始谋求加强对外联系乃至外迁出山。但辩证地看，这些建设给那些工业基础几近于零的内陆腹地播下了现代工业的种子，给这些地区的长期发展提供一定的动力支撑，这也是不争的事实。

具体看三线大项目对地区城市发展的影响可以分三种类型（表3-1）：

（1）集中新建城市模式，多分布于现状交通欠发达、但生产资料较充足的地区，经过初步的规划论证，依靠国家项目在不毛之地或小集镇建设形成中小城市。其城市规划的主要内容就是以工业建设为中心，结合重点项目的选址布局。

（2）老城内部拓建模式，依托有一定工业生产基础的城市进行改造、拓展、新建工业区，给原有城市注入了新的活力，同时也主导着老城市形态的演变。

（3）进山进沟分散模式，指选址于交通不便的山区的三线建设，将军工企业迁建或新建于山区农村居民点附近，出于战备需要这类工业多呈带形顺沟沿街布置，实际上是一种"反城市"的发展方式，但是新兴的工业力量还是带动了当地的城镇化和现代化进程（孙应丹，2010）。

三线城市发展的类型分析　　　　　　　　　　　　　　表3-1

城市基础	规划与工业基础	三线城市发展模式	三线城市分布
新兴工业城市	无规划无工业建设	集中新建城市模式	攀枝花、十堰、金昌、六盘水等
非城市地区	无规划无工业建设	进山进沟分散模式	分布于偏远的农村，多位于交通不便的地区
中国传统城镇	有规划无工业建设	老城内部发展模式	太原、昆明、银川、成都、重庆、德阳、自贡、乐山、绵阳、泸州、广元、遵义、安顺、都匀、凯里、曲靖、宝鸡、汉中、铜川、天水、平顶山、南阳、襄樊、宜昌等

资料来源：孙应丹. 中国三线城市形成发展及其规划建设研究［D］. 武汉理工大学硕士学位论文，2010年：P25.

3.3　20世纪70年代：依托成套引进大项目驱动片区开发

3.3.1　成套引进大项目的时代背景

20世纪60年代末至70年代初，世界经济形势发生了较大变化。西方资本主义国家面临着新的一轮经济危机，苏联、美国争夺世界霸权的活动遭到越来越多国家的抵制，原有的两大阵营经济体系逐渐趋向加强交流，代之而起的是发达国家和发展中国家之间日益增多的经济往来。在此背景下，中美关系日趋缓和，中国重返联合国，西方国家纷纷与中国建交；国际敌对势力长期以来对中国的封锁被打破。国内在林彪事件以后，开始反思和纠正部分"左"倾错误。这些都为中国扩大对外经济交流创造了有利条件。在这样的背景下，我国从1972年开始陆续引进了26套大型成套设备，这些项目基本在20世纪70年代中期开始建设，是继156大项目之后新中国第二次大规模的对外引进项目。1976年"文化大革命"结束后，在一种急于改变"文革"窘境的氛围下曾出现了一股被称为"洋跃进"风潮，形成了又一波大规模的成套设备引进。这一波引进虽然时间上与后来的对外开放改革有交集，但是仍然是传统计划经济体制背景下的产物，与改革开放后的对外开放有着很大的不同。

3.3.2　成套引进大项目的主要内容

（1）1972年成套引进26个大项目

从1972年起，为了加快我国新兴石油化学工业建设，同时针对基础工业中的薄弱环节，决定引进部分设备和装置。先后从日本、德国、美国、荷兰、法国、意大利、瑞士等国成套引进了26套大型设备，总投资205亿元，占同期基本建设投资的7.4%。开展了武钢一米七轧机、全国13套大化肥装置、4套大化纤，以及两套25万千瓦的唐山陡河电厂、两套32万千瓦的天津大港电厂、一套30万千瓦的内蒙古元宝山电厂等一大批成套设备引进项目的建设工作（国家统计局，1999）。

（2）1978年成套引进22个大项目

1976年"文化大革命"结束后，又一次面临大规模经济建设的契机，其中重要一环便是从国外引进先进技术和设备。但当时政治运动的惯性仍在延续，形成一种积极引进扩大发展的冒进倾向。国家1977年计划引进22套大型设备项目，需要180亿美元外汇和1300亿元人民币投资，比当年全国全部财政收入874亿元人民币、出口外汇收入76亿美元、基本建设总投资382亿元人民币的水平均高出很多（陈锦华，2005），超出当时国力所能承担的程度。这导致一批引进项目的执行困难。具体可分为四种情况：1）基本如期完成的9项，如100套综合采煤机组1980年陆续安装使用，陕西咸阳彩色显像管项目1982年正式投产，河南平顶山帘子线厂1981年末试生产，贵州铝厂引进的年产8万吨电解铝工程于1982年建成投产；2）当年完成签约工作，因经济调整而推迟开工建设的工程有3项，包括乌鲁木齐炼油厂大化肥工程、银川化工厂大化肥工程和山西化肥厂，到20世纪80年代中后期建成投产；3）当年只签订部分合同，推迟了建设或进行调整的有9项，比如投资规模最大的上海宝山钢铁总厂原计划一、二期工程分别于1982年和1984年建成，分别推迟到1985年和1991年建成，二期工程由原来的成套设备引进改变为立足国内合作制造，大庆石油化工厂、齐鲁石油化工厂、上海石油化工总厂的二期工程（20万吨聚酯）、仪征化纤厂合成纤维工程等都被停建或缓建，霍林河大型露天煤矿取消了成套引进的方案，开滦煤矿和江西德兴铜基地项目分别推迟到1989年、1985年建成投产；4）因建设条件不具备而撤销的1项，即兰州合成革厂（陈锦华，2005）。

3.3.3　成套引进大项目开发的影响

虽然这个时期的重点大项目是在"文化大革命"的干扰和"洋跃进"的波动下开展的，建设过程并不顺利，但相比之前两批重大项目建设仍然有着显著的变化。

一方面，这些大项目完善了国家的工业体系，但加剧了比例失调。不仅包括武钢、宝钢、上海石化等重化工业，也包括化纤、彩色显像管、飞机等国民生活必须的工业门类，丰富了国民经济的内容。其中大部分项目至今仍然在国民经济中具有重要地位，比如其中投资最大的宝山钢铁总厂，今天仍然是中国规模最大的钢铁厂，其配套建设的北仑深水港如今已成为中国及国际一流大港；并且，考虑到经济规律的作用，提出了进口的设备大部分放在沿海，小部分放在内地的原则；还考虑到了对核心技术的引进，而不仅是引进设备（陈士林，1996）。但同时也在一定程度上加剧了国民经济的比例协调，包括：生产性投资过重而住宅、文教、市政等生活性投资过低，重工业过重而农业、轻工业比重仍然很低，偏重于引进技术和设备而对生产体制不做改善等。

同时，这些大项目推动中国联系了西方世界，重视了沿海地区，为其后的改革开放做了铺垫。邓小平1987年回顾说："说到改革，其实在1974年到1975年我们已经试验过一段"。这一个时期的对外引进也是对西方国家经济封锁的打破，同时也是中国改革开放政策的一次前奏试验。虽然当时意识形态的阻碍仍然存在，但单从经济发展来说，西方资本主义国家更具活力的市场经济、完整的国民经济体系和高度发展的科学技术都对中国形成了冲击和影响。正是这轮引进，让国人看到了资本主义国家的发达程度，看到了搁置意识形态差异而进行经济合作的可能性，看到了市场经济规律的意义所在，也看到了"出口加工区"的巨大作用，这些都为后来大规模的改革开放做了铺垫。

此外，这些大项目还塑造了一批工业城镇，与之前的大项目一起塑造了我国的城镇格局。具体的类型大致也有三类：

第一类是项目选址地现有城市依托但城市规模不大，大项目对原有城市的内涵和形态都有明显的拓展和再造，比如安庆石化、咸阳显像管、沧州化肥厂、辽河化肥厂等；

第二类是形成工业小城镇或卫星城镇，项目选址地或附近有小城镇形成彼此依附关系，当周边有大中城市时还会呈现大中城市的工业卫星城镇形态，比如上海宝钢、上海金山石化、北京石化、武汉武钢、南京化纤化肥项目等；

第三类是形成工厂飞地小城镇，项目选址周边没有大、小城镇关联时，项目工厂区本身会形成一个小型的飞地社区，矿业、电厂类项目多属于这种类型，比如开滦煤矿、天津北大港电厂等。

3.4　20世纪80年代：大项目调整与开发区起步

3.4.1　大项目调整与开发区试验的时代背景

1978~1980年这几年是世界社会经济史上的又一个重要转折点。在西方资本主义国家，绵延了近十年的滞胀危机逐步为新自由主义的兴起所取代，凯恩斯主义的政府干预政策体系被更加鼓励自由化竞争的政策体系取代，伴随着信息经济和全球化的推动进入了下一个繁荣发展的时期。而这种繁荣的余波扩散到对发展中国家的投资，中国也从中获得了现代经济的经验。

我国的变革影响更加深远，这是一个"以阶级斗争为纲"时代的终结和经济大发展时代的开端。1978年召开的中共十一届三中全会对历史问题进行梳理，树立了以经济建设为中心的工作思路，并据之制定了"改革开放"的总体方略。一方面，循着"摸着石头过河"的渐进式改革思路，在农村实行承包制改革、在国企实行放权让利、改政府拨款投资为企业贷款经营等，逐步推进整体制度体系的变革，走出了从纯计划经济到"计划为主、市场为辅"再到"有计划的商品经济"的变迁，国投大项目的投资体制和大项目类型也在逐步变化；另一方面，推动地方发展的宏观战略逐步明确了重视沿海的方向，在沿海偏远但便于对外联系的深圳、珠海等地实行对外开放的特别区政策，通过引进外资、激活土地、政策倾斜、直接资源投入等方式开启新的地区开发路径。

3.4.2　大项目调整与开发区试验的主要内容

1978年前后国家领导人的多次出访，认识到了西方的发达科技、交通和能源利用水平。由此影响了我国大项目投资重点的转移。党的"十二大"确定把农业、能源和交通、教育、科学作为经济发展的战略重点，改变了之前投资偏重工业的局面。当时的国家投资体制没有根本变化，且由于"文革"后国库并不充裕，所以1978年成套引进的22个大项目延续了多年才基本建完。此外，为了保重点项目，从1982年开始，国家在基本建设年度计划中，从在建的基本建设项目中选择一批骨干项目，从资金供给、物资分配、设备制造、交通运输及设计和施工力量上给予优先安排。到1989年底，八年间共安排此类项目319个，累计完成投资2486亿元，占同期基本建设投资的29%（国家统计局，1999）。这类国家倾力支持的重点项目已经有相当部分是重大基础设施和公用项目，比如葛洲坝水电站、秦山核电站、京广大通道、京津塘高速公路、北京10万门程控电话、京汉广中同轴电缆、北京正负电子对撞机、中国科技情报中心等，这类项目能提升地区的整体发展水平，但已不具备之前生产性大项目对片区开发的塑造性作用。

此时，对片区开发的塑造，对生产性大项目的培育，正在兴起新的驱动方式，即通过针对特定地区实施特定政策驱动地区开发。其开端便是经济特区。1979年7月，中央决定在深圳、珠海、汕头、厦门建立特区，其中最具代表性的是深圳经济特区。1980年8月26日第五届全国人民代表大会常务委员会第十五次会议通过了由国务院提出的《广东省经济特区条例》，这一天，被称为"深圳生日"。

经济特区的开始，是多方面因素共同作用的结果。一方面，当时的国家领导人看到西方国家的发达经济和亚洲四小龙的出口加工区的成功，意图效仿；另一方面，当时国资港商"招商局集团"拓展航运中间业务，在寸土寸金的香港难觅空间，转而寻求在毗邻香港的深圳蛇口地区建设开发区，以求"既利用内地较廉价的土地和劳动力，又便于利用国际的资金、先进技术和原材料，把两者现有的有利条件充分利用并结合起来"。由于招商局集团隶属国家交通部，在中央领导和部委的直接支持下，招商局蛇口工业区得以设立，这是深圳特区和中国工业开发区的"第一炮"；同时，作为港企的招商局集团又需要遵循香港的市场经济框架，采用了自用船运业务和引进其他企业参与开发共同推进的开发方式，开启了一种"招商引资发展开发区"的新发展路径。这给中央和广东省学习"出口加工区"的想法做了前沿摸索，就在蛇口工业区设立后不久，包含蛇口开发区的更大规模的深圳经济特区也在国家和地方共同运作中设立。当时中央领导人的指导思想是"中央没有钱，可以给些政策，你们自己去搞，要杀出一条血路来"（邓小平，1979），这无异于对传统"国家投资大项目"模式的一次重大改变，但也是新的发展路径的开端。设立开发区和经济特区本身是一项大的政策，在其中，国家不进行直接的生产性投资和运营，转而用政策优惠和启动资源的注入推动地方化的地区开发，其政策优惠包括基础设施建设支持、外资生产性经营的税负减免和权限放宽、地区土地的供应和激活等等。基础设施建设降低了地区开发启动门槛，生产经营的税负减免和权限放宽吸聚了产业经济，地区土地资源的激活则是让蛇口工业区和深圳特区一下子拥有了大量可调动的本地资源。蛇口工业区借鉴香港土地经营的经验，开创性地提出"把土地使用权出租给外商，我们就能用租金来搞建设，外商拿了地，也必然愿意来投资，这样经济就发展起来了"。这种出租土地使用权的筹资方式，在当时宪法规定"土地不能出租、转让"的背景下无疑是大胆的，但却极为有效地支撑了开发区的初期建设。最终，特区通过出租土地、招商引资获得了开发建设所需的资金，同时还引来了地区发展所需的企业，而这些又吸引大量的民工、下海人员、"倒爷"等不同层次类型的就业大军，一个地方的经济就此蓬勃发展起来。1983年底，邓小平视察深圳时题字"深圳的发展和经验证明，我们建立经济特区的政策是正确的"，从政治上为经济特区"正名"。

在得到肯定之后，经济特区的经验被推广，1984年设立了沿海沿江12个城市的14个国家级经济技术开发区。当时国家设定的建区宗旨是"技术的窗口、管理的窗口、知识的窗口和对外政策的窗口"，而非地区经济的引擎，这在一定程度上束缚了开发区作用的发挥。一方面，国内对待"窗口"的利用与防范心理并存，这些开发区大部分都被选址在离开所依托城市的相对独立地区，以发展引进型工业经济为主，与现有的主城和国企并没有密切互动；另一方面，外资对这些"窗口"也存在试探和观望心理，真正成熟上规模的现代大企业在这个时期并没有真正进入中国。但是，经过一段时间的试验、试探和磨合，对"用政策吸引项目"的发展模式逐渐形成共识。

3.4.3　大项目调整与开发区试验的影响

在这个时期，之前延续下来的成套引进大项目对地区开发有着与之前类似的塑造性作用，常常是塑造了一个新的工业城镇，比如上海宝钢大项目彻底改变了宝山镇的面貌。但这种大项目多是依托一定的中心城镇布局，早期那种以工业大项目凭空新造城的现象已成为历史。除了这些工业生产类大项目之外，国家在这段时期重点投资的交通、通信、科技类的大项目本身不构成地区经济生产的主体性内容，虽然改善了地区发展的国民经济基础，但也不似计划经济时期工业大项目那样塑造工业新城镇的空间开发。

与这些大项目相比，处于试验期的经济特区和开发区对地区经济发展的贡献还比较有限。其中深圳创造了比较显眼的成绩，上海、天津、广州等少数开发区也获得良好发展，其他大部分开发区和经济特区还停留在"窗口阶段"，经济份额和建设面貌都还未形成规模。只是，经济特区和开发区所开创的地区发展新路径，从总体上活跃了改革环境，拓展了新的发展思路和空间，成为国民经济中较为活跃的"亮点"。

3.5　20世纪90年代：开发区大发展

3.5.1　开发区大发展的时代背景

20世纪80年代末90年代初期的变化同样影响深远。苏东阵营的解体导致延续数十年的美苏两强对峙的世界政治经济格局陡然崩塌；以欧盟为代表的多个地区经济联盟成立，形成地区多边主义对美国的独霸地位的制衡；具有现代"市场经济"特征的经济发展方式无阻碍地在全球推广，越来越多的发展中国家加入到了市场化经济的行列。

我国在20世纪80年代末也曾经历了政治风波和经济混乱，但是局面很快得到控制，随后邓小平1992年的南方谈话确立了新阶段的主基调，以"三个有利于"为代表的实用主义思想，从理论上解决了社会主义和市场经济的兼容问题，从实践上推动了改革开放和地区开发的又一波高潮。国企改革从放权让利走向了大范围的承包制，并逐步替代政府成为地方国内投资的主体；同时城乡物资流通市场基本建立，金融资本市场也得以发育，乡镇企业在日益开放的华夏大地遍地开花。大项目重心进一步向基础部类迁移。地区发展的宏观战略逐步形成了东西部地区分工、加大沿海开放与突出重点经济区相结合的格局，提出了以上海为龙头的长三角及沿江经济带、以珠三角和闽东南为主的东南沿海经济带、环渤海经济圈、亚欧大陆桥和京九铁路经济带等重点发展的经济区域。同时，从经济特区到经济技术开发区的"接力"已经推进到了新的阶段，1990年启动的上海浦东新区和1994年启动的苏州工业园区为新的时代树立了榜样，"引进外资"、"国际化"成为流行语汇。1994年开始的中央地方分税制改革，将地方发展的主体身份还给了地方，助推了地区经济的群雄并起；中央政府则逐渐从一元主导走向宏观调控的角色转变。

3.5.2 开发区大发展的主要内容

从1994年国家计委提出投资改革方案以来，通过投资、金融、财税、计划、价格体制等方面的改革，政策性投融资和商业性投融资逐步得到区分。国家投资的大项目越来越多地偏重于能源、交通、通信、重要原材料和水利等基础设施和基础工业的开发建设。比如"八五"期间的京九线等33个铁路项目、南沿海光缆等11个通信项目、大亚湾等70个电力项目、黄河小浪底等22个农林牧项目，以及上海30万吨乙烯、无锡微电子、一汽、二汽等18个重大基础性产业项目，基本都属于非竞争性的经济基础内容；"九五"期间，"三峡工程"、"西气东输"、"南水北调"、"青藏铁路"、"西电东送"等一批巨型重点项目也具有非竞争性特征。在对地区发展影响更加直接的生产性项目上，国家和政府的直接投资干预空间进一步收缩，属于国家控制范畴的国企则通过改制等方式逐步按市场化规则由企业主导运营。这样，国家资源的生产性投资便具有了市场竞争的选择机制，地方政府则主要通过政策来吸引企业的入驻，这为开发区的全面推广提供了空间。此外，对外资大项目的引进，也具有类似的逻辑特征，为各地开发区的大推广和大发展提供了机会。

推动开发区大推广和大发展的一个标志性事件是浦东新区的设立。1990年浦东开发作为国家战略而推出，不仅包含金桥经济技术开发区、张江高新技术园区、外高桥保税区和陆家嘴金融贸易区四个各占地数十平方公里的重点开发小区，还包括周边大量备用地，总计达500多平方公里，以超宏伟的气势为新时期的地区空间开发树立了标杆。1992年邓小平南方谈话后，各地的开发区出现了井喷式的发展。据统计，仅1992年至1996年，我国就有各类开发区4210个（其中国家批和省批1128个、省以下3082个），规划占地面积12356.67平方公里（王永红，2003），几乎达到同期全国600多个设市城市建成区的面积总和，虽然其中不乏浪费和跟风，但是不可否认"开发区"正在成为普遍性的主流现象（庄林德，张京祥，2002）。其中，国家级经济技术开发区在第一批14个基础上增设加到32个，新设立的国家级经济技术开发区包括营口、长春、沈阳、哈尔滨、威海、昆山、杭州、萧山、融侨、东山、广州南沙、惠州大亚湾、芜湖、武汉、重庆、乌鲁木齐、北京等。另一个标志性的开发区是中国-新加坡合作建设的苏州工业园区，通过两国政府间的合作直接嫁接了新加坡裕郎工业园，全方位地引进新加坡经验，提出了"亲商"的理念，这将"用政策吸引项目"推进到"用服务配合政策争取项目"，大大提高了企业在地区发展中的地位。

与经济技术开发区相同步的另一个体系是高新技术开发区（简称高新区）的推广。1984年6月，原国家科委向党中央、国务院提交关于迎接新技术革命的对策报告时首次提出要研究、制定新技术园区和企业孵化器。1985年创办的深圳科技工业园是其前奏，1988年在"中关村电子一条街"基础上设立了第一个国家级高新区——北京新技术产业开发试验区（中关村科技园区），给予18条优惠政策。1991年国务院在全国37处地方兴办的高新区的基础上，批准建立了第一批26个国家级高新区，并发布了第一个全国性的高新区政策文件；1992年，在邓小平南方谈话推动下又一次性批准设立了25个国家级高新区；1997年6月，在陕西杨凌设立国家农业高新技术产业开发示范区；随后又陆续批准设立了若干国家级高新区；至2020年国家级高新区总数达169个（表3-2）。高新区的设立意图与经济技术开发区并不相同，推进科技创新和企业孵化是其主要诉求，但是在实施过程中，仿效开发区的招商引资和土地开发等行为仍很普遍。高新区的实际发展与经济技术开发区也有类似成绩，在工业增加值、税收收入、进出口等方面都表现出了超常的发展速度，创造了巨大的经济总量，成为国家和地方的重要经济增长点。

国家高新区一览　　　　　　　　　　　　　　表3-2

批准时间（年）	高新区名单	数量
1988	北京中关村	1个
1991	武汉东湖、南京浦口、沈阳南湖、天津、西安、成都、威海、中山、长春、哈尔滨、长沙、福州、广州天河、合肥、重庆、杭州、桂林、郑州、兰州宁卧庄、石家庄、济南、上海漕河泾、大连、深圳、厦门、海口	26个
1992	苏州、无锡（含宜兴环保工业园）、常州、佛山、惠州、珠海、青岛、潍坊、淄博、昆明、贵阳、南昌、太原、南宁、乌鲁木齐、包头、襄樊、株洲、洛阳、大庆、宝鸡、吉林、绵阳、保定、鞍山	25个
1994	苏州工业园	1个
1997	杨凌	1个
2007~2015	宁波、泰州医药城、湘潭、营口、昆山、芜湖、济宁、烟台、安阳、南阳、东莞松山湖、肇庆、柳州、渭南、白银、昌吉、唐山、燕郊、辽阳、延吉、齐齐哈尔、绍兴、蚌埠、泉州、新余、景德镇、宜昌、江门、青海、银川、上海紫竹、江阴、临沂、益阳、自贡、承德、本溪、长春净月、武进、徐州、温州、马鞍山、莆田、鹰潭、泰安、新乡、孝感、衡阳、乐山、玉溪、榆林、咸阳、呼和浩特金山、阜新、通化、南通、衢州、漳州、荆门、石嘴山、新疆生产建设兵团石河子、镇江、黄河三角洲、长治、锦州、盐城、连云港、萧山临江、三明、龙岩、抚州、枣庄、平顶山、郴州、源城、北海、泸州、扬州、常熟、湖州莫干山、嘉兴、吉安、赣州、禹城、莱芜、焦作、仙桃、随州、清远、璧山、攀枝花、广汉、安康	93个
2017~2018	鄂尔多斯、宿迁、淮安、铜陵狮子山、黄冈、咸宁、常德、汕头、内江、安顺、淮南、九江共青城、宜春丰城、荆州、黄石、潜江、茂名、荣昌、永州、楚雄	22个
合计		169个

资料来源：科学技术部火炬高技术产业开发中心，国家高新区名单。http://www.ctp.gov.cn/gxq/gxqmd/201803/a2db909ac4294a7e9712d23b04ebff7e.shtml

3.5.3　开发区大发展的影响

首先，开发区逐渐成为地区发展的新引擎。开发区的推广与国际上产业转移和资本主义过度积累寻求资本输出的趋势相呼应，推动开发区历史上最辉煌的一轮发展。进入20世纪90年代，开发区利用外资的规模和质量都有大幅度的提高，跨国公司开始取代中小资本争相进入，有一定技术含量的项目大量引入，甚至一些外资企业的研发中心也开始在开发区落户，外商对华的投资从试验性阶段进入到实质性阶段，开发区逐渐成为地区经济发展的一个重要增长点。摩托罗拉公司1992年在天津开发区投资1.2亿美元后又增资到3.2亿美元和11亿美元，法国太平洋炼油合资项目在大连开发区总投资额达100亿元人民币，美国宝洁公司在广州开发、韩国三星汽车在湛江开发区的投资额都超过1亿美元（皮黔生，王恺，2004）。这些大投资对之前的开发区是不可想象的，部分甚至超过了之前的国投大项目，这决定了开发区在地方经济中的地位上升。在这样的背景下，开发区在经济实力、工业产值、税收、经济效益等方面都取得前所未有的成绩，1996年沿海14个经济技术开发区的工业产值比1991年增长了858.2%，工业规模迅速增大。开发区的经济总量在其所在的母城中经济份额也越来越高，1996年，广州开发区的工业产值占到全市的11.2%，天津开发区的工业产值占到全市的18%（王峰玉，朱晓娟，2006）。这时，老牌国企仍在改革道路上艰难前行，而开发区引进了新兴有活力的经济体，实际上正在逐渐成为地区经济发展的引擎。

同时，开发区的大发展推动了我国工业化的整体进步。在之前40年发展的基础上，经过20世纪90年代国内大项目和国外大引进的共同推动，我国工业化得到迅速扩张。体现在：其一，工业经济进一步加速发展，据统计，1992年至1997年工业产值平均每年递增16%，比20世纪80年代快了6.3个百分点，比同期国民生产总值增长也高出4个百分点（武力，2010）；其二，工业门类更加完整丰富，与国际现代工业经济基本同步，基本改变了传统工业体系偏重型工业和传统产业的面貌，比如摩托罗拉、宝洁、三星汽车等；其三，工业产品极大丰富，由工业品短缺经济开始走向产能过剩，据国内贸易部1997年下半年对613种主要商品供应情况的摸排，供不应求的商品有10种，仅占16%，供求基本平衡的商品占66.60%，供过于求的商品占31.80%，而1995年工业生产能力利用率未达60%的已超过了全部产品的半数（武力，2010）。

工业化扩张带来劳动人口的大量集聚和非农用地的增长，推动城市规模的增长，我国的城市化逐步进入加速上升阶段。据统计，城镇化率从1990年的26.4%提高到了1997年的31.9%，同期城镇人口增加了9300万，达到3.94亿人（武力，2010）。此外还有大量的未能统计的城市民工人口。开发区的大量扩张也带来了城市空间规模和格局的急剧增长。另一方面，扩大的城市发展又为工业化提供了用地、人才、消费市场、基础设施等方面的支撑，大量建设的城市开发区是工业化加速和工业现代化的重要载体。并且，城市化本身也可成为拉动地方发展的重要载体，尤其是房地产业在拉动上下游40多个经济部门、贡献税收、消费过剩工业品、调节国民财富流动等方面都能发挥明显的作用。这些都推动城市化成为下一阶段的国家战略和地方发展的主要阵地。

3.6　21世纪00年代：从开发区到新城新区的进一步扩张

3.6.1　从开发区到新城新区大开发的时代背景

进入21世纪，包括俄罗斯、巴西、印度、中国在内的"金砖四国"成了全球新兴经济体的代表。另一面是传统欧美发达国家的经济增速放缓，进一步向新兴国家扩张资本和寻找发展空间，推动了"经济全球化"的深化，跨国公司、金融资本等影响越来越大，而民族国家在地区经济中的作用则有一定削弱。据《1999年世界投资报告》，目前跨国公司的母公司和附属企业的生产占全球的1/4，跨国公司的内部贸易和外部贸易占世界贸易总量的2/3（王东，等，2002）。中国的广大开发区就承载了大量跨国企业的转移，成为国际经济格局中重要的加工制造基地，中国的金融资本市场也逐渐引起全世界资本的关注。

同时期，中国实行20年的改革开放进入纵深阶段，住房、教育、医疗等一系列民生基础的改革，银行、能源等重要行业的改革，以及"入世"所带来的规则变化，推动国民经济社会面貌的深度转变。《行政许可法》《公司法》"非公三十六条"等进一步明晰了政府与市场的法制关系，"科学发展观"的提出、从"五年计划"到"五年规划"的改变，等等，都昭示着一个经济活动由企业主导、政府通过企业代理或财税政策调控经济的社会经济形态逐步成形，与现实中传统的集权行政和"官本位"思想相互碰撞和融合，形成一种独特的"中国式"市场经济。地区开发宏观战略也逐步从偏重沿海转向国土的全局安排，2000年提出的西部大开发和城镇化战略为国民投资和地区开发开辟了新的"战场"，随后又陆续有中部崛起、东北老工业基地振兴、东部率先发展等宏观区域战略的提出，形成四大经济板块的总体战略格局。配合这些大战略，国投大项目也有进一步的扩张，但其内容也进一步收缩到基础经济内容，比如南水北调、西气东输、三峡水利枢纽等，同时还涌现出一批像奥运场馆项目、国家大剧院这样的城市开发大项目，提升地区总体发展环境。而作为地区开发直接载体的依然是空间开发的进一步扩展，从经济特区、开发区演化到大规模的城市新区开发，形成了一股前所未有的地区开发的洪流。

3.6.2　从开发区到新城新区大开发的主体内容

3.6.2.1　经济技术开发区与高新区

开发区在前一阶段的巨大作用推动了其向全国更深层面的推广。在中西部地区，结合西部大开发战略设立了第三批18个国家级经济技术开发区，包括合肥、郑州、西安、长沙、成都、昆明、贵阳、南昌、石河子、西宁、呼和浩特、南宁、太原、银川、拉萨、南京、兰州等。第三批国家高新区大规模推出（表3-3）。在省及省以下更是大量创设了各种类型的开发区，其数量和规模较前一个阶段有了进一步的扩张。

第三批国家高新技术开发区   表3-3

地区	行政区	国家级经济技术开发区名称	数量
华东	山东	东营、日照、潍坊滨海、邹平、临沂、招远、德州、明水、山东胶州	9
	江苏	南京、扬州、徐州、镇江、吴江、常熟、淮安、南京江宁、盐城、锡山、太仓港、张家港、江苏靖江、江苏吴中	14
	浙江	嘉兴、湖州、绍兴袍红、长兴、金华、宁波石化、嘉善、衢州、义乌、杭州余杭、海岸、绍兴柯桥、富阳	13
	上海	上海化学工业	1
	安徽	合肥、安庆、马鞍山、铜陵、滁州、池州	6
	江西	南昌、九江、赣州、井冈山、上饶、萍乡、南昌小蓝	7
	福建	漳州招商局、泉州、泉州台商投资区、漳州台商投资区、龙岩、福建东侨	6
华中	河南	郑州、漯河、鹤壁、开封、许昌、洛阳、新乡、红旗渠	8
	湖北	黄石、襄樊、武汉吴家山、荆州、鄂州葛店、湖北十堰	6
	湖南	长沙、岳阳、宁乡、湘潭、浏阳、娄底	6
华北	天津	西青、武清、天津子牙	3
	河北	廊坊、沧州临港、石家庄	3
	山西	太原、大同、晋中	3
东北	黑龙江	海林、宾西、哈尔滨利民、大庆、黑龙江绥化	5
	吉林	吉林、四平红嘴、长春西新	3
	辽宁	锦州、大连长兴岛	2
华南	广东	珠海、增城	2
	广西	南宁、钦州港、中国-马来西亚钦州	3
西南	重庆	万州、长寿	2
	四川	成都、广安、德阳、绵阳、四川广元、遂宁	6
	贵州	贵阳、遵义	2
	云南	曲靖	1
	西藏	拉萨	1
西北	新疆	石河子、库尔勒、奎屯-独山子、阿拉尔、五家渠、准东、甘泉堡、格尔木昆仑	8
	青海	西宁	1
	甘肃	兰州、金昌、天水	3
	宁夏	银川、石嘴山	2
	内蒙古	呼和浩特、巴彦淖尔	2
	陕西	西安（陕西航空）、汉中（陕西航天）	4
合计			132

资料来源：笔者根据官方公布资料整理

但此时外资已大量进入中国，前一个阶段井喷式的外来投资难以再现，并且优惠政策也有部分调整，加入WTO的开放政策又进一步削弱了开发区政策的比较优势，靠外资拉动的开发区扩张乏力，需要开拓新的投资来源。当时居民高储蓄率导致约4万亿储蓄资金沉淀，20世纪90年代末期的一系列医改、教改、房改等实际上撬动了这笔资金，也把全民都卷入了现代市场化经济的循环中，子女上学、买房、看病等必须消费成为居民最大支出。而地方与中央财税权责倒挂与政绩体制也迫使地方政府成为这一波改革的积极参与主体，尤其是积极利用房改的红利，借助对地区土地的运作吸收土地开发的红利收入，成为扩大地方财源的重要渠道。简单地说，之前注重引进大项目的做法已经不能满足新的发展需求，为了扩大地方经济，地方政府积极挖掘本地可操控的土地资源，从积极引进项目走向策划地区开发大项目。

正是在这样的背景下，开发区"一枝独秀"的风头受到了挑战（皮黔生，王恺，2004：97），其焦点地位逐步让渡于"城市新区"。城市新区热的形成，客观上城市化趋势和国家战略提供了背景驱动，实际的推进是多方试验、逐步发展的过程。最初是源自深圳、浦东、苏州工业园示范的工业开发区演变成工业新城（区），但这很快不能满足需要，而进一步衍生出大学城（教育园区）、新行政中心（政务新区）、交通设施拉动新区（临港新城/空港新区/车站新区）、郊区大盘（田园新城）、综合性新区/新城等一系列各种类型的新区开发实践。

3.6.2.2　从开发区到"工业新城"

以产业发展为主题的工业开发区经过发展，逐步丰富其产业配套功能，形成具有综合功能的新城区，称为工业新城。工业新城的早期案例，可以追溯到20世纪80年代的深圳经济特区，当时深圳特区既安排了蛇口、八卦岭和上埗等专门性的工业开发区，同时还安排了华侨城、沙头角镇等综合性的城镇功能区，可以说是改革开放后新城区开发的开端。到了20世纪90年代，上海浦东新区开发以金桥、外高桥、张江和陆家嘴四个功能开发区为切入点，其中只有金桥出口加工区是传统工业类的空间开发，外高桥和张江分别以物流和科创为主导功能，陆家嘴则完全是商贸商务类功能。从实际的开发情况看，金桥出口加工区后来演变为金桥开发区，其内容除了一些重大产业外，还形成了上海一流的高品质居住区，张江、外高桥也是产业和人居同步开发同步推进，陆家嘴则成为全球水准的城市中央商务区，它们共同构成的浦东新区也成为上海标志性的综合型新城区。这树立了综合性新城区开发的新范例。

随后进行的财税、住房等一系列改革，推动土地开发日益升温，大量开发区演变成为地区空间开发的重要载体。一方面，各开发区为了招商引资竞相推出对引进企业的各种"补贴"，导致许多开发区入不敷出，所谓"大循环"开发模式（皮黔生，王恺，2004）受到工业财税回笼慢、补贴政策多等的拖拽而难以快速"变现"，使得理论上的"滚动开发"难以为继。另一方面，为工业配套的商业性开发，比如房地产开发、商业地产开发等，却能够快速回笼资金，甚至获得较大收益。这就促使了越来越多的开发区扩大商业性土地开发范围，在"产城融合"的旗号下，逐步蜕变为"工业新城"。

3.6.2.3　从教育园区到"大学城"

大学教育机构与城镇结合发展，在国外有较多的成功案例，一些围绕大学的城市大多具有独特的魅力，比如美国的硅谷、波士顿，英国的剑桥、牛津等，均是高校与地方城镇融合发展的典范。

国内的"大学城"基本是以高校集聚为表征，以城镇发展为载体。如建于20世纪90年代的上海松江大学城，集中了上外、外贸、工程技术等大学，与上海市松江区的城区联动发展。深圳的大学园区，则是引进了清华、北大、哈工大等名校的研究生院，形成大学功能主导的城市片区。让大学城声名鹊起的所谓"第一个大学城"，是位于廊坊经济技术开发区的"东方大学城"，2000年8月由北京对外服务集团推动建设启动，以低廉的价格在京津之间获得了数十平方公里的土地，安排了较大规模的土地开发和学校引进。但初始投资商后来资金链断裂，由地方政府引入第三方运营机构，逐步转为职业教育园区。虽然最终集聚的学校数量和规模远不及预期，但对地方政府来说，这类大项目所造成的全国性影响力已经发生，至少其城市的知名度得到了明显提升。

由于大学扩招及寻找新增长点等原因，一时间各地纷纷上马大学城。呈现出以下几个特点：（1）政府主导或鼎力支持。从操作模式上可以分出政府主导、企业主导、大学主导三类，地方政府一般都给予大力支持，制定战略、积极宣传，甚至直接主导开发。（2）用地规模较大，如南京的仙林、江宁、浦口三个大学城的规划总面积达70平方公里（相当于20多个北京大学的面积），其中真正的教育用地所占比例并不高；部分开发商则乘机低价拿地开发高档住宅、高尔夫球场等。（3）开发热潮的持续时间较短，全国而言，大学城项目在短短两三年间即猛增到四五十个，尤其是头部城市，几乎都有配置。如广州的小谷围大学城、上海的松江大学城、杭州的下沙大学城等，但后来热潮明显减退。（4）开发建设的积极性高，但持续运营的能力弱。大部分大学城选址主城区外围较远处，并基于增长型预期做出规划安排；对经济波动、生源数量下降等趋势的预计较少，重建设轻运营现象较为普遍。

3.6.2.4　从新行政中心到"政务新区"

新的行政中心建设的基本职能是改善行政办公条件，但因其外部拉动效应，也常常被赋予拉动新区开发的重任，形成了所谓的"政务新区"。

通过行政中心搬迁而拉动新区发展的事例从20世纪90年代开始，比如，青岛在1994年、无锡在1995年、苏州在1996年，先后开展了新行政中心的迁建工作，但限于当时的土地经济和房地产市场发育状况，尚未能形成大规模之势。2000年以后，用行政中心建设拉动新区地价上升、并激活新区房地产市场的做法日益增多，至国家在2004年出台政策叫停"楼堂馆所"建设后有所放缓（毛刚，等，2006），但仍有所推进，例如合肥、昆明等省会城市都建设了新的政务中心。

这些行政中心大多由党、政、人大、政协四套班子办公楼为核心，前置广场，辅以各职能部门"拱卫"，周围由公园绿地环绕；有的还会配以会议中心、宾馆，以及博物、展览、文化、体育等公共服务设施，形成一个壮观的集中片区。在这个片区周边则会安排较大规模的商务、商业、居住、教育、体育等用地，形成综合性的政务新区。

3.6.2.5　大型公共设施引发的地区开发："奥体新区""会展新区"等

大型服务设施如体育中心、会展博览中心、文化演出中心等，可引发人流集聚效应，带动空间开发。这类开发对城市新发展的拉动效应极为明显。一是项目的社会影响力大，能显著提升地区的知名度并集聚人气；二是瞬时人流多，因而设施配置标准高、容量大。因此，大型公共设施较容易引发地区开发。

早在1987年，当时的广州为举办第六届全国运动会而建设天河体育中心，带动周边地区的发展，塑造了广州地标性的天河地区。到了2001年的九运会，广州又一次抓住机会，大力建设配套设施并优化城市空间结构，逐步形成了"广州东站—中信广场—天河体育中心—珠江新城—新客运港—洛溪岛"这一城市中轴线（唐九方，2001）。南京也曾抓住2005年十运会的契机推进新城区的开发建设，主场馆奥体中心项目成了河西新城开发的重要依托；围绕建设了七纵五横的城市道路框架，完成了地铁线路延伸，建设了医疗、教育、商务等设施配套，并引入了大规模的房地产开发（杨乐平，张京祥，2008）。类似的还有1999年昆明世界园艺博览会的带动效应，2008年北京奥运会和2010年上海世博会是这段时期最为标志性的大型设施项目，同样被赋予带动周边发展、促进空间开发的使命。

但对大型公共设施建设及相应的地区开发应持审慎态度，尤其是避免前期过于铺张而后期利用不足的问题。现实中已不乏教训，例如昆明世博会和上海F1赛车场，都出现了当期效果较好，但后续的维护成本高、利用效率低，带来了成本"黑洞"。南京的奥体新城，其房地产市场面临2004年国家宏观调控及"后十运"影响，在十运会召开前便已转冷，大量设施得不到有效利用，但维护成本高昂，形成一种"半生不熟"的地区开发结果（张京祥等，2007）。

3.6.2.6　交通设施带动开发："高铁新区""空港新区""临港新城"等

交通枢纽对地区发展的拉动作用早已为人们所关注，古典区位论中有奎因（Quinn）提出的"中介区位"假想；胡佛提出的最小运费模式认为港口、铁路枢纽是发展工业的理想区位（董洁霜，范炳全，2006）。随着我国整体交通建设的加强，火车站、港口、机场等已经成为地区发展的重要带动性设施，依托这些交通设施推行的空间开发也较为常见。具体根据所依托的交通设施类型，可以分出火车站新区、空港新区、临港新城、高速公路门户新区等几种类型。

火车站新区是最常见的类型。从历史的角度看，铁路及其客站一直对城市发展产生着重要影响，比如郑州、武汉、石家庄、哈尔滨等城市都曾因铁路落站而获得较大的发展。20世纪80年代末，受国外（尤其是日本）旅客站发展的影响，国内首次出现了"大型铁路客站作为城市综合服务中心"的提法（甄栋，2004：3），在沈阳、广州等地进行了实践。2000～2007年期间中国铁路6次大提速；2008年以来高铁线路全面铺开，带来了依托铁路车站建设新城新区的想象空间。2004年，广州新火车站选址于中心城区以南约17公里的番禺石壁，带动了周边地区的开发建设；2006年，武汉新火车站建设推动了青山区杨春湖副中心的开发；2008年苏州火车站开辟北广场，拉动平江新区的发展；上海虹桥火车站，同时也是航空和地铁枢纽，周边已规划高规格的商务新区，正在加紧实施。

以机场为依托的空港新区（又称航空城）也是地区开发中的热捧对象。据不完全统计，至2005年，全国主要城市拟建的空港新区或航空城至少有16个，分布在北京、上海、广州、深圳、成都、珠海、天津、厦门、福州、西安、重庆、贵阳等主要城市，大多选址在相对独立的位置，规划面积从几平方公里到数十平方公里不等（欧阳杰，2005）。典型案例如北京，依托首都机场在1994年建立空港工业区，于2004年又编制了占地100～150平方公里的航空城总体规划，到2010年以后，周边逐步形成了包含空港工业区、汽车生产基地、空港物流基地、顺义新城等在内的"环状临空经济圈"。上海早在20世纪90年代即提出，结合浦东国际机场建设综合性航空城的计划，而随着虹桥机场扩建及交通枢纽的建成，浦西空港地区的综合开发规划已经在实施。广州则于2001年制定了《广州新白云国际机场周边地区规划》，规划面积约166.8平方公里，主要发展物流产业、商贸服务和航空相关产业（吕斌，2007）。

临港新城是依托港口条件而进行的一种地区空间开发行为。依托港口发展临港产业，被认为是世界上港口城市崛起的共同轨迹（新经济地理专刊，2011）。典型代表如上海的"临港新城"，以洋山深水港建设为主要依托，于2002年启动开发，规划的新城主城区加产业区超过了300平方公里（图3-2）。另一个典型代表是河北省曾经的"一号工程"曹妃甸新区，也是编制了规模宏大的规划，被寄予厚望。此外，江阴临港新城、北仑临港新城、珠海临港新城、如皋临港新城、九江临港新城、乐山临港新城等，也都是所在地区空间开发的重要载体和发展依托。

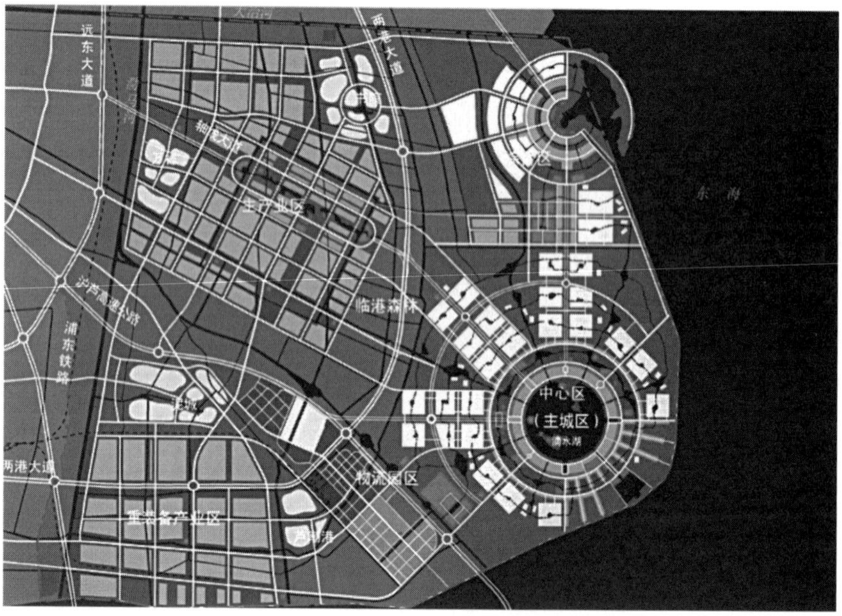

图3-2　临港新城区位及规划图
资料来源：上海城市规划设计研究院，编著.上海市城市规划设计研究院规划设计作品精选集Ⅱ
[M].北京：中国建筑工业出版社，2010.

城市对外交通出入口地区同样也给地方发展带来想象。比如高速公路出入口，具有明显的区位优势；把企业建在出入口及其连接线附近，节约运输时间的同时，也是地区形象的重要展示。王媛媛（2008）的实证研究发现，西安至宝鸡高速公路各出入口集聚了一系列大大小小的产业园区，包括武功县台资工业园（规模约3200亩）、扶风工业基地、眉县机械制造工业园、兴平工业集中区、岐山工业园区、常兴纺织工业园等。实际上，这种现象在各地都有发生，尤其在中小城市，高速公路是地区发展的重要门户和交通枢纽，故而常被寄予厚望，结合安排各类产业园区和新城新区。

3.6.2.7　以居住功能为主导的郊区大盘型"城市新区"

"郊区大盘"是发生在城市郊区的大规模成片开发房地产行为。起步于1985年的深圳华侨城是我国郊区大盘的雏形，以"旅游地产+住宅地产"的商业化开发为主体，包含"欢乐谷"、"世界之窗"、"华侨城社区"等城旅一体的空间开发项目，形成深圳一个重要的城市板块。类似的还有广州华南板块及洛溪板块，均由较为成规模的郊区大盘组成，至2001年基本成型，包含了碧桂园、星河湾、南国奥林匹克花园、华南新城、锦绣香江、雅居乐等大型综合住区，占地数十公顷到几个平方公里不等（表3-4），市场主体在其开发建设中发挥了主导作用（袁奇峰、魏成，2011）。2000年以后，开发商主导的大型居住区在北京、上海、深圳、成都等大城市周边较多出现，比如北京的回龙观、富力城，上海的康城，深圳的桃源居，成都的南地王，昆明的世纪城等。这些郊区大盘通常是开发商和地方政府共同运作的结果，构成了所在城市空间开发的重要内容。对于地方政府而言，郊区大盘可以带来可观的土地收益，激活城市片区的发展，经过统一规划设计的建设还有助于塑造整体城市风貌。对于开发商而言，则可以借机扩大开发规模，形成大品牌效应。对于入住者来说，大盘开发比中小尺度开发更有整体配套方面的完善保障，在市场规模能够支撑的情况下，是比较好的地区空间开发方式。

广州华南板块大型居住区规模统计　　　　　　　　　　　　表3-4

序号	名称	用地规模（hm²）	容积率	绿地率（%）	建筑面积（万m²）
1	祈福新村	403.8	1.42	40.40	554.1
2	广州雅居乐花园	314.9	1.43	38.40	433.7
3	华南新城	202.5	1.39	35.97	268.3
4	华南碧桂园	118.6	1.40	35.44	161.9
5	锦绣香江花园	87.6	1.40	35.45	115.1
6	星河湾	80.1	1.80	38.40	118.2
7	丽江花园	77.1	1.79	31.56	138.3
8	置业金海岸花园	63.0	1.575	35.00	72.9
9	富豪山庄	56.0	1.322	39.549	71.1
10	万博花园	56.7	1.30	30.14	57.9
11	东湖洲花园	51.8	2.14	36.53	104.4
12	南国奥林匹克花园	51.0	1.40	33.40	71.4
13	合计	1563.2	—	—	2167.3

资料来源：袁奇峰，魏成. 从"大盘"到"新城"——广州"华南板块"的重构思考. 城市与区域规划研究，2011（2）：P101–118.

3.6.2.8　综合性新城区：新区/新城

这里所说的"新区/新城"，是指前述工业区、大学城、政务新区等类型之外，单纯的以综合性新城区为目标的地区空间开发形态。

例如合肥的滨湖新区就属这样的地区开发。在其开发之前，合肥市的经济技术开发区、政务新区和大学园区都已经初具规模，但从整个城市格局来说，仍然还是沿袭老的城市结构，应对未来的高位城镇化预期仍显不足。基于审慎的考量，合肥市政府于2006年提出在主城区东南部跨越十公里之外的巢湖北岸开发湖滨新城。新城被赋予了合肥通过巢湖连接长江、融入长三角的水上门户地位，预期规模约196平方公里，但没有设定明确的产业功能，开发侧重点较多体现在生态、滨湖风光、连通长江等。在地方政府的积极推动下，滨湖新区的开发速度很快，比如在开发之初，2006年11月初期，5天即告完成1502户共36.7万平方米的拆迁任务，至2009年9月底，累计开工建筑955万平方米，累计完成投资总额232.49亿元，建成区面积8.23平方公里，建成城市道路180多公里，路网围合面积达30平方公里等。但即便这样快速高效的空间开发，仍然出现了设施不便、实际入住率低等问题。

郑州的郑东新区也是风光一时的大尺度综合型新城新区开发项目，发轫于2001年，其初始规划是以迁建原郑州机场腾出来的6平方公里用地为基础，建设占地60平方公里以住宅、商务、高新技术产业为主的现代化新城区（刘本昕，2001）；后来因地方领导的大气魄推动，采用了大手笔的"如意-龙湖"设计方案（图3-3），将预期规模扩大到约150平方公里，相当于再造一个郑州。这引起了较多争议（王勇，2006）。截至2008年4月底，郑东新区完成固定资产投资543.5亿元，建成区域50多平方公里，在建和建成房屋面积总量突破1780万平方米（殷泽，李婷，2008）；但时至2011年郑东新区常住人口才达30多万人（罗盘，曲昌荣，2011），与原定150万的目标仍有差距。

从微观上看，这种开发建设对土地和资金资源的利用效率很难说高效，其大尺度的空间

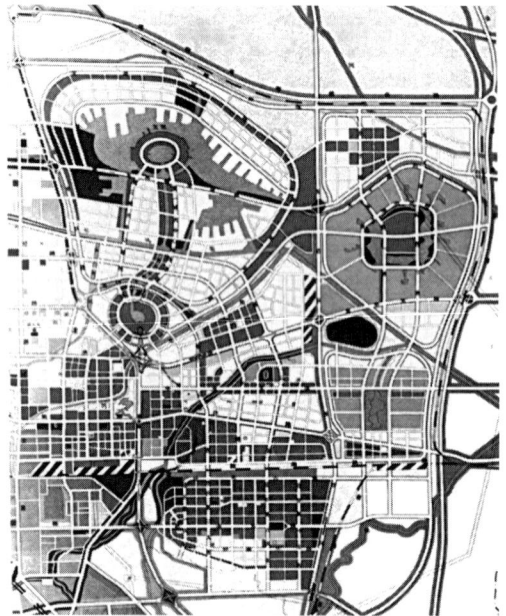

图3-3　郑东新区总体规划示意图
资料来源：王庆海，主编. 郑东新区词典［M］. 2007.

开发快速推进，而实际人口和产业入驻速度及规模常常难达预期，可以说导致了一定规模的空间开发空置。但从宏观层面看，这些空间开发从整体上激活了原本沉淀的地区资源，提升了城市形象和名片，拓展了城市结构，也大幅拉动了上下游产业发展，促进了GDP产出，故而仍然受到地方政府的青睐。

这些新区开发的常见模式以土地经营高回报和高房价、高品质形象为特征，实质上是对开发区土地开发收益模式的继承和发扬。同时，这种新城新区开发剥离开发区需政策补贴以引进企业所带来的超跌成本损耗，实现了空间开发收益的最大化。其中，用地空间开发是资源资本化的重要载体，地方政府和开发商是这个空间开发行为的主体和直接受益者，居民、中央政府和相邻地区的利益则是从空间开发的拉动效应中，通过二次分配来体现。

3.6.3　从开发区到新城新区大开发的影响

（1）顺应了发展需求，城乡面貌变化显著

从统计看，这个十年间，我国的城市化率已从36.2%（2000年）提高到了50%（2011年），进入了城市时代；城市化的主要空间载体之一便是各种类型的城市新区。新城区建设既延伸建成区，也改变了所在区域的农村景观，可以说城乡面貌均发生了极大的变化。2000年以来全国平均每年新增城市建设用地和占用耕地都在2000平方公里以上（陆大道，2007）；平均每年竣工和销售商品房面积达到5亿平方米以上（国家统计局，中国指数研究院，2008），若按约5亿城镇人口估算，相当于每年人均增加商品房面积约1平方米，若算上非商品房房屋建设其面积还要增加一倍。浙江省规划部门曾做过统计，2000至2004年5年间，城市面积扩张平均每年达126.4平方公里，是前5年的3.4倍。以义乌市为例，1988年建市时只有11.05平方公里，2000年城市面积拓展为27平方公里，至2004年则增至50平方公里。陕西省咸阳市1986年的城市用地规模为18.5平方公里，到1998年已达48平方公里；据2004年修编的城市总体规划，城区用地规模为100平方公里，控制面积为500平方公里（中国土地政策改革课题组，2006）。

伴随着大规模的城市扩张，高楼林立的现代化住区、新行政中心、新大学城、新车站等逐渐成为城市的标志性新景观，越来越多的城市已经和正在发生着根本性的形态转变；传统城乡二元、城市内聚的面貌在很大程度上被颠覆了，新的开放式城乡格局正在逐步形成。

（2）地方土地财政高度扩张

土地财政的起点是从农村集体低价征用土地；接下来，一种方式是作为产业用地而低价转让给引进的企业，通过产业经济活动的税收和工资、利润等获得收益；另一种方式则是转为经营性开发用地，通过竞价出让而实现高额收益。

现实中，土地收益在地方财政中已经占据着重要的份额，如图3-4和图3-5所示。据周飞舟于对浙江省两县一市的调研，土地出让金已经占到地方预算内财政收入的四分之一到一倍

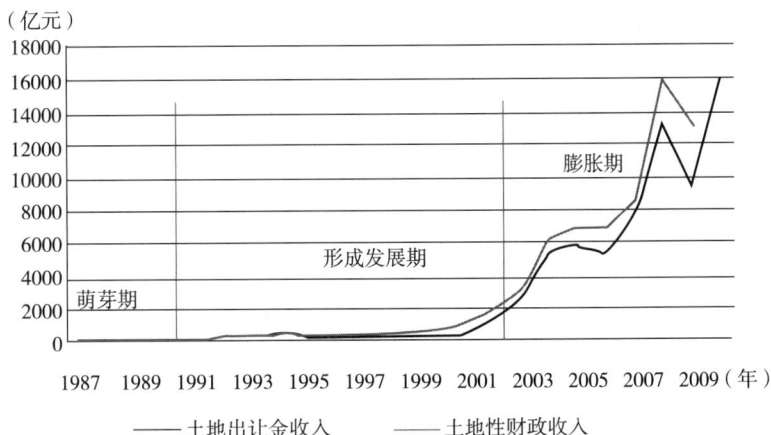

图3-4　土地财政历史演变的三个阶段划分

资料来源：简玉婷. 地方政府"土地财政"形成机制与治理研究［D］. 中共中央党校硕士学位论文，2011：P22

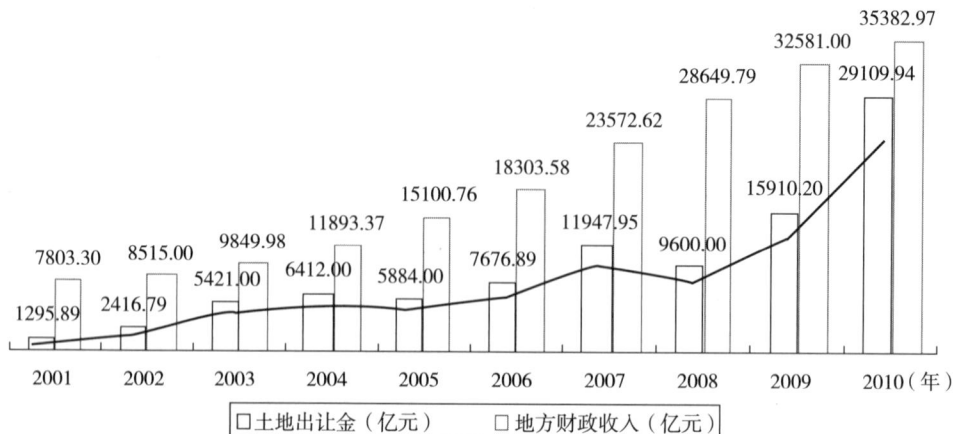

图3-5　土地出让金与地方财政收入的演进关系图
资料来源：中华人民共和国统计局. 中国统计年鉴（2009）. 北京：中国统计出版社，2009

（周飞舟，2006）。地方政府对土地财政的依赖实际上是在持续加重。据中国指数研究院2010年初发布的统计数据，2009年全国土地出让金总金额达1.5万亿元，其中70个大中城市土地出让金超过1万亿元，比2008年增加140%，比2007年增加49%（中国指数研究院，2010）。从总体上看，2010年全国土地财政已经接近全部地方财政收入的一半（图3-5）。为了维系地方财政就需要不断寻找和推出土地，设立各种名目的新区的基本诉求是提供增量土地。由此可以推断，"土地财政"是推动新区开发的重要原因之一。

（3）收益分配失衡与"三大差距"的扩大

新城区的开发确实激活了地方的土地资源，资源转化成了资本，驱动了整体经济的增长。但快速增长及效率优先的新区开发，显然也衍生了一定的社会问题，尤其是城乡差距、贫富差距和东西部差距的扩大。应引起高度关注。

新城区开发的前提是征收农地。在这个过程中，城乡差距扩大主要体现在征用农地时常采用低价，土地出让收益回馈给农村和农民相对较少；同时，部分地区也确实存在着因高额的拆迁补偿而形成拆迁族"食利人群"的问题。此外，一些地区因城市开发征地，产生了"失地农民"生活水平下降的现象。据有关部门2005年所作的调查，"失地农民中生活水平较征地前提高的不到10%，而失去收入来源导致生活水平降低的失地农民占60%"，"被征用土地的收益分配格局是地方政府占20%~30%、企业占40%~50%、村级组织占25%~30%、农民占5%~10%"（中国社会科学院农村发展研究所，国家统计局农村调查总队，2005）。耕地过快过多消耗、利益分配失衡还导致了大量的抗争和冲突。近年来，农村的群众性抗争事件60%与土地问题有关（郭艳茹，2008）。

因为东部地区具有"先发优势"，各类新城区基本都是"政策区"，多年来享受了较多的国家优惠政策，客观上加剧了地区间的差异。东、中、西部地区的城市土地价值差距越来越大（表3-5）。如上海、北京等城市的土地不但价格奇高，而且一地难求，而部分西部城市的土地价格低廉却乏人问津，进而导致了东、中、西地区的总体资源价值差距和财税收入差距。中西部地区不得不依靠中央财政转移支付和国家实施基础性开发。

1999～2007年中国三大地区土地出让金收入比较（单位：亿元）　　表3-5

年份 地区	1999	2000	2001	2002	2003	2004	2005	2006	2007
东部	426.01	477.03	1044.39	1852.26	4199.28	4458.42	3987.62	5419.70	8153.33
中部	35.37	50.72	145.47	362.39	777.25	995.88	969.93	1353.22	1943.44
西部	52.95	67.54	105.70	202.14	614.52	957.89	926.26	1304.72	2119.95

资料来源：根据2000年至2008年历年《中国国土资源年鉴》数据整理

　　我国社会的贫富差距问题的加剧，与既有的城市开发方式有一定关联性，其表征是房地产和土地经济急剧膨胀带来了社会财富向少数人集中。理论界认为，房地产经济常会导致三大财富剥夺，即食利阶层对创造附加价值的劳动者的财富剥夺、土地拥有者通过非生产性方式对社会附加价值创造者的财富剥夺、原住民对移住民的财富剥夺。现实似乎已充分印证了这些"观点"。一方面，许多开发商、高管和投资人在房地产高涨过程中实现暴富；2007年福布斯中国富豪榜前10名中有6位、胡润富豪榜前10位中有8位都是房地产商，尤其是搞新城区"大盘"开发的房企老板更是"首富"榜的常客，还有很多炒房致富、拆迁致富的案例多不胜数。另一方面，广大城市新移民和普通民众的收入远远赶不上房价上涨的速度，"节衣缩食"还房贷的"房奴"现象较为普遍。这些现象目前已经引起了高度重视，加大社会保障房建设客观上就是对这种现象的一种"矫正"努力。

3.7　21世纪10年代：大战略频出与地区开发转型

3.7.1　大战略频出与地区开发转型的时代背景

　　2008年以来，世界又一次处在了"大变革大调整"之中。西方发达国家维持近30年繁荣的新自由主义模式，遭遇金融资本的过度膨胀和规则败坏，在2008年集中爆发为绵延全球的金融危机，在各国积极政策救市稍有好转后，又于2011年陷入了主权债务危机的泥潭（王天龙，2011），对现有发展模式造成了严峻的挑战。有学者认为这是国际货币体系失衡所致，西方国家过度输出金融产品而产业和房地产业的支撑能力不足（苏建兴，2010；孙中栋，2009）；也有学者认为，全球要素成本上升和人口红利下降是产生危机的深层次根源（夏斌，2009）。这个深层次变革和调整对于发展中国家来说既是挑战也是机遇。

　　在我国，传统依靠投资拉动和制造业出口的发展模式也遭遇资源瓶颈、分配失衡和国际市场疲软的压力，作为应对，我国陆续推出了一系列新的战略，包括从沿海向内地的产业转移、多个地区性开发战略、4万亿的投资拉动计划、房地产市场的加强控制，以及文化产业、医疗改革、保障房建设，等等。在这些战略的背后，是进一步市场化和更强国家控制的同步推进。一方面，几乎所有的国企都实现了股份制改造，国家和政府基本从具体经济事务中退出，企业成为具体经济活动的实施主体；另一方面，国家对大型国企的深度控制、大型国企对民企的兼并重组、地方政府对经济活动的介入仍大量存在（宋世俊，2010）。在地区开发领域，我国政府以前所未有的气魄推出了一系列新的区域开发战略和新的超大型投资项目，各地纷纷策划大事件以推动更多的地区开发，形成全国遍地开花的区域开发局面，在一定程度上维持了投资拉动的高速发展。但是这种高度依赖政府能量大规模释放的发展方式，面对市场力量的崛起和国际竞争对经济效益的极度追求，是否能继续维持其比较优势，是个值得思考的问题。2016年发布的《中共中央国务院关于进一步加强城市规划建设管理工作的若干意见》，明确要求"严控各类开发区和城市新区设立"，给这类发展踩了个急刹车。

3.7.2　大战略频出与地区开发转型的主要内容

3.7.2.1　国家级区域战略连续推出

在总体维持此前全国四大区域划分的基础上，这一时期连续出台了若干次区域发展战略，形成了沿海、沿边以及内陆地区全面开花的地区战略布局（陈文玲，2011）。

沿海地区是改革开放的前沿，也是过去三十年经济发展最快的区域，在新时期其地区发展战略布局包括：（1）最南边的是海南国际海洋大省、国际旅游岛规划（2009）；（2）接着是南海的"北部湾规划"（2008）；（3）接下来是"珠江三角洲地区"的改革发展规划（2008），有"小珠"、"大珠"、"环珠"和"泛珠"不同层次，其中包含深圳、珠海两个经济特区，以及横琴岛粤港澳合作示范区；（4）海峡西岸经济区（2009）；（5）"长江三角洲地区"区域规划（2010），其中又包含安徽皖江城市带国家战略（2010）、江苏沿海地区发展规划（2009）等次区域规划，上海提出了《关于推进上海加快发展现代服务业和先进制造业建设国际金融中心和国际航运中心的意见》（2009），此外还于2011年设立了浙江舟山群岛新区（2011）；（6）再往北是黄河三角洲生态经济区规划（2009）；（7）然后是环渤海经济圈，虽然未形成整体规划，但经济圈的格局已具雏形，其中包含多个次区域规划战略，比如天津滨海新区在2008～2011年间提出了多个战略（2008—2011），另有《山东半岛蓝色经济区发展规划》（2011）《辽宁沿海经济带发展规划》（2009）《河北沿海地区发展规划》（2011）等；（8）最北边是图们江区域合作开发规划（2009）。

沿边地区主要指沿国境西南、西北方向的边疆地区，过去一直是改革开放的末端地区。自"十二五"以来，"以发展促和谐"的新沿边战略拉开序幕，2010年5月在新疆设置喀什和霍尔果斯两个经济开发区，享受某些特殊政策，此外，广西对东盟、图们江对东北亚的沿边战略也有所调整。

内陆地区是我国国土的中心主体区域，但改革开放长期偏重沿海导致内陆地区的总体发展水平和经济开放程度都不高。2008年以来，随着沿海产业转移、扩大内需和全国整体发展的趋势，国家先后推出了多个内陆区域发展战略（表3-6）。包括：（1）成渝经济区区域规划（2011），其中直辖市重庆一直是西部大开发的"旗手"，专设了类同于经济特区的"两江新区"；（2）陕西关中—甘肃天水经济区发展规划（2009）；（3）湖南长株潭城市群两型社会试验区战略（2009）；（4）湖北武汉"1+8"城市圈两型社会试验区战略（2008）；（5）安徽皖江城市带承接产业转移示范区规划（2010）；（6）河南中原农业经济区战略（2011）；（7）江西鄱阳湖生态经济区战略（2009）。

20世纪初（2008—2012年）国家级区域战略及特别发展区汇总　　表3-6

编号	时间	国家级区域战略	战略关键词	国家级特区（新区）	行政区	所属城市群	所属四大经济板块
1	2010.1	海南国际旅游岛	旅游	海南特区	琼	北部湾	东部地区率先发展
2	2008.1	珠江三角洲地区	先行门户	深圳特区	粤	珠三角	
				珠海特区（横琴新区）			
				汕头特区			
3	2009.5	海峡西岸经济区	对台沿海	厦门特区	闽浙粤赣	海西	
				汕头特区			
4	2009.6	江苏沿海地区	港口滩涂	—	苏	长三角	
5	2009.11	天津滨海新区	门户，航运物流中心	滨海新区	津	环渤海	
6	2009.11	黄河三角洲高效生态经济区	生态经济	—	鲁		
7	2011.1	山东半岛蓝色经济区	第三增长极	—			
8	2011.11	河北沿海经济区	重化京津转	—	冀		
9	2009.7	辽宁沿海经济带	航运东北亚	—	辽		振兴东北
10	2009.11	图们江区域合作示范区	东北亚合作	—	吉	哈长	
11	2007.12	长株潭城市群一体化	两型社会	—	湘	长江中游	中部崛起
12	2007.12	武汉1+8城市圈	两型社会	—	鄂		
13	2009.12	鄱阳湖生态经济区	生态经济	—	赣		
14	2010.1	安徽皖江城市带	产业转移	—	皖	长三角	
15	2012.11	中原经济区	三化，农业	—	豫	中原	

编号	时间	国家级区域战略	战略关键词	国家级特区（新区）	行政区	所属城市群	所属四大经济板块
16	2011.5	成渝经济区	西部中心	两江新区	川渝	成渝	西部大开发
17	2009.6	关中—天水经济区	西北重心	—	陕甘	关中平原	
18	2008.1	北部湾经济区	东盟，合作	—	桂	北部湾	
19	2010.5	新疆喀什特区	对西，开放	喀什特区	新	—	
20	2010.5	霍尔果斯特区		霍尔果斯特区		—	

资料来源：笔者根据相关材料整理

3.7.2.2　城市新区开发进一步高涨

在区域战略热推的同时，城市新区也在进一步推广。领衔的依然是国家级新区。

在2010年以前，全国仅设立了两个国家级新区，为浦东新区和滨海新区，都是位于重点都市圈的关键位置，不仅着眼自身发展，还要带动周边地区，并承载国家战略促进区域协调发展。2010年，国家设立第三个国家级新区——重庆两江新区，位于西部唯一的直辖市重庆辖区，是长江上游，具有西部大开发和长江经济带两重区域战略属性，同样有承载国家战略、带动区域发展的立意。

在随后六年间，先后设立了15个不同门类、不同区域的国家级新区。国家级新区不再局限于东部和西部的战略支点地区，而是着眼于全国，呈现出多点开花的局面（表3-7）。

国家级新区情况一览表　　　　　　　　　　表3-7

时序	新区名称	获批时间	主体城市	所属城市群	面积
1	浦东新区	1992.10.11	上海	长三角	1210.41
2	滨海新区	2006.05.26	天津	京津冀	2270
3	两江新区	2010.05.05	重庆	成渝	1200
4	舟山群岛新区	2011.06.30	浙江舟山	长三角	陆域1440
5	兰州新区	2012.08.20	甘肃兰州	兰西	1700
6	南沙新区	2012.09.06	广东广州	粤港澳	803
7	西咸新区	2014.01.06	陕西西安、咸阳	关中平原	882
8	贵安新区	2014.01.06	贵州贵阳、安顺	黔中	1795
9	西海岸新区	2014.06.03	山东青岛	山东半岛	陆域2096
10	金普新区	2014.06.23	辽宁大连	辽中南	2299
11	天府新区	2014.10.02	四川成都、眉山	成渝	1578

续表

时序	新区名称	获批时间	主体城市	所属城市群	面积
12	湘江新区	2015.04.08	湖南长沙	长江中游	490
13	江北新区	2015.06.27	江苏南京	长三角	2451
14	福州新区	2015.08.30	福建福州	海峡西岸	1892
15	滇中新区	2015.09.07	云南昆明	滇中	482
16	哈尔滨新区	2015.12.16	黑龙江哈尔滨	哈长	493
17	长春新区	2016.02.03	吉林长春	哈长	499
18	赣江新区	2016.06.14	江西南昌、九江	长江中游	465
19	雄安新区	2017.04.01	河北保定	京津冀	2000

资料来源：根据政策发布信息整理

2011年设立了舟山群岛新区，位于浙江宁波舟山地区，承载了建设浙江海洋经济示范区的战略目标，既是打造长三角的经济增长点之一的战略抓手，又是我国探索海洋经济、拓展海洋产业的比较独特的一个国家级新区。

2012年设立了兰州新区和南沙新区。兰州新区位于陇西中心城市甘肃省会兰州，为大西北播下跨越发展的种子，新区在设立之初的2013年和2014年经济增速达30%。南沙新区，位于广东省广州市，着眼于加快珠三角地区经济转型，加强与港澳地区的经贸合作，作为粤港澳经济联动发展的示范区。

2014年设立了西咸新区、贵安新区、西海岸新区、金普新区、天府新区等五个国家级新区，分别位于陕西、贵州、山东青岛、四川成都，承载了西部大开发、山东半岛带动等区域战略。

2015年设立了湖南湘江新区、南京江北新区、福建福州新区、云南滇中新区、黑龙江哈尔滨新区，中部地区首次有了国家级新区的带动，西南和东北地区也在迎头赶上。

2016年设立的吉林长春新区和江西赣江新区，也是着眼于东北振兴和中部崛起，为区域发展播下国家战略的种子。

同步还先后出台了《新区设立审核办法》及细则、《关于促进国家级新区健康发展的指导意见》、《关于2017年国家级新区体制机制创新工作的要点通知》等相关法规与政策，形成了国家级新区建设的法制体系。

国家级新区的示范效应，在各地激发了更多效仿者，各省、市、县的新区开发更是呈现出全面开花的局面。据国家发改委城市和小城镇改革发展中心发布的《中国新城新区发展报告》显示，截至2016年5月，全国县及县以上的新城新区数量达3500多个。2013年的调查显示，90%的地级市正在规划新城新区，部分新城总面积已达建成区的7.8倍，有12个省会城市拟建55个新城新区。

这样大规模的开发，某种程度上与2008年金融危机之后各地寻求经济激励有关，但客观上加剧了土地财政依赖、资源环境消耗、社会矛盾频发等问题，同时也进一步加强了朝向大城市的集聚，带来大城市病问题更加严峻，亟待寻求模式上的创新升级。

2016年党中央国务院《关于进一步加强城市规划建设管理工作的若干意见》出台，明确"严控各类开发区和城市新区设立"，给传统的新区开发模式踩了刹车。

但是，大城市病问题、区域协调发展问题、城镇化进一步深化的趋势仍然客观存在，需要应对，故而城市新区开发并不能简单地一停了之。2017年雄安新区战略"横空出世"，以国家力量着力推动新的地区开发路径和模式，开启了政府驱动空间开发的新时代。

3.7.2.3 国投大项目"重拳"出击

2008年的金融危机只是短暂影响了我国的国家大投资，实际上中央政府很快出台了4万亿的投资救市计划，反而将投资规模拔高了一个量级。据国家发改委宏观经济研究院专家介绍，4万亿中1.18万亿元为中央投资，其他来自地方政府、企业和银行的配套资金。经2009年两会调整后，其支出结构为：（1）保障性住房建设约4000亿元；（2）农村民生工程和基础设施建设约3700亿元；（3）区域重大基础设施和城市电网建设约15000亿元；（4）文教卫等社会事业约1500亿元；（5）节能减排和生

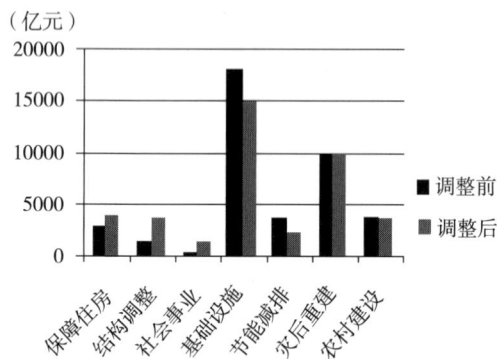

图3-6 4万亿投资计划构成示意图表
资料来源：杨微. 对四万亿投资计划的分析与思考 [J]. 知识经济，2010（1）：83-84.

态工程建设约2100亿元；（6）自主创新、结构调整和技术改造约3700亿元；（7）灾后恢复重建约10000亿元（图3-6）。这4万亿的大投资必然是由一个个大项目来落实。据国家发改委2010年底介绍，这些大投资先后解决了1.17亿农村人口饮水安全问题，新增农村电网线路115万公里，新建改建农村公路70万公里；京沪、哈大、石武、兰新等一批重大铁路项目进展顺利，建成高速公路127万公里，新建、改扩建28个中西部支线机场和西部干线机场；新增污水日处理能力约5200万吨；建成一大批基层医疗卫生教育文化服务设施。从这个角度看，4万亿的大投资发挥了积极的作用。但也有人持不同意见，认为这种大投资明着制造了通货膨胀，暗着则是无法统计的浪费和寻租，因为大部分投资都落到了地方政府和国企的手里。同时还有披露显示，这段时间国家增发的货币多达数十万亿人民币，虽然不像4万亿那样以政府投资的名义，却从各个渠道进入了市场，为2010年房价、物价的全面大涨提供了某种驱动，也造成了一个两难的困境：若继续维持低息、增发货币以刺激经济，则通胀加剧，民不聊生；若加息或者提升准备金率回收货币，则产业萧条、众多企业会陷入困境。经济学者马骏认为，一个"W"形的"双谷底"经济波动已经逼近现实（马骏，2011）。

与这种经济困境相并行的，是在我国强力的政府作为体系下，各种大项目依然在加速推进。据统计，"十一五"时期累计新开工城镇固定资产投资项目占全部在施工项目数的72.6%（国家统计局，2011），反映开工项目数正在加速增长。其中，仅2008年就实现铁路建设投资总规模到1.2万亿元、公路水路投资达到7500亿元、水利工程投资542亿元（张平，2009），远超此前的规模。一批巨型的重大项目，比如南水北调、西气东输、长江三峡水利枢纽、西电

东送等，都在稳步推进或几近建成。以京沪高铁为代表的覆盖中国大部分地区的高铁线路网络在短短三四年时间内建成了，无论路网规模还是列车行驶速度都已达到世界领先的水平。此外还核准或启动了广东阳江核电站、兰渝铁路、治淮等一大批超大型或高难度的基础设施项目，建成了杭州湾跨海、长江桥隧、上海洋山深水港及其跨海大桥等一批超大型交通设施，以及北京奥运会场馆设施、上海世博会场馆设施、上海大虹桥枢纽、汶川灾后重建等一批巨型城建工程也在逐步完成。可以说，这一时期的大型、巨型项目建设达到了前所未有的高度。

3.7.2.4　策划大事件以推动空间开发

上述大项目主要由中央政府推动，在提升地区总体设施水平方面发挥了重要作用，但地方政府的收益仍有相当一部分自于地区开发中的土地财政。这时，城市新区已经有了很多实践，新区之间的竞争日趋白热化，而新增建设用地也受到中央政府和客观土地资源的双重限制，地方政府不得不探索新的地区开发模式，比如策划体育会展大事件来带动城市开发、提出新概念来驱动新区发展，或者通过区划调整来拓展可开发空间等。

体育赛事和会展活动的共同特征是占地大、设施要求高、短时人流量大，给大规模投资提供了理由，有助于改善基础设施、提高城市知名度和拉动社会经济发展，常常是城市开发的重要依托。历史上1987年的广州六运会、1990年的北京亚运会、2001年的广州九运会、2005年的南京十运会、1999年昆明世界园艺博览会都曾经为所在地开发建设提供了重要的契机。2008年奥运会和2010年世博会将这种开发模式推到了新的高度。其中北京奥运会直接投资194.1亿，间接投资2800亿（超历届奥运会总和），获得赞助20亿美元，总收入195.4亿元，盈余1.3亿元，比赛期间北京GDP增速达11.8%（邱恒明，2008），建成了包括鸟巢、水立方在内的数十个高品质的场馆设施，推动了北京北部的整体环境提升，对青岛、沈阳等分赛地城市开发也有明显拉动作用。上海世博会总投资286亿元（其中建设投入约180亿元、运营投入约106亿元），吸引参观人数超7000万人，直接收入约270亿，建成了约5.28平方公里的高标准会展城区，同时拉动整个上海城市面貌焕然一新，全市商品销售总额也比前一年增长了29.2%（金涛，2010；曾军，李敏，2010；上海市统计局，2010）。但这种大事件普遍具有瞬时性特征，事件发生后的拉动效应急剧下降，而维护成本很高，有时反而给地方发展带来压力（张京祥，等，2007）。

同时，在城市新区遍地开花的背景下，各地纷纷寻求用新颖的开发主题以吸引资源，涌现出诸如生态城、知识城、文化产业园、农业生态园、总部基地、主题旅游区等丰富多彩的空间开发概念创新。2005年，"上海崇明东滩"和"辽宁黄百裕村"两个"生态城"案例高调出场，分别有中英、中美合作的背景，经过若干学者咨询、官员支持和媒体宣传，引起颇多关注，但终因土地农转非不成、投资不足、忽视民意等问题而未能实施（彭利国，2010）。随后，各地出现的标榜"生态城"达200多个，其中有实质推进的不过20多个（仇保兴，2010）。2009年广州推出中新合作"广州知识城"概念，主打"知识经济"的开发主题，引进了京东商城物联网基地及华南总部、勤上光电研发中心及销售总部、中山大学国际健康医疗研究中心等项目。但由于地区开发的客观规律，这些新概念的地区开发仍需通过土地资源的资本化运作来实施开发，仍然有"征地拆迁——基础设施建设——招商引资——出让土地——项目建设"的过程，即便有结合新概念的实质推进，常常也只在某些侧面有所体现，而总体上对新概念的实现程度不高，不改其新区开发的房地产经济实质和土地财政原理。同时不乏云南洱海国际生态城、郑州新田生态城这类纯房地产概念炒作的案例（彭利国，2010）。

区划调整在我国的地区开发中常常发挥重要作用，深圳、浦东、天津滨海等特区区划的设立塑造了不同时期的改革开放领头羊。其他城市、地区也通过区划调整来配置地区开发空间，比如2000年广州撤并原番禺市、花都市，设立萝岗区、南沙区，使广州市区面积扩大了一倍多，给随后的广州新机场、大学城、亚运城等大型开发储备了空间。杭州于2001年撤并原萧山市和余杭市，使今天的下沙大学城和钱江新城成为可能。2010年前后，在多个中心城市出现了新一轮的区划调整潮。比如上海，在2009年将原南汇区并入浦东新区，从而使浦东新区面积瞬间扩大了一倍，达到1210平方公里、412万人规模，直接解决了原浦东新区可开发空间不足的问题，被称为浦东新区的"二次创业"。天津也于2009年11月将塘沽区、汉沽区、大港区归并为一个"滨海新区"，终结了原来各功能区"独联体"博弈的格局。此外，沈阳于2010年2月将东陵区、浑南新区、航高基地归并为600平方公里的大浑南，培育了新的区域经济增长极；重庆于2010年6月将江北区、渝北区、北碚区三个行政区部分区域和国家级经济技术开发区、高新技术开发区和两路寸滩内陆保税港区合并设立新的"两江新区"，成为内陆唯一的国家级新区，规划面积1200平方公里（其中可建设面积550平方公里）；深圳于2010年7月1日将特区范围扩大到深圳全市，面积增大5倍至1948平方公里；厦门也于8月1日将特区扩至全市，面积扩大11倍到1573平方公里；安徽省于2011年8月将地级巢湖市一分为三，合肥市接管其中居巢区、庐江县范围，面积从7000平方公里扩大到11433平方公里，人口超过700万，进入地区中心超大城市之列。还有北京、上海的内城小区的合并，也有异曲同工之处。

3.7.3　大战略频出与地区开发转型的影响

2008年金融危机爆发和2012年主权债务危机深化对全球发展形成较大影响，作为国内的应对，这一时期也是大战略、大动作频出的时期，其对地方发展的影响，可从以下几个方面概括。

3.7.3.1　推动中西部发展，促进东部调整转型

这一时期的大战略和大动作在东、中、西部内涵不同。在中西部地区，无论是存量资源还是市场发育程度都还有很大的可开发空间，国家大战略的全面推广带来了有效的激励，带动了各地区开发的新热潮。比如重庆新设立面积1200平方公里的两江新区，作为成渝经济区乃至整个西部的"引擎"；安徽皖江城市带在国家战略出台后，不仅推动现有开发区的扩区、设立新的开发区，还沿长江开辟了各有200多平方公里规模的省直管马芜巢和安池铜产业集中区。国投大项目也在呼应这些地区开发战略，比如迅速建成的高铁系统，其站点和线路大多坐落在与这些新开发地区密切关联的部位，有些高铁站点则直接成为新地区开发的引擎。

而曾经率先发展的东部地区，则面临着要素成本上升和空间资源局限的双重约束，出口经济也受到国际环境的影响而疲软，面临巨大的转型压力。在东部地区推进的国家战略，一方面着重于拓展原来相对滞后的区域，比如江苏沿海、黄三角、河北沿海等，另一方面则重点在优

化结构和调整转型，这在最新的珠三角、长三角等战略，以及其最新的地区开发实践中得到体现。在这样的背景下，东部地区的经济增幅已经被西部地区超越，尤其是上海、北京这两个领袖城市在最新的全国GDP增速排名中垫底，反映了全国经济格局的新特征。

3.7.3.2 奠定了以"城市区域"为中心的城乡新格局

这一时期的地区战略体现了很明显的"城市区域"特征。从长株潭、皖江城市带、关中–天水，到大武汉、郑汴一体化、昌九工业走廊，几乎所有的战略都是由地区中心城市及其周边区域的整合发展作为主要载体，这推动了传统城乡二元局面的进一步解体。而这些战略在全国层面的铺开，总体上奠定了全中国城乡一体、区域重点突出、各地区有侧重的城乡发展新格局，为进一步的城镇化发展提供了空间蓝本。

3.7.3.3 土地财政进一步扩大，新模式尚未形成

这些地区战略的落实，最后都见诸于新增的地区开发和建设，在某种程度尚加重了地区经济中的房地产份额和土地财政的比重。据2011年全国国土资源工作会议公布的数据显示，"十一五"期间，全国土地出让收入逾7万亿元，其中在2010年（"史上最严厉房地产调控"的限购限贷政策出台年），全国30个省（区、市）城市住房供地计划近270万亩，比2009年实际供应增加约80%；全国土地出让成交总价款2.7万亿元，同比增长70.4%，而2009年这一数字是1.59万亿元（徐绍史，2011）。据第一财经日报，2010年全国土地成交金额前20名的城市共成交1.24万亿元，比2009年的9230亿元增加3155亿元，增幅约为34%，上海、北京、大连等一线城市均大幅度超过千亿元（胥会云，2011）。可见，在金融危机背景下，虽然中央和各级政府频繁推出大战略和大动作，推动了地区开发和经济发展，但是依赖投资拉动和土地财政的发展模式非但没有缓解反而得到强化，替代性的地区开发新模式尚未形成。

3.7.3.4 人地增长不匹配，土地利用粗放

根据《中国城市建设统计年鉴》的数据，核算人地指标，2017年，全国城市建成区面积为56225.4平方公里，而同期全国城市人口为40975.7万人，人地指标达到137平方米/人，已整体超出国标《城乡用地分类与规划建设用地标准GB50137（修订）》规定的（100.1~120.0）平方米/人的标准。

从增长率看，2017年，全国城市建成区面积比2008年增长了54.91%；而同期全国城市人口仅增长了22.47%，反映出城区扩张速度远超人口吸纳速度。必然存在一定数量的新城成为空城。这种超强开发、超前建设的情况反映出土地利用的粗放，也反映出新城开发的产业支撑缺乏，地方债务加剧等问题。

3.8 2017年以来：新时期的片区空间开发

3.8.1 新时期的片区空间开发的时代背景

2017年以来，中美之间的贸易争端加剧，并有向科技、金融、教育、防疫等领域进一步扩

大的趋势,对国际多边格局形成了重大影响。尤其是2020年初爆发的新冠疫情席卷全球,造成国际贸易和交流近乎停滞。这种复杂变化的国际形势,要求我国不得不更多地寻求国内经济循环以支撑进一步发展。党中央适时提出了构建国内国际两个发展循环的战略框架,为下一步发展指明了方向。

从国内来看,我国城乡区域发展取得明显成效,新型城镇化稳步推进,国家重大区域性战略引领作用持续显现,但同时,许多城市的"大城市病"问题加剧,诸如城区过于拥堵、房地价格畸高、城乡失衡、乡村发展滞后、生态环境恶化、资源紧缺等,严重制约了城市的进一步升级,对我国实现小康社会和全面发展造成关键约束。为应对这些问题,十九大报告中提出乡村振兴战略和区域协调发展战略一体两翼的解决方案,构建以城市群为主体、大中小城市和小城镇协调发展的城镇格局。其中,乡村振兴战略确立了产业兴旺、生态宜居、乡村文明、治理有效、生活富裕的美丽乡村五维目标。区域协调发展战略则注重从国家重大区域性战略引领、四大板块差异化重点推进、城市群辐射带动、短板地区扶持、国土空间开发保护五个方面明确重点任务,其从空间开发上的落实,主要呈现为若干重点区域的整体战略与其中龙头性片区开发战略的联动推进。

3.8.2   新时期的片区空间开发的主要内容

重点区域的整体战略与其中龙头性片区的片区空间开发战略的联动推进,是新时期政府推动区域协调发展和驱动地区空间开发的重要抓手。从已设立的国家级新区的整体情况看,与重大的区域战略和城镇化战略总体格局都有紧密联系。国家级新区是重大区域战略的重要内容,是地区发展的重要引领,同时又受到区域发展战略的带动和支撑,形成了区域发展与重点片区开发的相互支撑关系,共同构成区域发展战略的重要内容(表3-8,表3-9)。

基于三大战略格局的国家新区分布   表3-8

三大战略	区位	国家级新区	数量
长江经济带	长江下游	浦东新区、江北新区、舟山新区	9
	长江中游	赣江新区、湘江新区、贵安新区	
	长江上游	两江新区、天府新区、滇中新区	
一带一路	丝绸之路	哈尔滨新区、长春新区、金普新区; 两江新区、西咸新区、兰州新区; 滇中新区	11
	海上丝路	南沙新区、福州新区; 舟山新区、浦东新区	
京津冀协同	—	滨海新区、雄安新区	2

资料来源:作者根据相关资料整理

基于城镇化战略格局的国家级新区分布　　表3-9

国家级新区	城市群	全国主体功能区划
滨海新区	京津冀	优化开发区
金普新区	辽中南	
西海岸新区	胶东半岛	
浦东新区、舟山新区、江北新区	长三角	
南沙新区	珠三角	
哈尔滨新区、长春新区	哈长	重点开发区
福州新区	海峡西岸	
湘江新区	长株潭	
两江新区、天府新区	成渝	
贵安新区	黔中	
滇中新区	滇中	
西咸新区	关中	
兰州新区	兰西	

资料来源：作者根据相关资料整理

　　其中最具代表性的是京津冀、长三角、粤港澳三个重点的区域战略，以及其中重点片区空间开发行动（表3-10）。包括：（1）京津冀协同发展战略，其中北京城市副中心规划已经落地，雄安新区开发建设也取得了实质进展；（2）长三角区域一体化发展战略，已发布《长江三角洲区域一体化发展规划纲要》，长三角生态一体化示范区也已落子苏浙沪之间；（3）粤港澳大湾区战略也在大力建设，广东自贸区囊括了多个城市新区。

2017年以来三大重点区域发展战略与其中龙头性片区空间开发战略关系　　表3-10

区域发展国家战略	片区空间开发战略	政策文件	战略导向
京津冀协同发展	雄安新区、北京副中心	京津冀协同发展规划纲要	区域协调发展 优化开发模式
长江三角洲区域 一体化发展	长三角生态 一体化示范区	长江三角洲区域一体化 发展规划纲要	区域协调发展 构建现代化经济体系 深化改革开放
粤港澳大湾区建设	广东自贸试验区	深化粤港澳合作推进大湾区 建设框架协议	区域协调发展 深化改革开放
		粤港澳大湾区发展规划纲要	

资料来源：作者根据相关资料整理

3.8.2.1　京津冀协同发展与雄安新区、北京副中心开发

（1）京津冀协同发展

2014年2月北京座谈会指出，京津冀协同发展是面向未来打造新的首都经济圈、推进区域发展体制机制创新的需要，是探索完善城市群布局和形态、为优化区域发展提供示范和样板的需要，是探索生态文明建设有效路径、促进人口经济资源环境相协调的需要，是实现京津冀优势互补、促进环渤海经济区发展、带动北方腹地发展的需要，是一个重大国家战略。2015年4月中央政治局召开会议审议并通过《京津冀协同发展规划纲要》（表3-11），会议明确以疏解北京非首都功能为"牛鼻子"推动京津冀协同发展，调整区域经济结构和空间结构，推动河北雄安新区和北京城市副中心建设，探索超大城市、特大城市等人口经济密集地区有序疏解功能、有效治理"大城市病"的优化开发模式。

京津冀协同发展重点任务　　　　　　　　　　　表3-11

建设目标	重点任务
到2017年：有序疏解北京非首都功能取得明显进展，交通一体化、生态环境保护、产业升级转移等重点领域率先取得突破； 到2020年：北京市常住人口控制在2300万人以内，北京"大城市病"等突出问题得到缓解；区域一体化交通网络基本形成，生态环境质量得到有效改善，产业联动发展取得重大进展； 到2030年：首都核心功能更加优化，京津冀区域一体化格局基本形成，区域经济结构更加合理，生态环境质量总体良好，公共服务水平趋于均衡，成为具有较强国际竞争力和影响力的重要区域，在引领和支撑全国经济社会发展中发挥更大作用	北京非首都功能疏解
	河北雄安新区规划建设
	北京城市副中心规划建设
	打赢蓝天保卫战为重点的 生态环境保护
	交通一体化为重点的 基础设施建设

资料来源：京津冀协同发展规划纲要

（2）千年大计、国家大事的雄安新区开发

2017年4月1日，中共中央、国务院提出要建设发展雄安新区。雄安新区规划范围涉及雄县、安新、容城以及周边地区，位于北京、天津、保定腹地，被认为是继上海浦东新区、深圳经济特区后我国区域经济建设新的重大突破（表3-12）。根据雄安新区官方网站显示，雄安新区的发展定位为：①绿色生态宜居新城区，坚持生态优先、绿色发展，贯彻绿水青山就是金山银山的理念，划定生态保护红线、永久基本农田和城镇开发边界；②创新驱动发展引领区，坚持把创新作为高质量发展的第一动力，实施创新驱动发展战略，发展高端高新产业，推动产学研深度融合，建设创新发展引领区和综合改革试验区，布局一批国家级创新平台；③协调发展示范区，坚持把协调作为高质量发展的内生特点，通过集中承接北京非首都功能疏解，有效缓解北京"大城市病"，发挥对河北省乃至京津冀地区的辐射带动作用；④开放发展先行区，坚持把开放作为高质量发展的必由之路，顺应经济全球化潮流，积极融入"一带一路"建设，打造扩大开放新高地和对外合作平台，为提升京津冀开放型经济水平作出重要贡献。

河北雄安新区建设要求　　　　　　　　　　　　　表3-12

政策文件	建设要求
《河北雄安新区规划纲要》	构建科学合理空间布局；塑造新时代城市风貌；打造优美自然生态环境；发展高端高新产业；提供优质共享公共服务；构建快捷高效交通网；建设绿色智慧新城；构筑现代化城市安全体系
《河北雄安新区总体规划（2018—2035年）》	紧扣雄安新区战略定位；有序承接北京非首都功能疏解；优化国土空间开发保护格局；打造优美自然生态环境；推进城乡融合发展；塑造新区风貌特色；打造宜居宜业环境；构建现代综合交通体系；建设绿色低碳之城；建设国际一流的创新型城市；创建数字智能之城；确保城市安全运行

资料来源：《河北雄安新区规划纲要》《国务院关于河北雄安新区总体规划（2018—2035年）的批复》

（3）拓展发展新空间，推动京津冀协同发展的北京城市副中心

2018年3月29日，北京市人大常务委员会听取和审议了《北京城市副中心控制性详细规划（草案）》。2019年1月11日，北京市级行政中心正式迁入北京城市副中心。规划范围为原通州新城规划建设区，总面积约155平方公里；外围控制区即通州全区约906平方公里，进而辐射带动廊坊北三县地区协同发展（图3-7）。

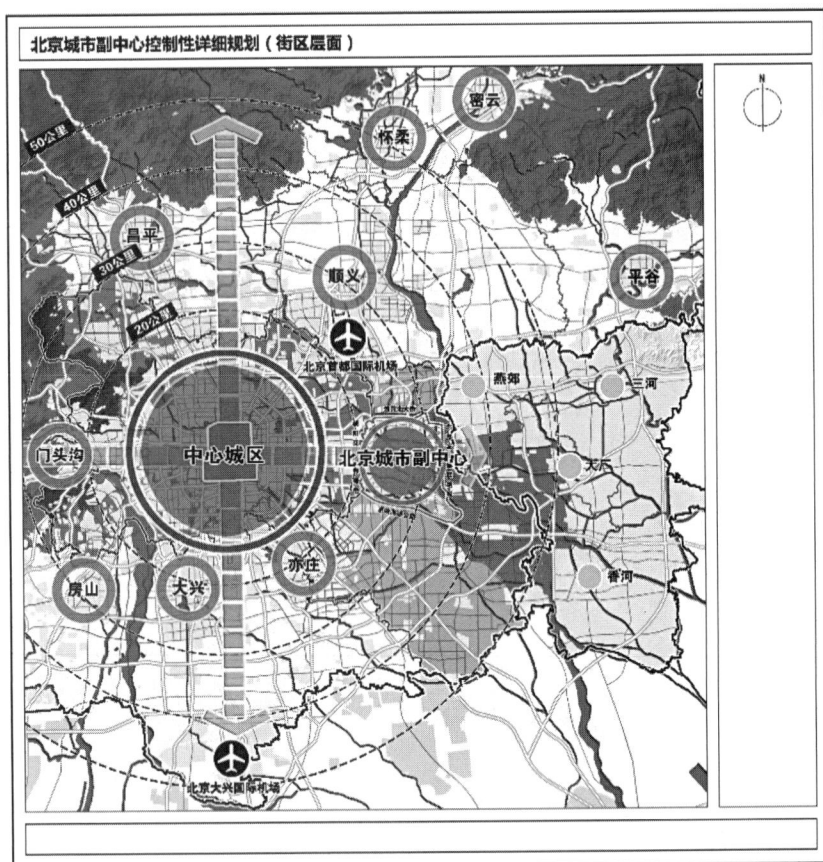

图3-7　北京城市副中心位置与区位图

资料来源：北京城市副中心控制性详细规划（街区层面）（2016—2035年）规划图纸

在该《规划》中提出，北京城市副中心的战略定位为：①城市副中心为北京新两翼中的一翼，规划建设城市副中心要处理好和中心城区"主"与"副"的关系，处理好和通州区核心与拓展的关系，处理好和东部各区、廊坊北三县地区激活带动、协同发展的关系，处理好和雄安新区差异化发展的关系；②打造国际一流的和谐宜居之都示范区，坚持生态优先、以人为本、绿色发展、文化传承，建设环境优美、绿色低碳、和谐文明的美丽家园，满足人民群众日益增长的美好生活需要；③打造新型城镇化示范区，坚持公平共享、城乡融合、改革创新，实现城乡规划、资源配置、基础设施、产业、公共服务、社会治理一体化，形成功能联动、融合发展、城乡一体的新型城镇化格局；④打造京津冀区域协同发展示范区，坚持分工协作、共管共控、互惠共赢，实现要素有序自由流动，携手构建京津冀协同创新共同体。

3.8.2.2 长江三角洲区域一体化发展与长三角生态一体化示范区、上海郊区新城开发

（1）长江三角洲区域一体化发展

2018年11月，习近平在首届中国国际进口博览会致辞中提出，支持长江三角洲区域一体化发展上升为国家战略，着力落实新发展理念，构建现代化经济体系（图3-8），推进更高起点的深化改革和更高层次的对外开放，同"一带一路"建设、京津冀协同发展、长江经济带发展、粤港澳大湾区建设相互配合，完善中国改革开放空间布局。

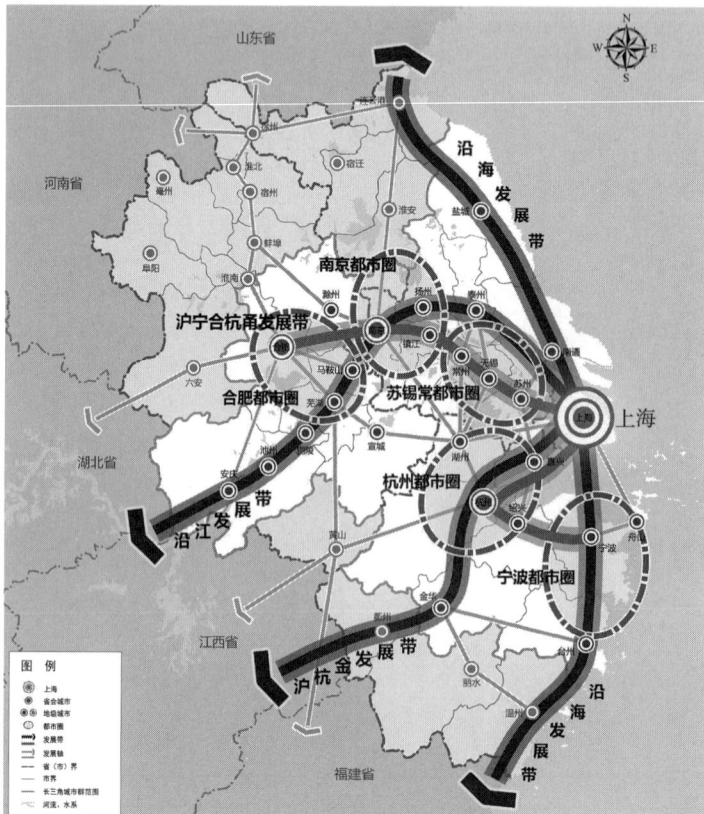

图3-8 长三角城市群空间格局示意图
资料来源：长江三角洲城市群发展规划，2016

　　2019年12月中共中央、国务院印发实施《长江三角洲区域一体化发展规划纲要》，规划范围包括上海市、江苏省、浙江省、安徽省全域（面积35.8平方公里）。以上海市，江苏省南京、无锡、常州、苏州、南通、扬州、镇江、盐城、泰州，浙江省杭州、宁波、温州、湖州、嘉兴、绍兴、金华、舟山、台州，安徽省合肥、芜湖、马鞍山、铜陵、安庆、滁州、池州、宣城27个城市为中心区（面积22.5平方公里），辐射带动长三角地区高质量发展。

　　在该《纲要》中明确提出了长三角一体化发展的战略定位：①全国发展强劲活跃增长极，加强创新策源能力建设，构建现代化经济体系，提高资源集约利用水平和整体经济效益，提升参与全球资源配置和竞争能力，增强对全球经济发展的影响力和带动力，持续提高对全国经济增长的贡献率；②全国高质量发展样板区，坚定不移贯彻新发展理念，提升科技创新和产业融合发展能力，提高城乡区域协调发展水平，打造和谐共生绿色发展样板，形成协同开放发展新格局，开创普惠便利共享发展新局面，率先实现质量变革、效率变革、动力变革，在全国发展版图上不断增添高质量发展板块；③率先基本实现现代化引领区，着眼基本实现现代化，进一步增强经济实力、科技实力，在创新型国家建设中发挥重要作用，大力推动法治社会、法治政府建设，加强和创新社会治理，培育和践行社会主义核心价值观，弘扬中华文化，显著提升人民群众生活水平，走在全国现代化建设前列；④区域一体化发展示范区，深化跨区域合作，形成一体化发展市场体系，率先实现基础设施互联互通、科创产业深度融合、生态环境共保联治、公共服务惠普共享，推动区域一体化发展从项目协同走向区域一体化制度创新，为全国其他区域一体化发展提供示范；⑤新时代改革开放新高地，坚决破除条条框框、思维定式束缚，推进更高起点的深化改革和更高层次的对外开放，加快各类改革试点举措集中落实、率先突破和系统集成，以更大力度推进全方位开放，打造新时代改革开放新高地。

　　（2）长三角生态绿色一体化发展示范区

　　2020年11月19日国家发展改革委对外发布《长三角生态绿色一体化发展示范区总体方案》。根据《方案》，一体化示范区范围包括上海市青浦区、江苏省苏州市吴江区、浙江省嘉兴市嘉善县（以下简称"两区一县"），面积约2300平方公里（含水域面积约350平方公里）（图3-9）。并选择青浦区金泽镇、朱家角镇，吴江区黎里镇，嘉善县西塘镇、姚庄镇作为一体化示范区的先行启动区，面积约660平方公里。建设长三角生态绿色一体化发展示范区（以下简称示范区），是实施长三角一体化发展战略的先手棋和突破口，是我国区域一体化制度创新实践的重大举措和空间载体（表3-13）。

长三角生态绿色一体化发展示范区建设发展目标内容　　　　　　　表3-13

发展愿景	人类与自然和谐共生
	全域功能与风景共融
	创新链与产业链共进
	江南韵和小镇味共鸣
	公共服务和基础设施共享

续表

发展模式	理念：生态优先，绿色发展
	动力：动能转换，协同共进
	空间：多中心、网络化、融合式
	治理：共建共享，共担共赢
发展策略	构建人与自然和谐共生的生态格局
	营造全域功能与风景共荣的城乡空间格局
	培育创新链与产业链共进的产业体系
	塑造江南韵小镇味和现代风共鸣的生活场景
	建设公共服务和基础设施共享的智慧支撑系统

资料来源：长三角生态绿色一体化发展示范区总体方案

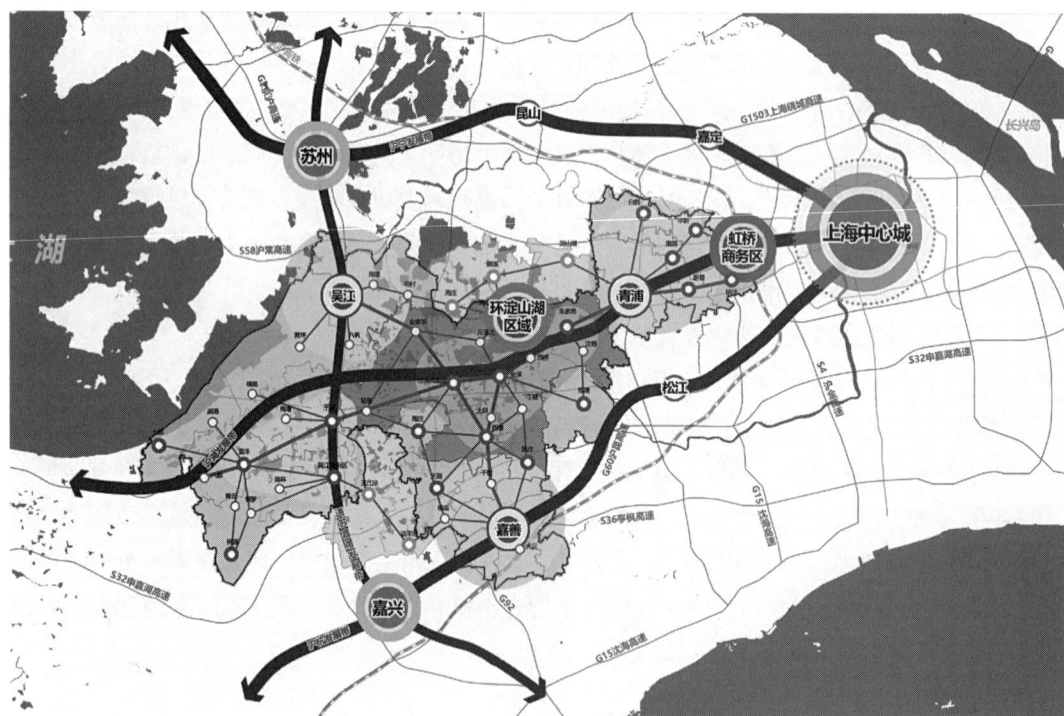

图3-9   示范区城乡空间格局图

资料来源：长三角生态绿色一体化发展示范区国土空间总体规划（2019—2035年）草案公示稿

（3）上海五大新城战略

2021年1月24日，上海市政府工作报告中提出：上海将以五大新城建设为发力点，优化市域空间格局。这是五大新城战略首次写入政府工作报告中，也标志着五大新城战略进入了建设发力期。

上海的五大新城指的是远离上海城市中心的嘉定、青浦、松江、奉贤、南汇五个新城，在《上海市国民经济和社会发展第十四个五年规划和二〇三五年远景目标纲要》中提出，嘉定、青浦、松江、奉贤、南汇等五个新城要按照"产城融合、功能完备、职住平衡、生态宜居、交通便利"的要求和独立的综合性节点城市进行定位，建设以特色产业主导、城市功能完备的独立综合性节点城市：嘉定依托于其原有的雄厚汽车工业基础，打造汽车数字新城；青浦作为长三角生态绿色一体化示范区，大力发展生态智能产业和水城融合，建设绿色未来之城；松江作为发展较早的新城，拥有相对完备产业体系，以打造长三角G60科创走廊枢纽为契机，充分发挥自身产学研方面优势，打造未来上海重要增长极；奉贤通过树立"东方美谷"和"未来空间"两大区域品牌，打造千亿级的美妆和高新技术产业集群，建设职住平衡的宜居新城；南汇坐拥张江自主创新示范区、自由贸易试验区临港新片区和海空港合一的特有区位优势，向现代化滨海贸易城市建设目标迈进。

上海于21世纪初曾提出了"一城九镇""1966城镇体系""三城七镇"等城市发展计划，来疏解市中心过于稠密的人口，缓解上海日益严峻的大城市病。虽然政策带动了部分区域的开发和少数的人口转移，但在大部分情况下新城都没有实现真正的发展，新区新城沦为"睡城"——睡在新城，工作在市中心。这导致计划原本缓解大城市病的意图无法实现，新城开发带来的通勤人口的潮汐现象加剧了拥堵。五大新城战略在吸取了过往新城战略经验的基础上，将新城的建设目标确定为拥有自身特色产业的独立节点城市，而非原有的服务于中心城区疏解功能的边缘城区。这样的定位改变将有效地防止再次出现"睡城"的产生，通过形成自身特色产业，完善城市配套建设，通过新城相对较低的房价和生活成本，吸引流入人口的扎根定居，最终形成五大新城与上海乃至长三角地区协同发展的新格局。

3.8.2.3　粤港澳大湾区建设与中国（广东）自由贸易试验区

（1）粤港澳大湾区建设

2017年7月1日，习近平出席《深化粤港澳合作推进大湾区建设框架协议》签署仪式。2017年12月，在中央经济工作会议公报中将粤港澳大湾区建设上升为国家级区域发展战略，全面推进广东与香港、澳门的区域合作。2019年2月18日，中共中央、国务院正式印发《粤港澳大湾区发展规划纲要》，提出将粤港澳大湾区建设成为具有国际竞争力的一流湾区，开发一批区域协同发展的世界级城市群。

粤港澳大湾区总面积达5.6万平方公里，由香港、澳门两个特别行政区和广东省广州、深圳、珠海、佛山、惠州、东莞、中山、江门、肇庆九个珠三角城市组成，在2017年末人口约7000万人，是我国开放程度最高，经济活力最强的区域之一。

粤港澳大湾区建设作为政府驱动的地区开发实践，拥有制度优势、区位优势、经济优势。大湾区的一大特点即包含了"一国两制"的11座城市，而这种二元的制度体系同时带来了机遇和挑战，将制度差异转换成制度优势是问题的关键所在，通过中央层面的引导、规制和地方层面的协作、创新，构建粤港澳大湾区独特区域制度体系。大湾区位于我国南部沿海，坐拥五座机场和六大港口，铁路、公路体系完备，海陆空交通物流网络优势明显，同时也在一带一路建设中占有重要地位。粤港澳大湾区自身经济基础雄厚，广州、深圳、香港、澳门均为全国经济发展水平领先城市（图3-10），2016年粤港澳大湾区以全国0.6%的国土面积贡献了全国GDP总量的12%，人均GDP逾2万美元（叶林，宋星洲，2019）。粤港澳将通过

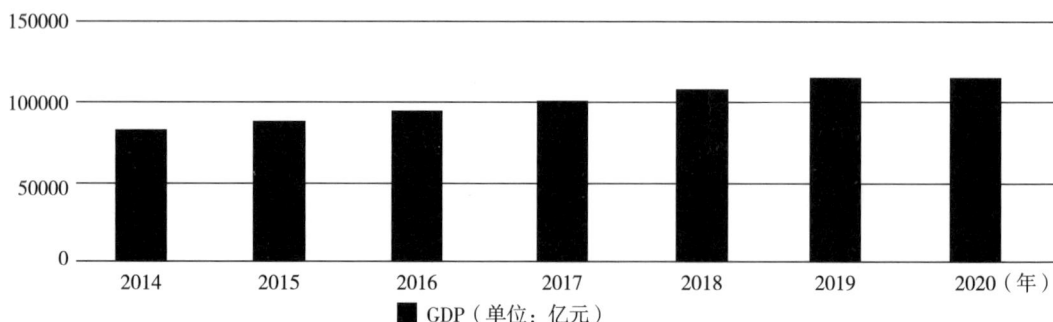

图3-10　粤港澳大湾区年度GDP
资料来源：作者根据各省市统计年鉴整理

区域协作巩固发展经济优势，推动大湾区经济稳步发展，并为全国经济转型升级提供助力。

（2）进一步深化改革开放的中国（广东）自由贸易试验区

中国（广东）自由贸易示范区涵盖广州南沙新区片区（广州南沙自贸区）、深圳前海蛇口片区（深圳蛇口自贸区）、珠海横琴新区片区（珠海横琴自贸区），总面积116.2平方公里，是面向大湾区建立粤港澳金融合作创新体制、粤港澳服务贸易自由化，以及通过制度创新推动粤港澳交易规则对接的重要承载地。

建设自由贸易试验区是党中央、国务院在新形势下全面深化改革和扩大开放的战略举措（表3-14）。自2014年12月设立以来，中国（广东）自由贸易试验区（以下简称自贸区）建设取得阶段性成果，总体达到预期目标。2018年5月国务院印发《国务院关于印发进一步深化中国（广东）自由贸易试验区改革开放方案的通知》，《方案》强调进一步深化自贸区改革开放，支持香港、澳门融入国家发展大局，其主要建设内容：①对标国际先进规则，建设开放型经济新体制先行区；②争创国际经济合作竞争新优势，打造高水平对外开放门户枢纽，建设国际航运枢纽；③开拓协调发展新领域，打造粤港澳大湾区合作示范区。

中国广东自贸区改革开放深化方案建设内容　　　　　　　　　　　　　　表3-14

建设目标	建设内容	具体构成
1. 与国际航运枢纽、国际贸易中心和金融业对外开放试验示范窗口相适应的制度体系； 2. 开放型经济新体制先行区、高水平对外开放门户枢纽和粤港澳大湾区合作示范区； 3. 强化自贸试验区同广东省改革的联动，各项改革试点任务具备条件的在珠江三角洲地区全面实施	对标国际先进规则 建设开放型经济新体制先行区	进一步转变政府职能；建立更加开放透明的市场准入管理模式；进一步提升贸易便利化水平；创新贸易综合监管模式；健全金融创新发展和监管体制；完善知识产权保护和运用体系；建设公正廉洁的法治环境；推动人才管理改革；维护劳动者合法权益；加强环境保护
	争创国际经济合作竞争新优势 打造高水平对外开放门户枢纽	建设国际航运枢纽；建设国际贸易中心；建设金融业对外开放试验示范窗口
	开拓协调发展新领域 打造粤港澳大湾区合作示范区	促进粤港澳经济深度合作；深入推进粤港澳服务贸易自由化；创新粤港澳科技合作机制；建设粤港澳青年创新创业合作示范基地；携手港澳参与"一带一路"建设

资料来源：国务院关于印发进一步深化中国（广东）自由贸易试验区改革开放方案的通知

3.8.3　新时期的片区空间开发的影响

3.8.3.1　高质量发展初见成效

根据《国家级新区发展报告2019》的统计，新区经济增速领跑所在省市及周边区域。2018年18个国家级新区（雄安新区除外）地区生产总值约4.25万亿元，占全国经济比重为4.7%，对国内生产总值增长贡献率约为5.6%，较上年提高约1.5个百分点。其中，上海浦东新区、天津滨海新区、重庆两江新区对所在省（市）地区生产总值的贡献率超过10%。浦东新区经济总量首次突破万亿元，达到10461亿元，同比增长8%，约占上海市经济总量的三分之一。成立时间较晚的几个国家级新区，虽然经济总量与其他新区存在差距，但经济增速保持较高水平。如2015年及以后成立的湖南湘江新区、福州新区、南京江北新区、哈尔滨新区和长春新区，2018年GDP同比增速分别为10.5%、10.6%、11.3%、8.0%、8.1%，均高于所在地区同期GDP增速，充分体现了国家级新区拉动地区经济增长的强大动力。

3.8.3.2　新模式开发初露端倪

现阶段的新区发展更加注重模式创新，通过政府政策和开发重点上的转变，旨在实现更高质量发展。2019年以来，多地陆续出台支持新区高质量发展的政策措施，向新区下放更多省级、市级事权，对新区高技术产业、先进制造业等重点产业提供更多的用地、融资政策支持，助力新区向重点改革领域寻求突破，向更高质量经济发展方向迈进，向全方位更高水平对外开放看齐。

其中代表性的举措是"新区+自贸区"双区联动。截至目前，在19个设立国家级新区的省份中，包括上海、天津、重庆等13个均设有自贸试验区，已形成"国家级新区和自贸试验区"双区联动的发展优势，为新区扩大开放增添更大的改革创新动力。可以预见的是，未来国家级新区将在新一轮高水平对外开放中迎来更多创新和突破，为我国重大发展战略提供支撑。

新区在定位产业发展方向、设计谋划发展路线时，充分考虑了自身区位特点和资源禀赋，形成了一批各具特色的发展模式。例如，青岛西海岸新区"依海而生、向海而兴"，大力发展海洋经济，在海洋港口、海洋装备制造、海洋研发、海洋生态等多方面寻求突破。哈尔滨新区作为我国唯一以对俄合作为主题的国家级新区，通过搭建对俄合作载体平台，积极谋划和推进项目落地，不断探索拓宽对俄开放合作。四川天府新区注重生态环境建设，已成为打造"公园城市"的先行者。南京江北新区以"破旧立新"的思路，在新土地上擘画"芯片之城""基因之城""新金融中心"，目前已吸引一批国内外高端研究机构和具有自主创新能力的企业进驻。

3.8.3.3　新区域格局逐步涌现

目前，我国已形成京津冀协同发展、长江经济带发展、粤港澳大湾区建设、长江三角洲区域一体化、黄河生态保护与高质量发展五大区域重大战略。伴随着国家区域发展战略更加均衡，以国家级新区为代表的重大空间开发逐渐形成区域联动，成长为地区范围内强劲增长极。现如今，19个国家级新区覆盖全国19个省份24个城市，由东部集中向东南沿海、西北内陆、东北三省以及黄河流域、长江流域、环渤海地区和京津冀地区整体扩散，基本形成能够辐射全国的国家级新区网络。其中，以浦东新区和滨海新区引领的东部沿海新区继续放大优势；位于西部地区、批复时间较晚的四川天府新区、陕西西咸新区、甘肃兰州新区等正在加速崛起。天府新区2018年地区生产总值突破2700亿元，在全国19个国家级新区中名列前茅；甘肃兰州新区2018年实现地区生产总值205亿元，增长16%，增速在国家级新区中位居第一，2019年上半年，甘肃兰州新区地区生产总值增长更是达到19.5%（杨光，卫婧，2020）。

3.8.3.4　城—乡—区域融合发展走出新路

通过片区空间开发，崭新的城乡关系正在新区开发中浮现，构建更为科学的城乡关系对大城市病的疏解、乡村振兴、区域发展具有重要意义。以雄安新区为例，北京地区的交通拥堵、房价高涨、环境承载力接近极限，一系列"大城市病"已让北京不堪重负。造成"大城市病"的根源，很大程度上源于北京的各种功能过于集中。建设雄安新区，可将北京除政治中心、文化中心、国际交往中心、科技创新中心四个核心功能外的非首都功能转移出去，起到疏解带动的作用。河北雄安设立国家级新区，首先可以在经济方面辐射京津冀地区，加强京津冀地区的经济相互联系，使京津冀地区的贸易更加协调；其次对河北高端、高新产业的发展起到了促进作用，特别是能够加强河北和陕西、河南、山西等地区的协作，使河北与这些地区经济交流有一个比较畅通的渠道；最后，雄安新区的设立对河北乡村经济振兴同样意义重大，新区的设立将先进生产力引入河北，也为河北提供了一个更为广阔的市场，河北乡村能够借助自身的比较优势，发展特色产业。

3.9　本章小结

通过上文的介绍与评析，基本可对新中国成立以来，政府驱动的大规模空间开发的演变历程，形成总体了解（表3-15）。虽然这并不是我国地区开发的全部，但无疑是相对较为重要的方式。其中，贯穿各个轮次的政府掌控力虽有结构性的调整，但没有根本上的削弱；只是具体的运作方式有了明显的迁移，从国家直接实施大项目转向了通过政策调动地方能动的引进项目和竞争性的实施项目；对我国地区开发的影响，也从局部的项目塑造城市逐步扩展到对整个国民经济和城乡面貌的影响，已经成为我国整体发展的重要塑造性力量。但这种靠政府驱动的发展方式，目前面临国际、国内深度转型等一系列新环境和新挑战，迫切需要进行系统的总结和反思。

中国从计划经济到改革开放的政府驱动型大规模空间开发纵览　　表3-15

时段	背景	时段特征	开发主体	开发内容	开发方式	成效
20世纪50年代	建立计划经济	苏联援建156大项目	中央政府及其委托代理	150个工业大项目塑造所在城镇	国家直接安排投资和经营	工业新城镇建设
20世纪60年代	国际战争阴云	三线战备大项目	中央政府及其委托代理	1100个军工、重化、机械等大项目塑造所在城镇	国家直接安排投资和经营	山散洞分散布局城镇

续表

时段	背景	时段特征	开发主体	开发内容	开发方式	成效
20世纪70年代	中西关系缓解	成套引进大项目	中央政府及其委托代理	1972年26个、1978年22个工业大项目	国家直接安排投资和经营	工业基地建设
20世纪80年代	改革开放起步	大项目调整与开发区实验	中央驱动、地方政府运作、企业参与	大项目向能源交通偏重，开发区与经济特区试验	国家及地方政府驱动，多元主体参与开发	特区发展迅猛
20世纪90年代	改革开放大推进	开发区大发展	中央支持、地方政府主导、企业参与	大项目偏向基础投资，地方主体的开发区大发展	国家及地方政府驱动，地方引进项目	开发区迅猛，工业化城市化加速
21世纪00年代	改革开放体系化建设	新城新区大开发	中央、地方、企业多方参与和博弈	各种主题城市新区，基础大项目，西部开发	地方策划项目，国家政策支持。空间开发，产业发展	城乡面貌明显改变，房地产经济和土地财政，三大差距
21世纪10年代	经济危机、结构转型	新区进一步扩张，大战略、大项目、大事件	中央、地方、企业多方参与和博弈	国家战略频出，4万亿大投资，策划主题区、大事件、新区扩张	国家、地方、企业多方参与开发	中西部开发，东部转型，城市区域化
2017年至今	国际经济形势变化，国内经济升级	片区空间开发与区域战略联动	中央、地方、企业多方参与和博弈	区域战略与新区开发联动、新区与自贸区联动	国家、地方、企业国企、民企多方参与开发	城市圈升级与全面城镇化

资料来源：笔者整理

　　70多年来，中国在区域经济发展的实践和理论上进行了大胆探索。新中国成立初期三十年的计划发展时期，通过有意识地布局大项目，奠定了我国工业化基础，综合实力得到提升。改革开放早期的非均衡发展阶段，我国率先发展沿海地区，大胆尝试经济特区和经济技术开发区，为新的地区开发树立了范式。直至今日，我国仍在采用特区、自贸区等政府驱动型空间开发方式来推动地区发展。不可否认的是，地区之间的发展差距确实有所拉大，但先发地区已经达到国际一流水平，相对后发地区也已经实现全面脱贫，正在向着全面小康的道路迈进。当前，面对复杂多变的国内外环境，我国始终坚持改革开放，不断推进区域协调发展和新型城镇化，空间开发呈现出百花齐放、百舸争流的良好局面，为更加可持续性和更加高质量的发展奠定了基础。

第4章 模式解析：
基于中国情境的"政策区"开发模式

4.1.1 早期大项目主导与近期政策驱动的差异分析

（1）开发主体上的差异

我国早期的政府驱动开发主要体现为大项目开发，都是比较单纯的国家安排的投资建设以及生产行为，实行国家主导下的大项目"经理人"（厂长、技术负责）制度；诸如厂长等项目经理人对项目的日常技术性运作负主要责任，对上向国家讨要资源和服从国家计划安排组织生产是其主要任务，其收入并不比厂内一般员工高多少。同时，地方政府虽然负有中央政府指令下的对大项目的服务职能，但是其更重要的是对地区经济社会总体状况负责；而其资源调动能力往往不及大项目的"经理人"，这就必然造成地方政府领导与大项目经理人的博弈。

随着改革开放的推进，地区开发逐渐走向以国家通过政策驱动的间接调控为主，其主体结构演化为国家驱动、地方主导、企业化运作的方式。即，国家从总体上选择特定地区并赋予特定地区以开发政策，启动地区开发，并在开发的初期提供一定的目标导向和资源支持；尽管有着"国家战略"或"国家级"开发区的称号，具体的运作却是由地方政府和企业主导，其中地方政府是实施的主要推动者，而针对目标地区成立的开发公司则在其框架下扮演具体的执行者角色。实际开发过程比照市场经济的做法而运作，比如土地以空转的方式进入市场、开发公司以招投标、股份合作、外包承包等企业化方式推进具体的设施建设和地块开发，又通过土地、政策等方面的优惠条件引进企业入驻和资本投入，最终推进地区产业经济与空间开发的同步进展。

可见，早期大项目主导和近期政策驱动在开发主体的组织方式和执行运作方式上都有很大不同。前者更注重于中央和高层政府的总体控制，而后者更倾向于将权力、利益和责任分散到地方政府和相关企业。

（2）空间生产上的差异

早期的大项目开发，其内容是直接的生产能力建设，比如湖北大项目中的东风二汽、鄂州钢铁厂等。其生产要素的投入和产品的产出是地区开发的主要诉求，从而厂房、仓库等生产性空间的生产是地区开发建设的核心内容；生活等后勤区的空间建设居于从属地位，土地资源的价值得不到充分体现。

改革开放后的政策驱动型空间开发，很大程度上就是从破解这个问题开始的，早在深圳蛇口工业园开发的时候，土地的经营批租就是解决开发资金缺口的重要手段，与之对应的是对地块的先行基础设施配套开发，即通水、电、路以及平整地块之后，再出让土地和引进企业，从而实现空间开发和产业开发的同步发展。这个经验在浦东新区开发中得到进一步发展，其"土地空转、资金到位"和"以地入股、引资开发"都被认为是土地开发的成功模式。在此基础上，将完成基础开发之后的土地出让或转让给生产经营企业，并用其中的土地收入支撑下一个地块的开发建设，形成"滚动开发"的良性循环。同时，在出让土地时，区分商业性开发、公益性开发和招商引资需要，分别制定适当的土地出让价格；对于商业性开发引入招（标）拍（卖）挂（牌）制度，推动土地价格的市场化，从而地区开发中所蕴含的价值量也不断提升。而引进企业的生产经营行为，则主要体现市场经济特征，政府的职能主要体现在针对特定产业的政策优惠和扶持，一般不再从事具体的生产经营。

若加以简单概括，可以说，早期大项目主导的开发以生产性项目建设为主体内容，而后来的政策驱动的片区开发则以空间开发为主要抓手，以引进产业为产业开发的主要方式，最终达成空间开发和产业开发的同步发展。

（3）价值循环上的差异

早期大项目的价值循环比较单纯，基本是技术性的生产投入和产品产出循环。由于国家对资源统一调配，生产投入的价值缺乏市场化的衡量；产品产出后由国家以计划分配的方式调配或配售给使用者，其真实价值难以得到体现。可以说，这样的价值循环也就是物质循环，几乎不存在价值增值的诉求和价值损失的衡量。

改革开放后兴起的政策驱动开发模式，与之前大项目开发的最大区别就在于对土地空间价值的发现、放大和回收。从深圳蛇口工业园开始，通过土地批租来获取建设资金的做法很快发展成了制度化的大规模地区土地开发和出让。浦东新区最初就是通过土地空转来突破制度障碍，实现了国有土地的使用权可流转，进而又在招商引资过程中实现了土地使用价值的市场化定价，从而逐步进入了"基础开发→土地出让→收回资金→滚动开发→地区建设升级"的价值循环（图4-1）。最终，从土地开发中实现的价值不仅支撑了浦东的整体开发建设，还贡献了

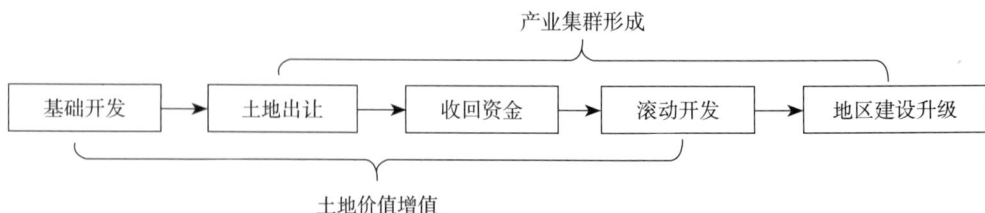

图4-1 改革开放时期政策驱动型空间开发的价值循环一般过程
资料来源：作者自绘

很大份额的地区经济增长。同时，通过出让土地引进生产性企业，也推进了地区产业经济的发展和产业集群的逐步形成；浦东新区的电子信息、交运工具制造、化工等产业便是如此得以引进。在城市空间生产的基础上，还有多项重大要素市场和服务型经济实体在浦东集聚，与制造业共同构成了地区经济的主导产业内容。这些产业都是由市场化主体在经营运作，遵循市场原则、追寻利润最大化，通过投入原材料、技术、资金和人力，产出物质产品和服务产品，并通过市场而完成交易，从而实现价值循环。亦即，基于土地的空间价值和基于产业产品价值这两者的相互交融，形成了完整的地区开发价值循环。

另一个视角是从项目价值小循环与社会价值大循环的角度的分析。如果承认市场原则，大项目作为一个有着清晰目标和强力手段的资源处置行为，其核心的价值诉求是自身的投入产出循环和增值。任何一个生产性大项目，其产品售出实现的价值至少要平衡其生产投入的价值，并有所结余，才能满足其大项目运作的最基本的价值诉求。而政策驱动的开发则由于政策源于政府内在的公共性特征，即政策驱动的空间开发不仅要实现单个项目自身的投入产出价值平衡，还要实现比项目本身更宽广的社会价值——造福于一方人民；有时甚至会为了实现更大的社会价值而牺牲部分项目价值。也就是说，在大项目主导的开发中，项目价值小循环要优先于社会价值大循环，实际上是将项目价值小循环等同于社会价值大循环。而在改革开放后的政策驱动片区开发中，项目价值小循环也常常要服从于社会价值大循环；但是若过于牺牲项目价值小循环的利益则又可能导致社会资源的浪费和社会价值大循环的无法实现，可谓无"效率"也就无所谓"公平"。

简要概括这样的价值循环差异，就是计划经济时期的大项目开发侧重于产业自身的价值实现，是一种注重项目价值的小循环，而改革开放时期的政策驱动开发侧重于地区空间开发和产业开发的双重价值实现，是注重社会价值的大循环。

4.1.2 早期大项目主导与近期政策驱动的关联分析

虽然有着上述区别，我国计划经济时期大项目主导开发和改革开放时期政策驱动开发，依然有着很强的前后关联性，体现在实践中大项目与政策的交织运用与前后传承。

（1）大项目与政策在开发实践中的交织运用

我国早期的大项目主导开发在一定意义上也可以被看成是一种地区政策行为；在大项目开发过程中，也有各种配套政策的配合。比如在十堰建设第二汽车厂时，1967年将郧阳地区行署机关自郧县迁驻十堰，1969年设立十堰市，此外还从长春、北京、上海、武汉、南京、青岛等地调入大批干部、技术人员、工人、学生。宁波北仑地区由于大型港口的建设，也专门设立滨海区（即后来的北仑区）。此外，鄂州配合鄂城钢铁厂而设立地级鄂州市、荆门配合石化厂发展设立地级荆门市等，都是大项目主导开发中的政策配合的体现。只是在这个过程中，高层政府机构包揽的不仅是制定政策，而且还直接实施政策，但其主客观上均有可能与地方脱节。同时应该看到，这个时期的大项目居于主导地位，相关的配套政策以为大项目服务为目的，这与改革开放以后政策作为地区开发的主导性驱动机制有所不同。

改革开放后的政策驱动的开发也常常采用"植入"大项目来实施开发和引导开发。比如浦东开发初期的十大基础设施工程，无一不是非常大型的开发项目；而四个重点开发小区各数十平方公里的从"生地"到"熟地"的开发，也可以认为是另外一种大项目；随后"聚焦张江"战略推动的媒体港、研发中心等项目也规模庞大；招商引资中的通用汽车以及大型要素市场等的进入，也都可归为大型项目建设。此外还有联洋社区、金茂大厦、世纪公园、世纪大道等，也都是同类开发项目中规模庞大的范例。可以说，正是一系列的大项目充实了浦东新区开发政策的实施内容。这在宁波北仑的开发中也得到了体现，诸如北仑电厂、贝发中国制笔城、台塑体系石化园、吉利汽车基地、大榭原油码头等也都是规模宏大的大型项目，它们极大地充实了宁波经济技术开发区、大榭开发区等各类政策区的开发内容。其中，尤其值得注意的，是在各类政策驱动的片区开发中常常安排大项目作为"引爆点"或"旗舰"项目，这种旗舰项目在很大程度上继承了早期大项目的诸多特征，比如规模庞大、有政府背景、有一定的公共属性等。这些都反映了"从大项目主导"到"政策驱动"有其内在的前后传承性。但应该看到，在政策驱动时期，这些大项目常常是作为特定政策的充实性内容而出现，其地区开发的主导机制仍然是政策驱动，这与计划经济时期的大项目主导开发有本质不同。

（2）从大项目主导到政策驱动的实践传承

在新中国刚成立时一穷二白基础上建立起来的计划经济体制，本身有着调动全国资源、集中力量办大事的性质，这个时期由国家主导决策、投资以及运营的大项目是地区空间开发的主导性内容，从而形成一种大项目主导的空间开发方式。在计划经济向市场经济的转型过程中，这种大项目主导的开发方式并没有立刻跳跃到政策区开发，而是在一定程度上被传承了下来，以多种形式融合在政策区以及新的大项目开发当中。

首先，新时期的政策区开发与早期国家投资大项目有类似的国家主导属性，以中央政府（或省市政府）为首的政府主体是大规模地区开发的初始驱动力。在早期的大项目主导开发中，中央政府是各项资源的调配主体，曾经从国家整体发展的角度，分批次布局了156个大项目、三线大项目、成套引进大项目等。这些大项目从初始决策到资源投入、再到生产经营和产品分配，都在国家的主导下进行；有关的政府机构不仅提供了初始的驱动力，还是全盘的操控者。在改革开放后的政策驱动开发中，一些大规模示范性的地区开发政策也均是出自中央政府的决策，比如深圳特区、浦东新区等。通过制定特别的地区开发政策，以及配套安排人员、资金，加之中央领导的号召等，驱动了特定地区的超常规发展，形成突进式的地区开发。中央还通过政策引导、资源调配等影响地方政府和开发公司的开发行为，对实际的地区开发面貌产生塑造性影响。在地方竞争机制引入和地方自主权扩大之后，地方政府则发挥了越来越重要的作用，包括主动策划了很多大项目。但应该看到，其中一些示范性的大项目仍然在中央政府主导和宏观政策调控下展开，诸如国家开发银行、地区开发国家战略、地区扶持政策等都是常用的国家调动及调控地区开发的工具。

同时，新时期政策区开发与早期大项目开发有着相似的资源调配方式，即超大规模的资源调动。前文列举的湖北省的主要大项目，如二汽、葛洲坝、鄂钢等，无一不是投资巨大的超大型项目，一个项目就基本上能产生造就一个地级城市的发展动能。后来的政策驱动开发，如深圳、浦东等，动辄数十、数百平方公里的开发规模，地铁、交通枢纽、会展等大型项目牵涉的人力物力规模也非常巨大。这种大规模的资源调配，政府是不可或缺的主体；或者说，只有高层级的政府才能调动或影响大规模的社会资源配置，才能实现大规模的地区开发。

4.1.3　大项目主导与政策驱动的内在一致性

这样一种前后传承的关系客观上也是地区开发路径依赖的一种体现，而实践中的相互交织又说明这两种方式有着内在的一致性。本质而言，这种一致性源自于政府的"一元性"和大项目的"优越性"之间有着内在的互洽关系。

从一般意义上讲，相对于社会主体的多元性，"政府"作为一个集中管理的单一组织机构，具有先天的"一元性"。由于这个一元性，政府在调配社会资源和驱动地区发展时，总是倾向于用便于"集中管理"的资源处置方式来协调社会的多元主体利益。而大项目本身具有资源配置上的优越性，即对于特定时空的社会资源具有压倒性的调配能力，抓住一个大项目就等于抓住了一块社会资源，赢得了一方发展。这种大项目的优越性与政府组织的一元性恰好形成逻辑的互洽，便于实现各自的既定目标，同时还能够形成一定的互相强化关系，甚至形成其他社会主体难以进入的"大项目开发同盟"。

在新中国70年发展实践中，早期计划经济体制奠定了全能型国家和政府的体制基调，在这种体制中政府的权威和能力得到了最大限度的发挥，从而政府的"一元性"特征也几乎成为整个社会的总体特征；因而政府通过大项目的强势地位来实现对社会资源的总体调度和开发安排，也就成为一种合理且有效的选择。但历史已经证明，社会本身是多元的，用政府的"一元性"带替代整个社会的"多元性"本身具有不可持续性，这种不可持续性通过全社会生产体系的近乎瘫痪而反馈到计划经济体制的难以为继，最终走上了与社会多元性更为互洽的市场经济道路。尽管基于多年传统的全能型政府思维仍然延续，但政府已不可能再直接替代社会而全面配置资源，而是必须转向通过政策激励、制定规则、宏观调控等方式间接掌控和调动社会资源，激发社会发展的多元能动性，这推动了近三十年的快速发展。但是，由于大项目的"优越性"对政府的"一元性"高度契合，新时期政策驱动开发过程仍是由政府主导，故而其中大项目仍时有采用。

对于发展型政府，新时期的政策区开发与早期大项目开发都是为了发展，两者之间无疑有着内在一致的理念和共同诉求，由此应可以做一般化的模式概括。

4.2　"政策区"开发模式的提出

基于上述开发实践中相互交织的事实和本质上的内在一致性，可以认为，新中国成立以来从大项目主导到政策驱动地区空间开发的演进，实际上是一种类似的发展思路和发展逻辑在不同的环境和阶段下的体现。

在计划经济时期，体现为以项目为主导、以政策为配合的方式；在改革开放时期，体现为以特定地区开发政策为主导、以关键项目为支撑、以专门性政策和具体项目为配合的方式。这两种方式及其传承演进的过程，大体上是"政策"和"项目"这两个地区发展关键要素在不同时间和空间环境下的不同组合，从而构成了我国大型空间开发的丰富实践和演变。

对于这种通过"政策"与"项目"组合演变构成的政府驱动地区空间开发模式，本书称之为"政策区"模式。其英文名称可直译为Policy-drivenDistricts，简称PD模式。

4.2.1 "政策区"模式的核心特征

在本书的语境下，"政策区"模式是基于我国70年地区空间开发实践的总结。在早期主要是以大项目为主导、以政策为配合的方式，在近期则主要体现为开发政策为主导、以大项目为支撑的方式。

其中，"政策"是"政策区"模式中的一个关键要素。在早期大项目主导开发时期，政策的力量体现在为大项目扫清障碍和铺垫基础。在近期政策驱动开发时期，政策的力量体现在驱动乃至塑造整个地区开发。其具体政策内容可以很广泛，从产业政策到财税政策、土地政策乃至非正式影响等，由于其有统一的空间指向而形成一个政策体系，即地区开发政策体系。其最突出的代表，便是各种类型的开发区或特区政策。

"项目"则是"政策区"开发的实施主体性内容和方式，是配置社会资源的具体行动计划。在早期的大项目主导开发时期，整个地区开发可能是由一个或少数几个大项目构成；而在近期的政策驱动开发时期，地区开发可由受到政策驱动的多个项目构成。这些项目可以分为生产性项目、基础设施项目、房地产开发项目等不同类型；同样由于其共同的空间指向而构成特定地区空间开发的不同层面的内容。

政策与项目有的时候是同一的，即某个大项目本身就是承载了一项地区开发政策，比如早期在十堰建设二汽项目，便是基于三线建设政策，动用政策力量调动全国资源完成的一个大项目，后来还有三峡大坝等其他类似的重大项目也是源于政策选择。

但大多数情况下，政策与项目是相区分的。由于政策本质上是一种公权力的表现，其先天需要以公共利益为导向，较少是针对某一具体项目。而项目本身是有特定诉求的一项行动计划，以项目自身目标或利益最大化为追求，从而与政策的公共性并不总是一致。

"政策区"顾名思义便是集中运用政策力量于某一地区开发的特定区域。这样一个特定区域的开发，由于动用了政策的力量，便能够借助公权力吸聚原本不具备的广域社会资源，从而能够实现原本不能实现的超常规发展。而大项目，由于其对资源汲取的"优越性"，成为这种政策力量调动广域社会资源的有效手段。通过大项目的运作，政策力量不仅借助公权力调动广域资源，更能继续掌控资源的处置过程和增值过程，从而实现地区空间开发和社会资源利用的综合目标。同时，由于这样一种公权力的利用和深度掌控，决定了其开发诉求不完全是市场化的效益准则，还包括了公权力自身的价值取向——比如对地区乃至国家整体发展的拉动，以及公权力特有的威权影响方式——比如借助行政指令推动地区开发。这便是"政策区"模式的核心特征。

"政策区"开发模式的核心特征可以概括为以下四点：

（1）借助公共政策及公权力，促使广域资源向特定地区集聚。

（2）借助大项目在资源汲取方面的"优越性"，使集聚的资源能在可控的范围内得以集中处置和实现增值。

（3）通过上述政策和大项目在特定地区的综合运用，使特定地区能在广域资源基础上和可掌控的路径上实施开发，从而实现地区开发和经济产出，其结果常常是地区发展水平的超常规提升。

（4）由于涉及对公权力的运用，"政策区"开发的目标比较综合和多元，除了相关项目自身的增值外，还在于促进地区整体的经济社会发展，以及拉动周边地区的发展。

4.2.2　"政策区"模式的适用范围与概念外延

客观而言，地区发展的路径必定是多种多样的。前文界定的"政策区"模式所针对的，主要是基于政策目标、动用公权力量集聚广域资源而实现一种可控的超常规发展的模式。由于这种模式需要政策支持及公权力行使，这便决定了政府对地区开发的深度介入（甚至是直接操控），因而这种模式便只适于政府干预经济程度较深的国家或时期。除了我国外，西方国家在凯恩斯政府干预主义盛行时期也有过很多公共投资的大项目和政策驱动的地区开发实践，比如美国的城市更新运动（Urban Renewal）、田纳西河谷流域开发等，以及英国伦敦的码头区开发、企业特区、城市开发区计划（UDC），等等。

需要注意区分的是，某些地区开发虽然有政府的介入和参与，但是没有公权力资源的投入，便不归于前文所界定的"政策区"范畴。比如西方国家广泛采用的政府代理公司运作地区开发和旧城更新，其中政府仅担当倡导和提议角色，而不给予任何的资源性投入和财税倾斜，形成一种有政府参与但完全市场化的空间开发。或可说这是非典型的"政策区"模式。在我国部分新城区开发中，也逐渐出现了类似的方式；即政府通过城投公司以市场化方式运作，或者仅提出规划和倡议，具体开发工作基本由企业用市场化去完成。但我国的城投公司一般均与政府的公权力有着深度的联系，所以与国外这类实践仍有所区别。

还有一类地区开发则完全没有政府的参与，而是全部由地方民间力量自发促成；只在开发成型之后，为了维持地区秩序才逐步有了地区政府的介入和某种政策调控。这是与"自上而下"的"政策区"模式相对称的"自下而上"的市场化空间开发模式。这种开发模式常出现在地广人稀地区的早期发展环境下，或者在高度自由的市场主义国家的部分地区，比如美国早期"淘金时代"对西部地区的自发开发，便属这类实践。

综合考察这几类地区开发实践，可以用"政策区"基本概念的广义与狭义之分来概括。狭义上的"政策区"特指有公权力调动资源投入的片区开发，即政府通过设置政策或大项目来推动片开发的模式，这是我国70余年来政府驱动空间开发的主导性模式，也是本书的主要研究对象。而广义上的"政策区"，可以泛指有公权力介入的各类地区开发，这包括上述的第二类实践，虽有政府参与但基本没有公共资源的投入，市场化较为充分。

可以说，随着经济社会的不断发展，人烟的日益稠密，社会交往和管控也必将越来越增多；今天的地区开发已经不可避免会受到各种政策措施和公权力的影响，因而，上述第三类地区开发实践，即完全自由市场化的地区开发方式，已经比较少见。从这一点上讲，包含上述前两类地区开发实践的"政策区（Policy-drivenDistricts，PD）"模式，具有普遍性意义。

4.3　"政策区"开发模式的理论框架

针对本书研究主题，基于相关理论的研究综述归纳出一个简练且有效的解释框架，用于分析我国大规模地区开发实践的基本理论工具。关于片区开发、政府驱动等理论提供了认知研究对象的理论基础，而吉登斯、奥尔森、赫尔维茨等关于社会运行机制的解释理论则提供了理解地区开发实践的思想方法。

4.3.1　"政策区"三层次认知解析模型

所谓解释框架，其核心是能够提供一个将几个关键的规范性要素和分析工具整合在一个体系中的框架，以便能够把握事物的逻辑。

首先，本书研究对象——新中国成立以来的大型地区开发实践属于一种实际发展的范型，而不是某一个学科领域，基于这样的前提认识，涉及了多个学科领域的知识；其次，本次研究在解释这种发展范型的基础上，仍然追求其内在逻辑机制的规范化解释，即政府驱动机制的实现，因而，其理论领域应为政治经济学。此外，由于地区空间开发具有空间属性，其理论领域可进一步界定为空间政治经济学。由此，可以按照"多学科支撑→政治经济学→空间政治经济学归属"的关系梳理本书研究的基础理论的体系（图4-2）。

诸如工程学、管理学、社会学等在发展模式的提炼中均起到一定作用，但机制解释的直接理论基础源自于政治学和经济学。

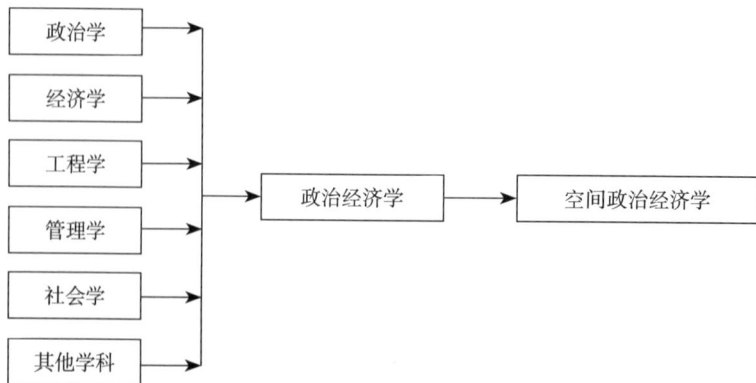

图4-2　针对本书研究主题的理论体系梳理
资料来源：作者自绘

从政治学的角度，政策研究的两个话语体系都趋向于综合运用政府和市场形成发展型的主体组合。参考前文理论综述关于"国家-社会"互动塑造原理和"政治-经济"互动平衡的发展趋势，实际的地区开发主体结构可能是由政府、企业、民众在特定时空条件下互动塑造的，这个主体框架决定了地区空间开发的基调。故而，对开发主体的解析将是这个范型研究的第一步。

从经济学的角度，地区开发理论提供了对极化发展、引进外资、大推进策略、空间模式等概念的理论要点，其基本的着力点在于产业开发和空间开发两个方面，可归入到空间政治经济学一个经典概念，即"空间生产"中来，这是解释研究的第二步。

进一步的关键概念是"价值循环"，经济学研究价值消耗和再生的效率问题，政治学注重价值循环的组织和分配问题，对于价值的寻求和关注是政治经济学的核心内容，也是包括政策驱动、大项目开发在内的各种地区开发的最终诉求。故而，对价值循环的解析也是本研究的关键环节。

综合上述三个层面的内容，可以形成"开发主体—空间生产—价值循环"的解析框架，这个框架可对政府驱动片区开发的过程进行要点还原和结构化提炼。本书以此作为解析框架的主体内容。

这三个层面的内容，在地区开发过程中相互融合，其中：开发主体决定了政策和大项目的源动力的落实，是具体空间产业发展和价值实现的基础，构成解析框架的基础层次；空间生产是地区开发的主体内容和一般性的目标，构成解析框架的主干层次；价值循环则是最高层次的机制解释，空间生产是什么也许并不重要，而能不能实现价值增值才是关键。有了对这三个层次内容的认知和理解，就可对一个地区开发实践的内在过程和基本逻辑实现完整的把握。

由此可以建构起解析框架三个层面的结构关系，即：基础层次→开发主体；主干层次→空间生产；最高层次→价值循环（图4-3）。通过这样的解释框架，便能够比较精练地还原地区开发的内在逻辑过程，从而可以形成对其逻辑机制的解析。具体的解析过程，本书借助了吉登斯、奥尔森和赫尔维茨的理论思想，其中吉登斯的结构化理论提供了基本的研究立场，即政府与市场是互动塑造的；奥尔森的理论提供小集团与大集团组织效率差异的衡量，以及相容利益的视角；赫尔维茨的理论提供了直接的机制衡量指标，即信息效率和激励相容。

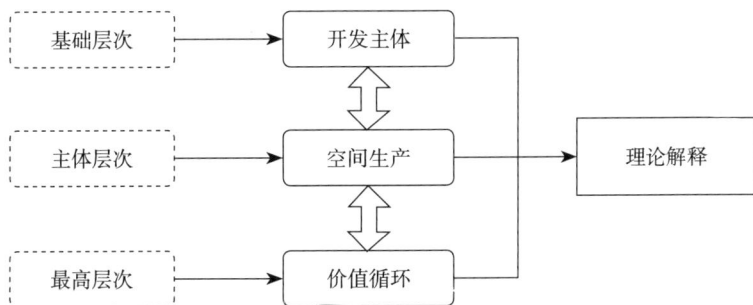

图4-3　针对本书研究主题的三层次解释框架示意
资料来源：作者自绘

4.3.2 "政策区"模式的一般形成机制

基于前文关于地区空间开发的实践纵览,依据"开发主体—空间生产—价值循环"三层次解析框架,可以对"政策区"模式的开发过程做出理论还原,从而推演其一般开发机制。

(1)开发主体

从主体结构上可以划分为"高层资源主体"和"地方项目代理"两个层次,前者包括掌控资源的国家(地方)政府和内外资企业,后者主要是项目运作和地块开发的经理人。而民众和市场消费者在其中没有直接出现,但发挥着"隐磁场作用"(图4-4)。

(2)空间生产

从空间生产脉络上可以划分为"空间开发"和"产业开发"两条线,前者是对于地块的基础设施建设、土地有偿流转和进一步的设施建设;后者是在地块上进行产业的投入产出行为,主要功能性的内容开发,形成地方的产业生产力(图4-5)。

(3)价值循环

从价值循环体系上看,可以有两个分析的维度。一是"空间开发价值"和"产业开发价值"的交融循环,其中前者是土地运作和空间开发所需投入和产出的价值循环;后者是在地块上进行生产性投入产出所形成的价值循环,而这两者具有互相交融的关系。另一维度是"项目

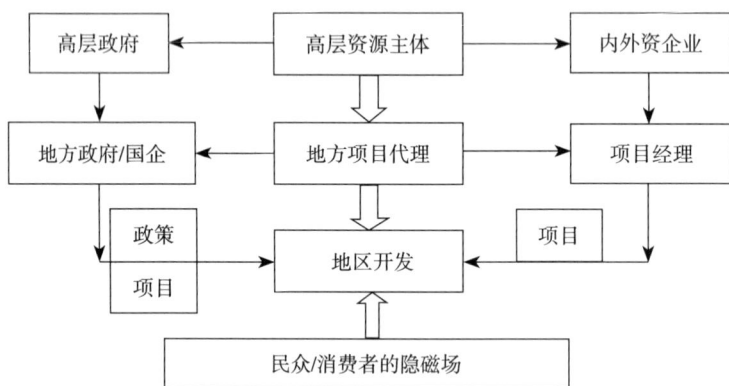

图4-4 "政策区"模式的开发主体结构
资料来源:作者自绘

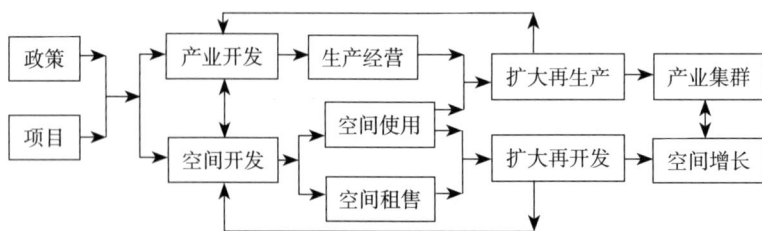

图4-5 "政策区"模式的空间生产
资料来源:作者自绘

价值小循环"和"社会价值大循环"的关系，前者是具体的地区开发大项目的自身投入产出循环；后者是大项目在获得政策优惠的同时也负有一定的公共责任，从整个社会角度衡量的价值循环，不仅包括项目的投入产出循环，还包括连带产业的价值变化、空间开发价值的实现、价值实现后的再分配等方面的内容（图4-6）。

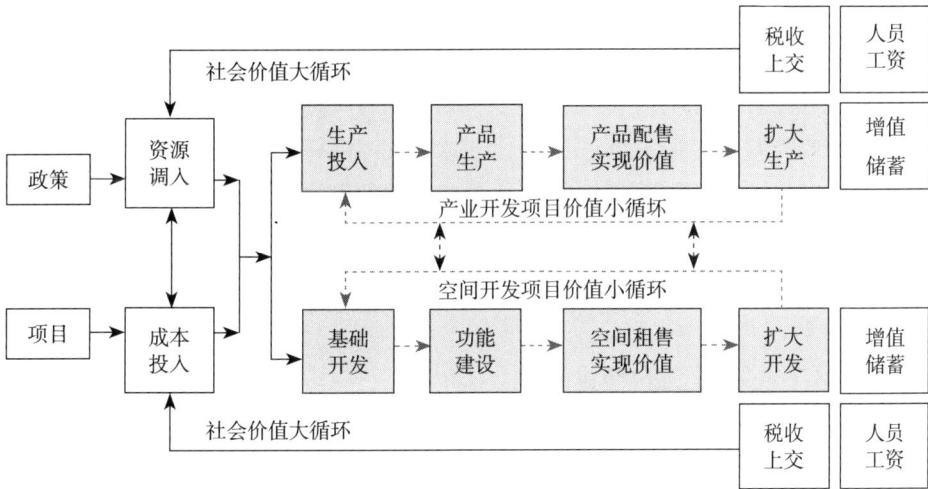

图4-6　"政策区"模式的价值循环
资料来源：作者自绘

（4）一般机制概括

综合上述三个层面的论述，可将这个形成机制概括为：从集中式的资源调配到分散化的资源利用的机制。即通过政策手段或项目建设进行集中的资源调配，但实际的资源利用是基于分散化的代理经营方式；其中在早期大项目时期的代理是纯落实性的生产管理代理，而政策驱动时期其代理变成利益化的经营代理。资源处置的内容包括空间资源开发和产业资源开发两大部类，最终形成的价值循环分为项目小循环和社会大循环两个层面；社会消费者主要发挥"隐磁场"作用，不直接出现在价值循环中（图4-7）。

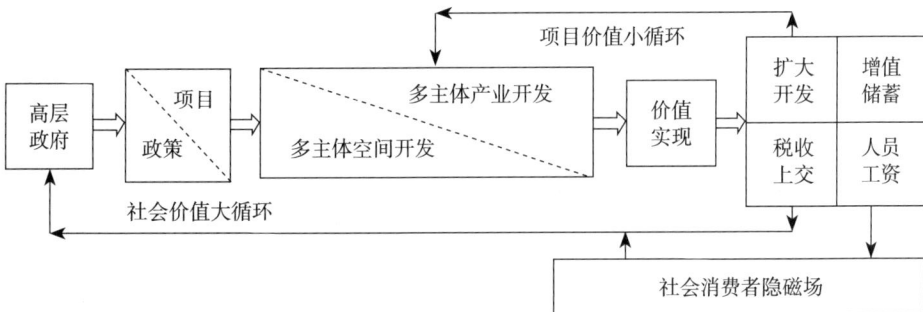

图4-7　"政策区"模式的一般开发机制概括
资料来源：作者自绘

从我国片区开发实践的角度看，集中的资源调配是根源于我国国体的一种制度性基调。从早期大项目的集中计划控制，到近期通过一揽子政策驱动空间开发，这种制度基调并没有根本改变；一定程度上，这已经被认为是我国实现经济社会快速发展的一种制度性优势。改革开放以来，在集中制框架下，就资源利用方式而言，其关键的变化就是将资源掌控和资源利用相区分，促进资源利用主体的多元化或分散化，一定程度形成了众多自利的地方小群体（地方政府、改制国企、民企、外企等），从而产生了竞争机制。这些自利小群体与具体的地区开发的一个个具体的开发建设行动休戚相关，为了在竞争性利用中获得生存及发展空间，自利小群体不得不捕捉地区开发中瞬息万变的各项信息，并做出及时应对，其结果是对地区开发资源的总体利用效率的提高。但是这种分散化资源利用带来的效率提高，不能替代绝对资源数量上的不足；集中掌控主体仍通过"政策"和"大项目"规模化的集中汲取资源，以远超地区资源能级的力量直接快速地推进地区开发。这样"集中式资源调配"与"分散化资源利用"两方面能力的结合运用，构成了"政策区（PD）"模式的核心机制。

4.3.3   "政策区"开发机制的理论模型

本节采用理论模型的语言，对这个核心机制的形成做进一步论述。

从"集中的资源调配"到"分散的资源利用"的形成，有赖于集中与分散的某种组合关系。即：通过集中的资源调配，能够使得广域的资源在特定地区集中和处置；通过分散和竞争性的资源利用，能够提升资源利用的效率。"政策区"模式可使这两者结合运用，从而提升资源配置的效率。

用模型化的语言表述，"政策区（PD）"开发的产出是"集中资源调配"和"分散资源利用"的某一组合函数，其基本的表达式为：

$$P(地区开发产出) = \int [J(集中资源调配), F(分散资源利用)]$$

再进一步思考，集中资源调配在地区空间开发中的作用，主要体现在对广域资源的调动，以及对开发过程的总体政策控制，即上式要素 J 可进一步分化为子要素 R（广域资源）和子要素 G（政策控制）的组合函数。而分散资源利用则体现在形成若干自利的小群体，对开发资源进行竞争性利用；根据机制设计理论，这种多个自利小群体的竞争性资源利用，在信息效率和激励相容上都更加有效，从而能够带来地区开发资源利用的效率提高。这样，上式中的要素 F 也可进一步分化为子要素 S（自利小群体）和子要素 C（竞争性利用）的组合函数。如此，上述简单表达式可进一步发展为：

$$P(地区开发产出) = \int [J(R, G), F(S, C)]$$

其中，子要素 R（广域资源）和 G（集中控制）是一对共生变量。正是因为有了集中控制的制度保障，广域资源才得以调动，从而"政策区"才可能突破地区资源瓶颈，实现超常规的快速和大规模开发。并且，集中控制的程度决定了调控广域资源的能力和规模；例如，县市级别、省级别和国家级别的集中控制程度不同，所能调动的广域资源有天壤之别，由国家集中控制的地区空间开发一般都是大型的具有典范意义的地区空间开发，甚至能够调动全国的资源，以举国体制来确保开发目标的实现。虽然深究下去，这两者之间可能有比较复杂的相关关系，但是本书的研究重点是"政策区"模式的理论解读，为避免芜杂，可将这个相关关系简练概括为呈线性正相关的函数关系，即随着集中控制程度的提高，对广域资源的调动和投入也同步提高，反之亦然（图4-8）。

同时，子要素S（自利小群体）和C（竞争性利用）也是一对共生变量。只有形成若干活跃的自利小群体，竞争性利用才得以实现，当整个社会被整合到一个利益主体体系中时，竞争性利用便会因为缺乏土壤和载体而不能实现。并且，自利小群体愈加活跃，竞争性利用的程度会越高，两者间的关系同样可以简练概括为线性正相关的函数关系（图4-9）。

但是这两个线性函数之间却有负向关联性，集中体现在G（集中控制）和C（竞争性利用）之间的负向关系；即集中控制越强，竞争性利用的程度就越低，反之亦然。并且这种负向关系不是线性的函数，而是曲线函数（图4-10），即，集中控制提高到一定程度时，竞争性利用的程度将明显降低；集中控制的程度再进一步提高，竞争性利用会急剧降低至极低状态。反之，当集中控制程度适度降低，竞争性利用的程度显著提高；当集中控制降低到极低程度时，竞争性利用的程度也会提高到极高水平。在现实中，集中过度或竞争过度，均不是理想状态。

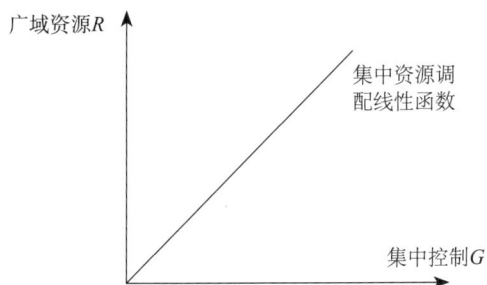

图4-8　集中资源调配中广域资源与集中控制的线性
正相关函数
资料来源：作者自绘

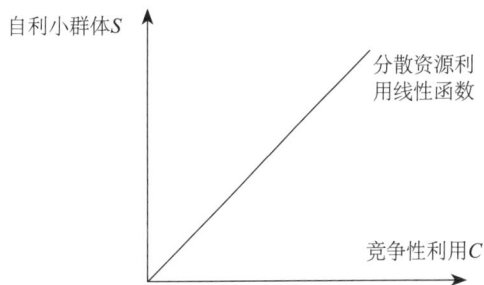

图4-9　分散资源利用中自利小群体与竞争性利用的
正相关线性函数
资料来源：作者自绘

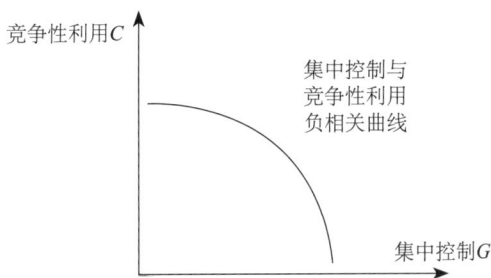

图4-10　集中控制与竞争性利用之间的负相关曲线函数
资料来源：作者自绘

从"集中资源调配"到"分散资源处置"的形成机制，本质上便是这样两个正相关线性函数和一个负相关曲线函数的关联作用的结果。从而，上述表达式可进一步发展为：

$$P(地区开发产出) = \int [J(G \propto R), F(S \propto C)]$$

这样便将三个函数组合形成联立方程，构成了"政策区"开发机制的理论解释模型。对这个模型进行图示化表达如图4-11。

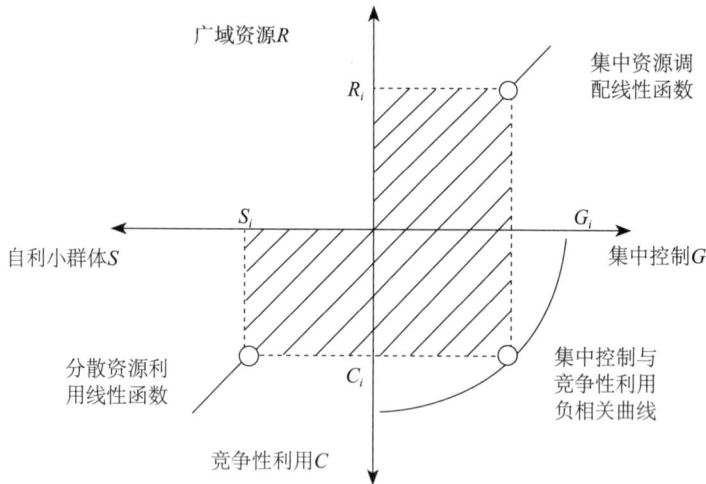

图4-11 "政策区"形成机制的理论解释（一般模型）
资料来源：作者自绘

其中：

（1）集中控制（G）和自利小群体（S）形成对应关系，作为横轴；广域资源（R）和竞争性利用（C）形成对应关系，作为纵轴；纵横轴联立，便构成了十字形坐标轴；

（2）十字坐标轴的右上象限，由广域资源（R）和集中控制（G）组成线性函数，其纵轴广域资源（R）的数值R_i代表了在i情境下"政策区"集中的广域资源数量，其横轴集中控制（G）的数值G_i代表了在i情境下"政策区"集中控制的程度，由R_i和G_i围合而成的区域，代表了"政策区（PD）"开发机制中集中资源调配的贡献值指数；

（3）十字坐标轴的左下象限，由自利小群体（S）和竞争性利用（C）构成线性函数关系，其纵轴竞争性利用（C）的数值C_i代表在i情境下"政策区"竞争性利用的活跃程度，其横轴自利小群体（S）的数值S_i代表在i情境下"政策区"自利小群体的活跃程度，由C_i和S_i围合而成的区域，代表了"政策区（PD）"开发机制中分散资源利用的贡献值指数；

（4）十字坐标轴的右下象限，由集中控制（G）和竞争性利用（C）构成指数函数关系，其中横轴数值G_i和纵轴数值C_i表示i情境下集中控制（G）和竞争性利用（C）的组合产出，或者说，就是集中资源配置和分散资源利用之间的关联系数，构成"政策区（PD）"开发机制的另一个关键性内容；

（5）综合R_i、G_i、C_i、S_i在右上、右下、左下三个象限的围合区域的面积总和，便构成了i情境下"政策区（PD）"开发机制的总产出，表征了i情境下地区开发机制的绩效水平。

4.3.4 "政策区"机制模型的情境模拟

上述模型只是理想状态的一种标准呈现，在现实中，这个基本模型可以有多种演化。

（1）机制情境1

假设"集中式资源调配"占绝对主导地位时的地区空间开发为情境1。此时，集中资源调配通过运作大项目占据了主导地位，少量分散的资源利用只是集中式资源调配的技术代理，很少或几乎不存在自利小群体对资源的竞争性利用。这种情况下，上述基本模型便演化成下图形态（图4-12）。其中，构成开发机制绩效的产出主要由集中控制带来的广域资源投入构成，在现实中表现为由国家（或高层面政府）直接投资构成地区空间开发的主要资源支撑。这种国家性的大投入对地方来说，属于超越自身范畴的广域资源，由于这些广域资源的支撑，地区开发得以超越常规的发展轨迹，实现跨越式发展。但同时，大量广域资源投入必须以高度的集中控制为前提，这种高度的集中控制在信息效率和激励相容方面有着先天的局限性，从而其片区开发缺乏长期的持续性。前文表述的"政策区（PD）"四种类型中，类型1属于此类机制。

（2）机制情境2

假设分散化的资源利用占到了一定的份额，但集中的资源调配仍居于主导地位，将这类地区开发定为情境2。此时，虽然仍然有集中控制和广域资源的投入，但集中的资源调配的影响面有所收缩，分散的资源利用不仅限于技术代理，而是具有一定的自营空间，形成了少量自利小群体和资源的局部竞争性利用。这种开发机制，既利用了广域资源的支撑，能够迅速突破地区既有资源的约束，形成快速和高规格的开发，又通过引入自利小群体之间的竞争性资源利用，在一定程度上提高了开发机制中的信息效率和激励相容，从而提高了"政策区（PD）"开发的可持续性。可以认为这是对情境1的一种改善（图4-13）。前文表述的"政策区"四种形态中，类型2属于此类机制。

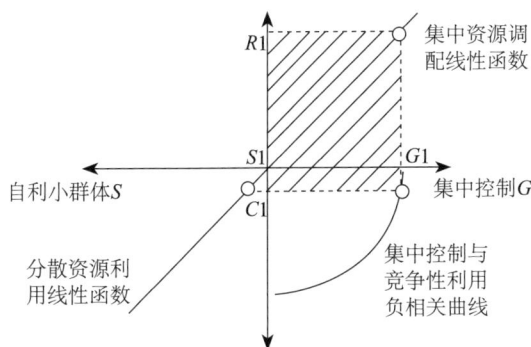

图4-12 情境1：集中式资源调配主导情境下的
"政策区"机制模型
资料来源：作者自绘

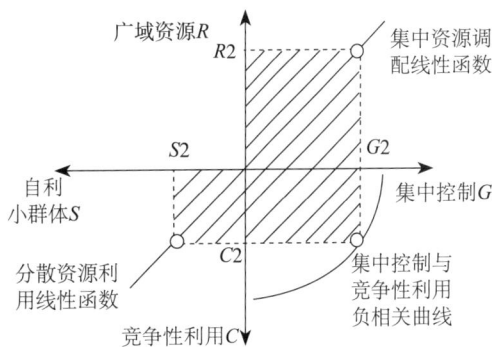

图4-13 情境2：集中式资源调配偏多情境下的
"政策区"机制模型
资料来源：作者自绘

（3）机制情境3

假设分散的资源利用的贡献份额进一步扩大，超过集中式资源利用，但仍未达到绝对主导地位，将这类地区空间开发设定为情境3（图4-14）。在现实中，国家和地方政府通过制定导向性的政策或规则来调动广域社会资源参与地区开发，这一方面是为了借助广域资源对地区开发突破自身的资源瓶颈，同时又希望避免直接的集中控制，使得政府驱动的具体开发实施主要由自利小群体通过竞争方式来完成。由于有着高度的信息效率和激励相容机制，地区空间开发能够保持持续的活力。这类"政策区"的开发机制是在情境1和情境2基础上的进一步优化。这种情境又可细分出两种状态：一种是政府动用少量公权力资源参与地区开发，相当于前文界定的狭义"政策区（PD）"的类型3和4状态；另一种是政府以独立利益主体参与市场竞争而不投入公权力资源的状态，相当于前文界定的广义"政策区（PD）"开发。

（4）机制情境4

应该看到，除了从情境1到情境3的进化，还可能存在更为"宽松"的情境4状态。即，集中的资源调配几乎不发挥作用，极少利用政府控制手段和广域资源，仅仅依赖本地资源或市场自发选择，由自利小群体对资源的竞争性利用主导地区开发实施（图4-15）。这种情况常出现在蒙昧期的初步开发地区，缺少成熟的政府控制体系，由原住民或新移民自发进行地区开发，政府可能发挥一定的意愿性影响，但并不具体，比如美国早期的西部淘金和开发潮等。在当代的环境下，由于人烟日益稠密，社会交往和管控也越来越多，这类片区开发实践已不多见。

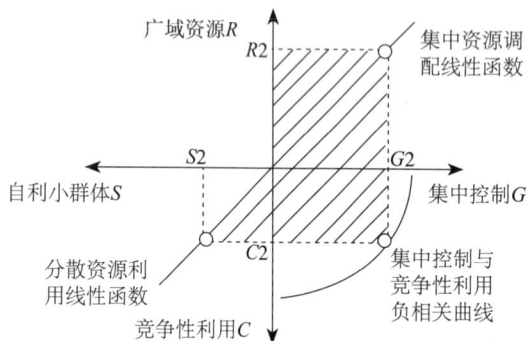

图4-14　情境3：分散化资源利用偏多情境下的
"政策区"机制模型
资料来源：作者自绘

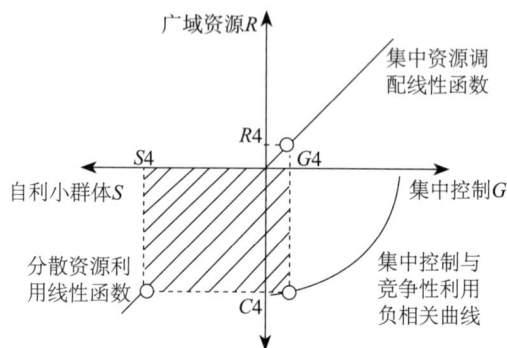

图4-15　情境4：分散化资源利用主导情境下的
"政策区"机制模型
资料来源：作者自绘

4.3.5 "政策区"开发机制的逻辑悖论

"政策区"从集中的资源调配到分散化的资源利用机制，在带来地区超常规发展的同时，也存在某些无法回避的矛盾。

参照对形成机制的分析，集中的资源调配的主要内涵是集中控制和对广域资源的汲取；分散化的资源调配的主要内涵是多元小群体对资源的竞争性利用。这其中，存在广域资源是绝对的积极因素，其本身不存在矛盾；但集中控制与自利小群体和竞争性利用之间均存在一定的矛盾。其相互关系可用曲线函数来表达（图4-16）。亦即，集中控制的程度越高，竞争性利用的程度就越低；反之，要想提高竞争性利用的程度，就必须在一定程度上降低集中控制的程度。

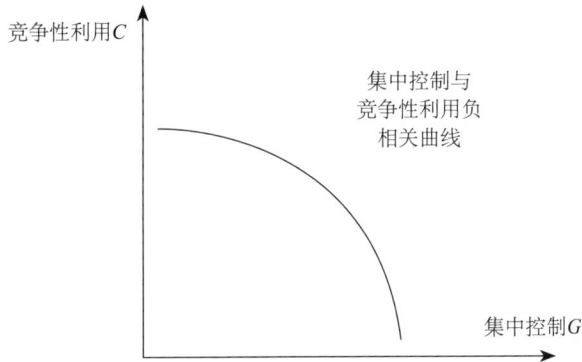

图4-16　集中控制与竞争性利用之间的负相关曲线函数
资料来源：作者自绘

　　将这对负向关联关系放到"政策区"的整个机制框架中看。集中控制与广域资源汲取是相共生的，是集中式的资源配置的必要前提；而竞争性利用与自利小群体也是共生的关系，是分散化的资源利用的必备要素。故而，集中控制与竞争性利用的负相关关系，实际上是集中的资源调配与分散的资源利用的组合机制中不可回避的一个内在矛盾。

　　从我国地区开发实践的历史看，集中控制是源于我国国体的一种基本制度安排，从早期大项目的近乎纯粹的集中计划控制，到近期通过自上而下的政策驱动开发，迄今依然没有根本改变，并且在一定程度上成为我国快速发展的优势所在。而实际的资源利用方式，在早期计划经济时期，采用的是中央控制、地方技术代理的方式，自利小群体尚未出现或较少，大家都在全国一盘棋下发挥"螺丝钉"作用，竞争性利用的程度极低；资源利用的效率相对也较低，常常是大规模投入后的地区在短期有明显变化，但长期却显得活力不足。改革开放以后，通过分权化改革，资源利用主体日益分级和分散化；地方能动性日益加强，通过分税制改革、国企改制、招商引资和民企发展，逐步培育起追求自身利益的多个小群体体系；同时通过对投入资源（尤其是土地资源）的市场化定价和设立流通体制，实现了资源的可流通，从而自利小群体的竞争性活动得以进行，资源利用效率因之而明显提升。这个过程一般称之为"市场化"。通过这个"市场化"过程，可以使资源向高效的利用领域集中，从而提高整体的社会资源配置效率。这是我国改革开放的重要成果之一。但市场化的基本要求是开放、竞价和流动，这与资源的集中调配以实现既定政策目标的诉求又有着先天的矛盾。目前，我国相当部分战略性资源仍采用集中的配置方式，这是我国的现实国情和发展阶段所决定的，在很长时间内将难以改变，由此对资源的市场化利用也必然会有诸多制约。

　　这就构成了一种逻辑上的悖论：一方面，明智地运用"资源集中控制"与"资源市场化配置"这两种方式，以获得综合优势；另一方面，这两者之间又不可避免地会产生一定的摩擦或矛盾。这就是本书所讨论的"政策区"模式的逻辑悖论所在。

上述四个方面的现实问题，都是这个逻辑悖论的具体体现。比如，依赖效应的产生，很大程度上就是由于资源集中制显示出强大的能力，调配大量的广域资源又对地区开发形成较深的操控；而资源配置的市场化体系未能充分培育，自利小群体对资源竞争性利用的能动性不足，从而使得地区的发展过多依赖于资源集中制的支撑。挤占效应则是资源集中制的能量过强，压抑了资源的市场化利用的空间，导致自利小群体的市场竞争体系难以充分发育，从而地区产业体系的多元化发展和持续性较弱。异化效应则是资源的资本化运作过于活跃，市场主体的能动性得到高度释放，部分自利小群体不响应资源配置的政策意图，而是单纯追逐自己利益的最大化；诸多自发的小群体利益追求，最终叠加成地区开发实际效果与政府所代表的大群体的发展意图相左。而即时效应则是资源配置的集中制与资源市场化之间的不衔接的体现，由于高层级主体对广域发展负有责任，以集中制的方式配置资源不可能一直聚焦于某一特定地区，故而其调动广域资源的投入往往是瞬时性的；但是地区发展却是要持续绵延的，如果过于依赖集中制下的政策眷顾，而没有培育起内生发展动力，便会产生地区发展的即时性现象。

4.4 新中国成立以来政府驱动型空间开发的演变解释

4.4.1 开发实践在不同情境中的演化

从上述情境的模拟中可以看出，新中国成立70余年来政府驱动型片区开发的演进，实际上就是从"政策区"情境1往情境2、3演变的过程（图4-17）。

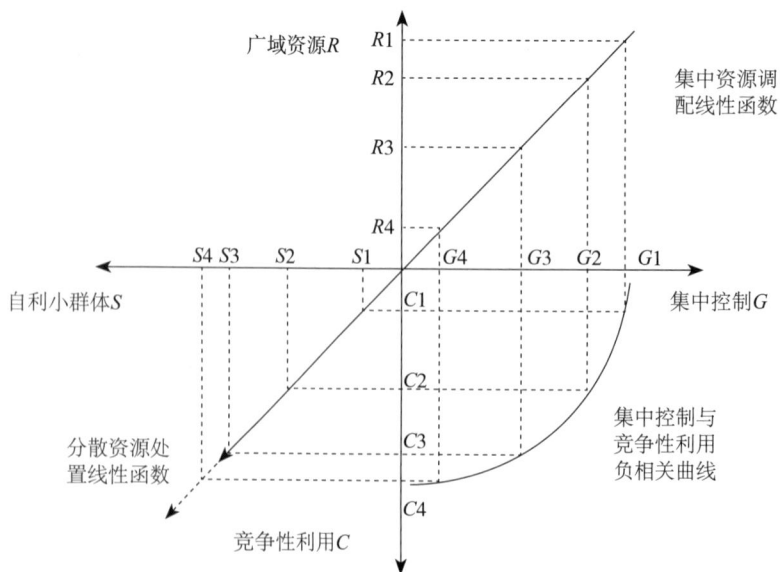

图4-17 我国政府驱动型片区开发演进对应的"政策区"机制情境的演变
资料来源：作者自绘

在计划经济时期，中央政府建构起对全国资源全面掌控的全能型计划体制，其时的片区开发就是在中央政府高度集权的集中控制下，调动全国资源实施完成的；而地方层面的开发实施主体只是技术化的生产代理，基本不具备独立的竞争地位。这种情况与上述情境1相对应。例如湖北早期的大项目开发基本都是靠国家投入来实现的，无论是十堰汽车、宜昌大坝，还是江汉油田、荆门石化、鄂州钢铁、武钢等，都是通过中央政府调动全国资源实施的大项目建设和片区开发。

到了改革开放后的转轨时期，地区空间开发主要路径逐渐从大项目主导转向政策驱动；部分"政策区"开发依托了传统的大项目，更多的"政策区"开发则另辟新址，其中共同的特征便是中央政府的集中控制逐步降低，其计划指令调动广域资源支持地区开发的程度和规模也随之减小；与此同时，政策的激励性作用加强，以地方政府和企业为主体的小群体竞争活力日益得到释放，由此推动了资源利用效率的提高，片区开发的产出和绩效构成也随之变化。这与上述的情境2相对应，在图示中表征为片区开发产出绩效的阴影面积区逐步向左下象限迁移（图4-17）。例如，宁波北仑最初的矿石大项目开发是中央政府决策和集中投资的结果，后来依托前期开发实施的一系列政策区开发（开发区、保税区、出口加工区等）虽然获得了中央政府的政策支持，但国家直接投入的资源很有限，主要是靠释放地方政府和企业的市场竞争空间，通过地方的能动运营而实现了快速的空间开发。

随着改革开放的不断深入，国家投资地区的生产性大项目日益减少，通过中央地方分税制和企业改制等改革，以地方政府和企业为主的小群体竞争机制日益成为地区空间开发中资源配置和利用的主要作用机制。这与上述的情境3相对应，在图示中表征为空间开发绩效产出的阴影面积区进一步往左下象限迁移（图4-17）。这种状况在浦东新区以及诸多开发区和新城区开发中得到了一定程度的体现。在浦东新区和早期的开发区开发中，国家的直接资源和资金投入虽然相对较少，但仍然举足轻重，比如为支持浦东金融区建设，有多个中央机构在浦东建商务办公楼，各大国资银行相继在浦东设立分支机构，国家级的交易中心也纷纷迁入浦东。随着经济改革和地区开发的不断推进，国家层面的政策不断出台，而直接的资源投入量逐步减少；地方政府和企业则获得了日益增加的自主运作空间，地方主体成为各地层出不穷的政策区及新城区开发的主导性力量。

全局而言，后来国家虽然推出的天津滨海新区、重庆两江新区等新的国家战略性片区开发，但实际的资金投入和广域的资源调动已经很少；在政策区的框架下，地方政府和企业实际主导了这些地区的开发，资源投入和产出均是面对市场环境。但在最近的河北雄安新区开发中，上位的资源调动又恢复到较高水平，但具体操作方式上仍然强调了公司化运作和市场化招商引资。展望未来，我国的空间开发实践是否会循着线性发展的路径向着情境4演进呢？这是一个值得思考的问题，只有深切理解了前面三个情境演化的内在逻辑，才有可能准确预判未来。

4.4.2　开发实践在情境间演变的理论解释

从情境1到情境2、3的演化，集中控制和调动广域资源的程度逐次降低，而自利小群体与资源的竞争性利用程度逐级提高。这样的演化过程，其内在的逻辑是什么？拟可借鉴理性经济人、集体行动困境与结构化理论对这个演化过程做理论解释。而机制设计理论关于信息效率和激励相容的标准，也可作为规范性分析的基准。

基于理性经济人原理，政策主体、项目主体与市场消费主体都存在自身的价值诉求；基于集体行动困境原理，有各自价值诉求的主体以群体形式参与社会活动，但群体的集体行动难以统一，其中小规模群体比大规模群体更容易实现高效的集体行动；基于结构化理论，"结构"对"能动"有规约作用，"能动"反过来又能塑造"结构"，即社会组织体系对个体和群体的行动有规约作用，而同时个体和群体的行动又塑造着社会组织体系的结构形态。

对于本书的发展模式来说，早期的大项目及其配套政策安排由国家及其代理人主导，本质上是一种大规模群体的集体行动。但这种大规模群体仍然是由若干分散的行动个体（或次级群体）构成，这些分散行动的主体（个体）有一定的自我意识和彼此竞争关系，常常难以实现相容性的激励，不会自发达成一致行动。只有当大家的资源量较为平均且没有心理落差时，或者受到高度管制而缺乏自由选择空间时，分散主体间的竞争意识才会降至最低。新中国成立后至"文革"时期，在总体贫困、计划管制和群众运动的共同作用下，基本实现了这种竞争意识的降低和社会集体行动的激励相容，从而保证了集中式资源调配制度的绝对主导地位，造就了情境1模式下的"大一统的集体行动"的某些成功。比如，这种方式能够达成"分散化资源利用"所不能企及的大型项目建设成就。

但是，这种集中体制下的决策者掌控着大量资源，其决策过程对末端资源利用的敏感度较低——收集庞大的末端资源利用信息会是个艰巨的工作、并且很难从具体资源利用中获得相容性激励，故而总是倾向于用大而化之的方式处置资源，这种末端资源利用的"粗糙"累积起来是整体资源配置的低效，尤其是在资源较匮乏时期将难以为继。同时，竞争始终是人类的本性之一，尤其在当代社会，市场竞争是生产力发展的主要动力之一，故而，情境1的低竞争性均衡状态总是趋向于被打破，大一统的集体行动的"低竞争"基础难以长期完美维持，多元小群体竞争的崛起是一种必然趋势。我国从计划经济体制向改革开放的市场体制的转型，推动地区开发机制从情境1向情境2、3的演化，本质上就是这种大一统的集体行动向小群体竞争行动的必然过渡。

相对于大一统群体，小群体直接在末端运作有限的资源，在竞争中获得生存空间，故而对实际资源利用中的信息有最敏感的把握，同时也最有动力提高末端资源利用的效率以从中获利，故而小群体在信息效率和激励相容两个方面都有更好的表现，在末端的资源利用上会比大一统群体利用有更高的效率。我国改革开放以来，逐步完善市场经济制度，包括分税制、国企改制、房地产开发制度等，将地方政府和企业的部分经济职能从原来的集中控制体系中分离出来，逐步形成了以地方政府、改制国企、民企、外企为代表的众多竞争性"小群体"；同时，逐步形成了初具开放性和规则体系的资源资本化利用的框架，各项资源在小群体之间通过竞价方式进行配置，有效提升了地区开发的绩效。这是情境1向情境2、3的演化的实际呈现。

但是，小群体对公共利益和大局有着先天性的"短视"。在市场竞价过程中，小群体一般会以自身的利益最大化为思考基点，总是倾向于追求对社会资源份额的尽可能多的占有，而忽视或后置社会公共利益和长远利益。这种自利行为的叠加可能会出现"合成谬误"——导致社会公共利益和长远利益的损失。这是资源市场化竞价利用所内生的逻辑困境，资本主义国家的若干次经济危机已印证了这一点。基于信息效率和激励相容，对于公共利益和长远利益更为关注的应是大型群体的代理人——公共机构、政府。政府代表了社会最大群体的根本利益，为社会公共利益提供了保障，同时也是政府集权运作的正当性理由。因而，情境2、3之间的过渡，便不是一种替代性的过渡，而是一种不同时空环境下的比较选择，是大群体（政府）与小群体（企业）的不同组合形态的呈现。

按照这样的逻辑，情境4是一种高度自由竞争的极端状态，与情境1高度集中管制的极端状态，都不是地区开发机制的最优选择。政府与企业不同主体在不同环境下各有其比较优势，合理的"政策区"开发机制应该是这多方力量的良好组合，形成共同协作的局面。也就是说，从情境1到情境2、3的过渡，不会也不宜于线性发展到情境4的状态，而应在情境2、3之间寻找某种因地制宜的中间平衡。

4.5　新中国成立以来政府驱动型空间开发的逻辑悖论解释

4.5.1　"政策区"开发实践中出现的普遍性问题

4.5.1.1　依赖效应

"依赖效应"指空间开发对与集中资源调配相联系的"集中控制能力"和"广域资源"过于依赖，地区自身的多元化产业体系难以形成，从而地区发展的持续性不强、抗风险能力较弱等问题。甚至当集中资源调配的注意力转移的时候，地区发展难以为继。

以湖北省的大项目主导开发的空间开发为例，一些大项目实际在几十年前就是地区发展面貌的初始塑造者，比如十堰二汽就是十堰地级市的主体，葛洲坝和三峡大坝建设带来了宜昌城市面貌的根本转变，荆门石化和鄂州钢铁也分别是所在城市早期发展的绝对依托。然而在数十年后的今天，这些大项目及其关联产业依然在所在地区的经济中占据极大的份额，反映出地方的发展对国家投资大项目的依赖性仍然很深。而当这些大项目及关联产业产生变动时，地区发展的全局就会面临困境；比如十堰市，在东风汽车总部搬迁后的几年时间里，发展速度明显放缓。

而在北仑案例中，国家政策和大型项目一直是地区开发的主要依托。地方发展的能动作为也常常体现在对国家政策和投资的争取上，从而"政策区"开发在北仑一再出台，从小港开发区到北仑港开发区，再到出口加工区和保税区，此外还有大榭岛这个较为特殊的"政策区"（引入中信集团开发）。同时，北仑大港也逐步从矿石码头发展到石化码头、集装箱码头，再到宁波—舟山联合大港，大型港口项目始终是北仑地区发展的重要支撑。

在浦东案例中，作为国家战略的特殊地位既给浦东带来了巨大的资源和机遇，也导致了地方发展对国家政策资源的持续性依赖。在浦东开发的初期，大规模的内资和外资引进离不开中央政府的推动，而银行总部、证交所、期货市场等的入驻更是直接由国家安排；后来随着国家政策的起伏，浦东新区的发展也呈现出相应的起伏状态。2005年国家批准浦东作为综合配套改革试点，但在大环境已经变化的背景下，靠自身的创新、创业努力其成效并不明显，所以仍是积极寻求中央政府的政策支持和资源配置。后来，除了获批申办世博会，还争取到了诸如大飞机、迪士尼需要由中央决策的战略性大项目。从而反映出浦东开发开放20年后，其对"国家支持"及政策性资源的依赖性仍然很高。

4.5.1.2　挤占效应

"挤占效应"指集中的资源调配所导致的对广域资源的汲取会挤占了一些地区原有的发展空间，包括挤占地方的投资机会、占用地方优势可开发空间、占用地方优势资源等，由此在一定程度上会对地方发展造成制约。

理论界一般认为，大项目作为国家的投资行为，会对民间投资产生抑制作用，挤占地区开发的民间投资空间，这就是挤出效应理论的基本思想。由于国家对地区的开发投资一直有着主导性的掌控，我国的民间投资一直相对薄弱，可以说存在着一种挤出效应。其在湖北省大项目主导的地区开发中也有体现。比如鄂钢投资在鄂州，享受了地方政府的许多政策，包括免费供地、财政征地、财政安置，水、电、气力保，协调与周边社区的矛盾等；但反向上，这也就压抑了来自其他渠道投资的竞争力。类似的发展悖论在北仑、浦东的地区开发中也很常见；符合政策取向的外资、国资得到很多的眷顾，而民间投资则客观上被压抑了。

大项目的另一个常见现象是对地区开发优势空间的过度占用，从而可能会影响地区城乡空间发展的合理结构，乃至于制约地区正常发展。例如湖北的鄂城钢铁厂的建设，由于横亘在主城区与西山景区之间，厂区内部交通困扰了城市交通，钢铁生产造成的环境污染也影响了城区环境的提升和西山景区的利用。类似的情况还发生在荆门石化厂周边的老城区、武汉靠近武钢的青山区等地。实际上，早期上马的不少大项目在空间上如今成了所在城市的更新和开发的难点区域。类似的情况还出现在贵阳的三桥马王庙片区、上海的宝钢地区、北京的石景山区，对有关项目的改造和搬迁常常耗费巨大、非常困难。此外，在北仑案例中，海岸线几乎全部被重装码头所占据，对城区生活造成了一定干扰；在浦东案例中，源自国家战略的重点开发小区均占一定"地盘"，与周边地区难以融合，影响了浦东新区整体功能的优化提升。

占用地方优势资源也是集中式资源调配的常见状态，其调入的外部资源常以居高临下的姿态与地方优势资源结合，在营造超常规发展的同时，常常把地方其他发展主体排斥在外，从而挤压了地区其他主体的发展机会或多种发展可能性。这是因为大项目常常是高层确定的任务，着眼于"全局"；而这类大项目常常占据地方的优势资源，从而就导致了地方正常发展机会的缩小。比如湖北的丹江口市，由于丹江口水库是南水北调中线工程的重要水源地，毗邻的丹江口市曾因服务水库大坝建设而一度得益；但丹江口水库占用了该市主要的自然资源，并且由于是服务于南水北调工程的总体需要，丹江口市的移民、生态建设、服务大坝等任务较重，而水源地保护政策又不允许地方大规模地发展工业，从而使得丹江口市无法实施正常的地区开发。在北仑案例中，大规模的重装岸线和重化工业开发，已经给地方城市的宜居环境营造带来难以扭转的影响。在浦东案例中，四个重点开发小区对产业开发高度重视，也在一定程度上压抑了地方人居环境的建设，浦东的人居氛围不佳和服务设施不足也曾长期为人所诟病。

4.5.1.3　异化效应

"异化效应"指在改革开放后的多元竞争状态下，分散主体的能动性较高，对集中式资源调配的政策意图不一定会响应、甚至朝有利于自身利益的方向偏向解读；最终，多个偏向解读的叠加导致地区空间开发的实际绩效与政策预期目标相左。

湖北案例中，在早期的计划经济体制下，地方的资源利用主体是相对单纯的实施性代理关系，其能动性较低，故而在具体的项目运作中不大可能出现异化。而由于是对上级指令机械执行，不需考虑市场状况及经济效益，故而大项目的投资建设较易实现，实际的运营绩效往往不够理想。在北仑及浦东的案例中，随着改革开放的逐步推进，资源利用的多元主体竞争局面开始形成，分散化主体的能动性逐步得到释放，从而异化效应也越来越明显。比如浦东新区开发中，出现了较为明显的人口居住选择与政策目标相左、市场化开发与规划的既定框架差异较大、产业集聚不随政策走等现象。

对这种异化效应辩证看待。一方面，调入广域资源以图实现公共政策的目标，但可能会被异化效应所牺牲，可能导致公共资源浪费的负面效应。另一方面，也可能是自上而下的集中安排本身并不科学，不能匹配实际的地区开发的需要，此时的异化效应可以被看成为是一种对资源不当配置的自发修正。但无论怎样，这种异化都是一种政策意图与事实的不一致，必然会导致一定的资源浪费。

4.5.1.4　即时效应

"即时效应"指"集中资源调配"对广域资源的调动具有时限性，其带来的政策区开发或大项目建设都具有一定的即时性特征。在初始安排的时期，会形成地区开发的突发性飞跃，而随后的持续运营会面临上述依赖效应、挤占效应、异化效应等问题而出现一系列困境，导致政策驱动与大项目推动效果的持续性不强。

在湖北案例中，十堰由于1969年的二汽基地建设，两年内即从偏远村镇跨越到10万人的小城市行列；二汽24个专业厂和东风轮胎厂的建设迅速建构起地区工业基础；随后用了10余年时间逐步发展到30万人规模。而2003年东风汽车总部的搬迁则带来了负面的即时效应。类似的还有荆门石化、鄂州钢铁、三峡大坝等，这些大项目对荆门、宜昌、鄂州等城市带来一波快速的发展，但在随后的持续运营期则不同程度地减缓了发展速度。

在北仑案例中，每一次的大项目或政策区的实施，都带来一波即时性的发展高潮，而为了延续这种发展，宁波只能不断地积极争取创设新的国家级的政策区。这一点在浦东新区也有所体现，其最初的政策支持和资源注入支撑了初期的起步，随后的一些功能性政策推动了招商引资的扩大；后来的聚焦张江政策、综合配套改革试点等，都在不同时段推动了浦东的地区开发。但这些政策的轮次性也很鲜明，在一项政策出台以后，由于政策对资源调配的能力，从而推动了一波资源向浦东的集聚，但随后政策效应开始沉寂，又得靠出台新的政策推动新的集聚和发展。一波一波的政策就像一次次的"催化剂"，让浦东新区延续了十几年的高速奔跑。但是就像药剂用的多了会产生耐药性一样，多轮的政策刺激也带来地区发展响应力的下降，从而暴露出内生动力不足的另一面。

历史经验表明，这种空降式的广域资源投入，确实能够快速突破地区资源瓶颈，从而实现地区开发面貌的快速改变。但是如果在这个过程中没有注意培育起地区发展的内生动力，便会随着国家政策重心的改变及广域资源投向的转移，地区发展出现起伏或停滞，产生"即时效应"问题。

4.5.2　应对逻辑悖论的理论思考——两次价值循环论

4.5.2.1　逻辑悖论缘于价值取向差异

延续前文关于理性经济人、集体行动困境、结构化理论与机制设计理论的论述，"政策区"从集中资源调配到分散资源利用的机制演化，本质上是资源利用从大一统向分散小群体的过渡，这内含着"大群体"资源利用方式与"小群体"资源利用方式之间的差异。

集体行动的困境理论认为，"大群体"由于包含着多元化的内容，在信息效率和激励相容方面都不能做到很好，难以形成高效的统一行动，因而总体效率总是不高；但由于客观存在着与大家都相关的公共利益和长远利益，大群体仍能形成群体意志。本书述及的"政策区"开发，大部分都是通过集中制的公权力调动广域资源而推动的，故而其在对地区开发的目标设定上便倾向于确保公共和长远利益的取向，比如浦东开发有着带动长三角及长江沿线地区崛起的考虑，而各地普遍出现的开发区的主要使命则是为了打造地区发展的经济引擎，而不是囿于开发区所在那个地块的自身发展。

同时，集体行动的困境理论还认为，"小群体"由于涉及的要素及范畴都较有限，其信息效率和激励相容都更容易实现，从而易于形成高效的行动；在一定的引导框架下，若干个小群体高效行动的叠加，就构成了社会整体的高效率，这是小群体的比较优势；同时，理论上"小群体"对于公共利益和大局有着先天性的短视问题，也可能导致"合成谬误"——造成社会公共利益和长远利益的丧失。这种"小群体的高效率"正是资源市场化配置的基本诉求，也是我国改革开放和不断深化市场化改革的主要目标。我国的改革开放实际上就是主动打破低水平均衡，通过以地方政府和企业为主体的分权化运作，包括引入经济人和小群体的竞争机制，推动资源的市场化调配和流通，以实现整体资源利用的高效率。而对"小群体的合成谬误"的规避则是我国宏观调控和集中制延续的重要理由之一。

这样便把"政策区（PD）"模式内在矛盾的关联要素限定在三个关键点上，即：资源、大群体、小群体。

联系前文的案例分析，这里所指的"资源"，在现实的地区空间开发中体现为产业资源和空间资源。产业资源包含了各项生产要素，因其能生产产品和提供服务而具有价值；空间资源是能够承载一定的经济社会活动的物质空间，因其区位特征、设施环境以及稀缺性而成为资源和具有价值。

而实际中涉及地区空间开发的主体及其组织方式，有国家、地方、家庭、个人等多个层级，以及政府、企业、社团、公民等多种形式。在本书的"政策区"分析中，对社会公共利益和长远利益最为敏感、代表社会最大的群体的组织是"政府"，尤其是中央政府；而处在末端的资源利用则体现为一个个项目，对这些项目所关联的利益最为敏感的是企业。一般情况下，政府无疑是社会资源集中配制的核心运作者，代表了地方公共利益和长远利益；而企业，作为一种现代市场经济的基本元素，其基本属性便是在市场竞争中寻求利润最大化，是实现资源高效利用的最具活力的群体，也是资源市场化运作的主体。

从而，这种"大群体"与"小群体"在资源利用上的价值取向差异，在现实中集中体现为"政府对资源的集中调配"与"企业对资源的竞争利用"之间的矛盾。政府代表了社会最大规模集群的诉求，对总体利益和长远利益有着内在偏好；而企业是自利小群体的代表性组织，对具体项目的效益最大化有着先天诉求。两者都有动力在某种程度上参与地区空间开发，以实现资源的既定方向配置及增值；但由于基本价值取向上的差异而必然会产生某种矛盾关系，构成"政策区（PD）"模式逻辑悖论的根源（表4-1）。

两类群体的资源配置方式比较分析　　　　　　　　　　　　　　　　　　表4-1

资源配置方式	代表性机构	群体规模	优势	劣势
资源集中配制	政府	大群体	公共利益和长远利益	资源利用效率
资源分散利用	企业	小群体	资源利用效率	公共利益和长远利益

资料来源：作者整理

4.5.2.2　两类价值取向形成两次价值循环

这两类群体因价值取向而导致其开发行为呈现的价值循环路径也存在差异，这在相关案例分析和模式概括中已经做了初步的总结（图4-18）。其中产业开发和空间开发的"项目小循环"是企业（小群体）遵循的价值循环路径，而"社会价值的大循环"则更受政府（大群体）所关注。这二者相互交织又有所区别。

为便于解析这一内在逻辑，可将这个价值循环图形进一步简化。其中，地区空间开发总是

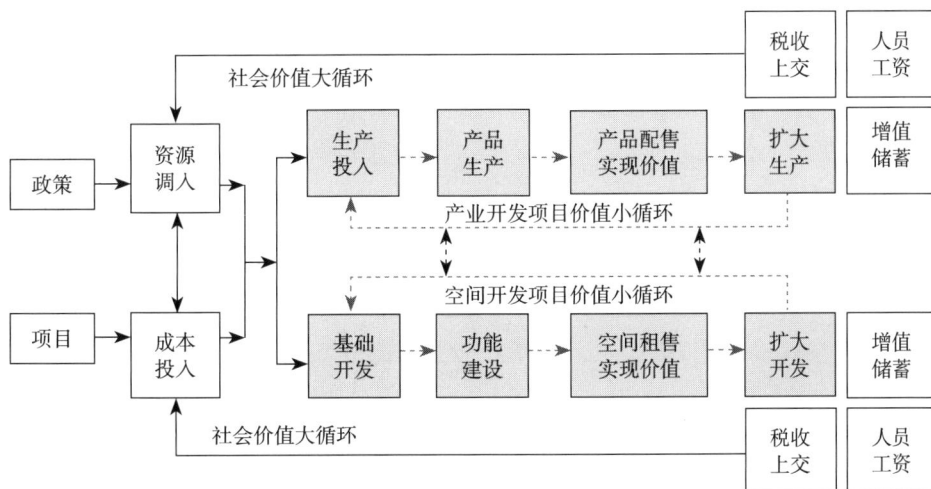

图4-18　"政策区"模式的价值循环

资料来源：作者自绘

从某一个具体的项目开始，故首先从一个具体
项目的角度开始推演价值循环。这个单一项目
的价值循环过程，不论是空间开发还是产业开
发，都可以简单概括为图4-19。

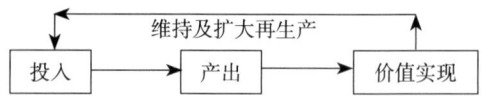

图4-19　单一企业或项目层面的价值循环概括
资料来源：作者自绘

　　但从地区空间开发的现实层面考察，这样
的价值循环显得不够。地区开发可能涉及多个项目，即便在新中国成立初期一个大项目便可主
导地区发展的时期，仍然有很多的配套小项目和后勤设施在形成多层次价值循环。其中每一个
单项目，都可以形成仍如上图4-19所示的基本的价值循环过程。而在片区开发过程中，这多
个项目的各自价值循环相互共存（图4-20）。

　　一个完整的片区空间开发，其诉求不仅仅是某个或某些项目的价值增值，还包括地区总体
经济社会水平的提升，或者说"公共物品"的实现。这个"公共物品"不会凭空产生，而是会
在这多个项目的增值中获得。即，在每个项目的价值实现中，都需要有一部分用于地区公共物
品的支付，对这一部分价值的收集和调配常常是政府的职责，因为其属于地区公共利益和长远
利益的范畴。同时，这个公共物品的维持反过来又会对每一个项目形成某种支持反馈，促进每
个项目价值循环的实现和维持。通过这样的分析，便可以勾勒出片区空间开发的总体价值循环
的基本逻辑关系，即是多个项目的项目价值循环和地区公共价值循环的组合（图4-21）。这是
对前文关于"政策区（PD）"价值循环过程的抽象概括。

　　将这样的价值循环演进过程"叠合"在上节关于两类群体的价值取向差异的剖析中，可以
看出，项目层面的价值循环对应了上文小群体（企业）对资源的竞争利用，而地区公共物品的
价值循环对应了大群体（政府）对公共利益和长远利益的总体调配。也就是说，上述"政府对
资源的集中调配"与"企业对资源的竞争利用"之间的博弈关系，可以更为抽象地表达为：地
区公共物品的价值循环与项目层面价值循环的差异。这样便形成了对"政策区（PD）"开发过
程中"两次价值循环（DualValue Cycles，DVC）"的基本认识（图4-22）。通过这样的"两次

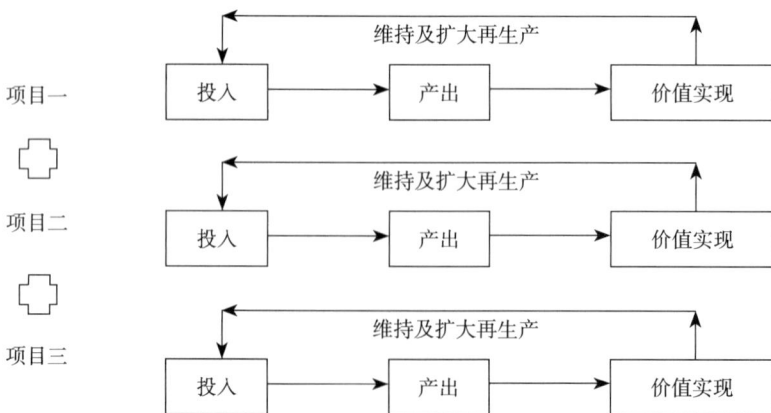

图4-20　地区多个项目（企业）的价值循环组合
资料来源：作者自绘

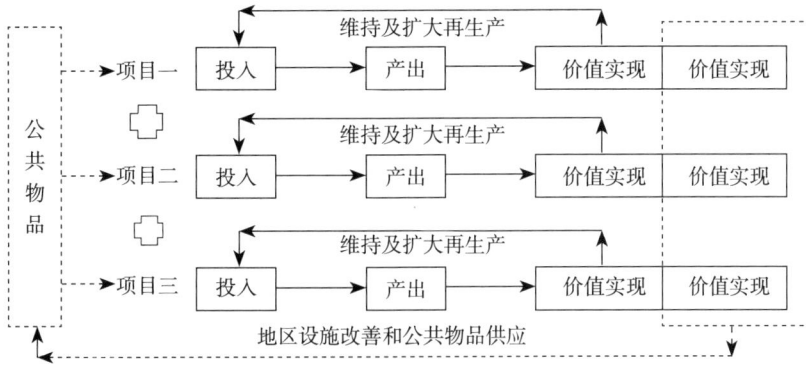

图4-21 地区开发的总体价值循环的基本逻辑关系
资料来源：作者自绘

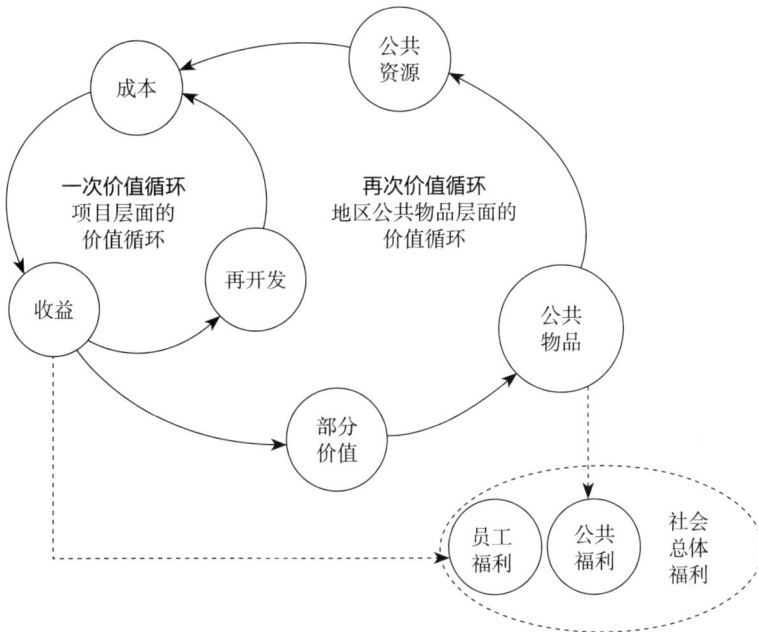

图4-22 "两次价值循环（Dual Value Cycles，DVC）"的基本原理
资料来源：作者自绘

价值循环（DVC）"视角，能够更好地把握政府与企业在"政策区（PD）"开发中的相互关系，从而更好地理解其背后蕴含的"大群体"与"小群体"在价值取向和基本行为逻辑上的差异。

4.5.2.3 两次价值循环的交集与逻辑悖论的形成

从两次价值循环的角度进一步审视"政策区"的开发机制，其中属于"一次价值循环段"的过程有两个：（1）土地投入与空间开发流转过程，有国家划拨和市场化"招拍挂"两类方式，考察其群体行为特征，国家划拨土地无疑属于具有大群体行为特征的公权力运用，而在"招拍挂"土地中，也有相当一部分是地方政府针对特定企业的定向出让，公权力在其中也发挥了重要作用；（2）生产的投入与产品生产销售过程，也有国有企业、民营企业和引进的外资企业等多种类型，其中国有企业的行为特征带有较深的政府公权力影响烙印，即便如今企业已经改制也难以从根本上改变这个属性，民营企业和外资企业虽然依赖于公权力配置的资源较少，但也需要跟随国家政策的"指挥棒"。综合这两个方面来看，具有大群体行为特征的公权力行为，在我国片区空间开发一次价值循环段中发挥了较多的影响。

再看"再次价值循环段"。前文的分析中显示，一个明显的主导方式是通过税收从具体开发项目中获得分配。我国目前实行的是分税制，中央政府占据了税赋收益的较大份额；而地方政府的税源有限，但对地方福利的责任较大，客观上需要运作自己可掌控的土地资源，以形成大规模的"土地财政"，现实中土地财政有不断加重之势。为了利用小群体的竞争性效率，政府对土地的运作常常是通过成立城投公司、土地经营公司，以基本市场化的方式操作。但在现实中，市场化的竞争环境并不完善，政府常常通过公权力干预资源配置，以推进某些产业发展或鼓励某些企业入驻；有时也会凭借公权力的威势要求某些企业做出正常税赋外的贡献，或是说为公共利益做出一点牺牲。在全能型政府的体制及社会文化背景下，分散的市场主体（尤其是广大民营企业），面对强势的公权力只能选择配合；而反过来这种配合常常能获得公共资源的反馈。由此可见，企业虽在"再次价值循环段"也有其角色和贡献作用，但仍然脱不开公权力的影响。在市场机制不健全的背景下，甚至形成一种公权力资源与企业利益不分家的局面。

这种"两次价值循环"的交集作用，已经成为我国现行"政策区"开发中的一般特征。前述政府代表的大群体与企业代表的小群体在价值取向上的差异，在这样的两次价值循环的交集作用中得以某种程度的"互动共生"，构成了资源集中配置与资源市场化利用的矛盾统一体，这揭示了"政策区"模式逻辑悖论的某种深层次根源。客观地说，这种"政府"与"企业"携手的地区开发"两次价值循环"，在一定程度上是非常有效的，能够集中两方面的能力实现突破，但是其内在的逻辑悖论无法忽视，需要有针对性的机制优化设计。

4.6 超越逻辑悖论的开发机制优化

4.6.1 优化的原理——区分两次价值循环

上述"两次价值循环论"为机制优化设计提供了理论指引。区分两次价值循环、优化两次价值循环段的互动关系，是优化"政策区"开发的必然选择。其中，一次价值循环的主体内容是项目的价值投入和增值产出，其价值增值的效率是核心的追求，适合由企业（小群体）担当为能动主体，通过市场竞争来实现高效增值；而再次价值循环的主体内容是公共物品价值收集和调配，以地区公共利益和长远利益为诉求，故而适合以政府为代表的大群体来主导（图4-23）。

结合我国的基本国情和现行体制，按照区分两次价值循环的概念，拟将资源调配方式划分为"资源的分散化利用"与"资源的集中掌控"两种类型。其中"资源的分散化利用"的目标导向是资源配置的高效率，与资源的市场化竞争和流动相对称；由其间激励相容和信息效率最直接的企业发挥主导作用，构成片区开发的"一次价值循环段"，而政府在这个过程中发挥服

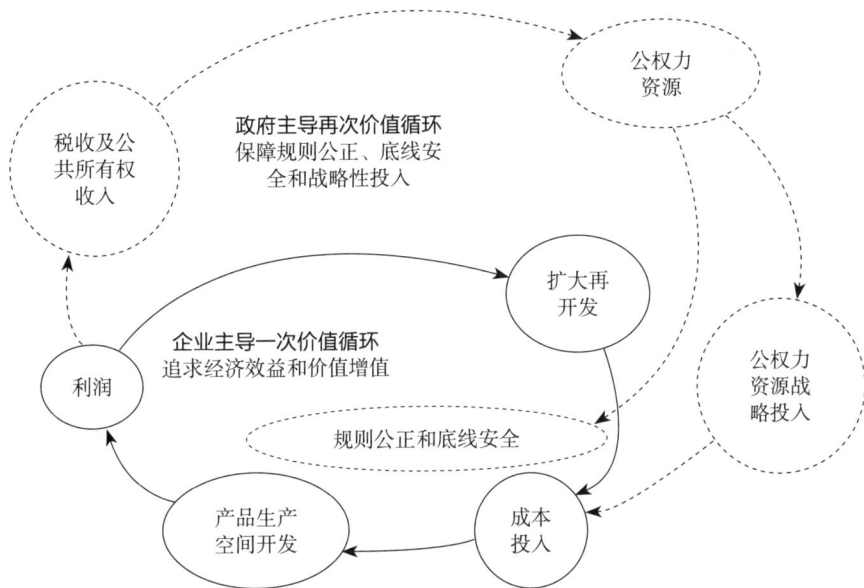

图4-23　"政策区"开发机制优化的两次价值循环原理示意
资料来源：作者自绘

务性的支持作用。"资源的集中掌控"的目标导向是体现共有资源共享福利的社会价值，与资源的集中所有制度相对称；由对其激励相容和信息效率最为直接的公共机构（政府）发挥主导作用，为地区开发提供规则公正、底线安全和某些战略性公权力资源投入的保障，并通过集中所有权利获得一定份额的收益，这构成地区空间开发的"再次价值循环段"，其中企业仅发挥辅助性作用。但这两次价值循环的区分，并不意味着政府与企业的分离，严格地说，应该是建构起政府与企业的规范化协作体系。

这种两次价值循环（DVC）的理论讨论，对应于前文的三层次解释框架，需要在"开发主体—空间生产—价值循环"三个层面做进一步阐述。

4.6.1.1　开发主体层面

"两次价值循环（DVC）"强调政府、企业间的协作，各主体分别在特定的价值循环区段发挥主导作用，并在其他循环区段发挥辅助性作用。对于具体的地区开发而言，其承担的是对大区域的"拉动"功能，还是着眼于本地区的"发展"目标，这两者有着很大差别。前者应归入公共利益和长远利益范畴，应由高层级政府主体发挥主导作用；而后者则是本地发展效率的问题，应可更多由企业自主发挥作用。但很明显，承载拉动职能的"龙头"不会太多，而地区发展的效率问题则是普遍的；从而，高层级政府主导的地区开发数量不宜太多，政策资源亦是稀缺的，需要聚焦于关键时点。对于大部分地区开发的具体实施和产业发展，无疑小群体和理性"经济人"有着更加直接的激励相容和信息效率，故而应由企业发挥主导作用，政府则发挥政策引导和服务作用。

基于两次价值循环论的开发主体结构为：（1）高层级政府的针对性政策资源，聚焦于驱动重点地区开发及关键产业引进；（2）企业在大部分地区发挥开发实施的主体作用；（3）地方政府主要发挥引导性和服务性功能。

4.6.1.2 空间生产层面

两次价值循环论（DVC）强调政府与企业协作推进空间和产业的有序开发。对于具体的地块开发和产业经营，企业一般比政府有着更加高的效率，故而基于空间的物业开发和产业开发应由企业来主导。但是地区开发的总体特征是土地资源的稀缺性约束及基础设施的公共性，这些都关乎公共利益和属于长远利益范畴，所以空间本身的生产——涉及规划设计、基础设施配套等，应由政府主导。

从而可以概括两次价值循环论的空间生产机制：（1）政府负责地区开发的土地一级市场及空间生产的"底线"控制；（2）政府负责地区的公共设施和公用基础设施开发；（3）基于"熟地"的其他的空间开发由企业主导完成。

4.6.1.3 价值循环层面

两次价值循环论强调价值循环层面对效率追求和公共长远利益的区分。其中对于效率的追求是一次价值循环的内核，具体可包括地块开发建设及随后的产业引进和生产经营，由企业发挥主导作用，通过竞争优化资源利用。对于公共利益和长远利益的维护是再次价值循环的内涵，主要是开发价值的分配和"底线"控制。诸如通过制定规则维护市场，保护关键性的地区资源；通过税收、费用征收等用于公共服务和基础建设，从而实现价值的再次分配，使社会共享发展成果。再次分配有赖于政府的公权力运用。

地区开发的再次价值循环不仅是一次货币价值产出的再分配，也包括对于社会资源在两次价值循环中的合理分配，尤其是相对稀缺的空间资源。如果将涉及空间资源的开发完全纳入一次价值循环，便会导致地区的再次价值循环因缺乏空间载体而无法实现。例如国内许多城市中心区难觅空地建设安置房，而不得已将安置房建到远郊，从而导致了安置人群徒增交通成本。相比之下，在美国有这样的规定，即一定的住宅区开发必须包含一定比例的低价租赁房，这便是再次分配理念的具体落实；在具体运作上则是将再次价值循环的部分价值内化到一次价值循环的范畴中去了。

此外，由于地区开发对地区发展的广泛影响性，在某些时候，也会有政府动用公权力资源对地区开发做战略性投入的情况，比如在我国改革开放初期迫切需要打开发展局面、提振民族信心的时候，国家战略性地推动深圳特区的大开发，后来又在浦东新区投入诸多精力，从而牵一发而动全身，对全国的发展都起到了拉动作用。这种类型的战略性投入，也应属于公共利益和长远利益的范畴。

基于上述讨论，可以概括两次价值循环论的价值循环机制：（1）企业主导一次价值循环，通过竞争而优化资源利用；（2）政府主导再次价值循环，在处理一次价值的回馈同时，还要制定市场规则和监督市场运作；（3）在一次价值循环的空间生产和产业发展中，可以部分内化再次价值循环的价值分配；（4）在某些特定情况下的战略性投入。

4.6.2　机制优化的路径——建构新型的联合开发机制

基于这样的解读，"政策区"开发机制的优化，实质上就是要建构起政府与企业在两次价值循环中各司其职、并能够保持良好协作的新型联合开发机制。下文以兼具"大项目"和"政策区"开发特征的北仑地区开发为例，对这个新型联合开发机制做理论性的阐述（详细内容参见后文宁波北仑地区开发案例）。

在图4-24中，阶段5价值分配延伸出的两个方向，分别指向了两次价值循环的基本脉络：其一是税收的政府所得和再投入，现实中还包括土地使用费等收益；其二是指向企业层面的扩大生产，现实中主要是空间及产业开发的利润及再投入。两次价值循环的价值创造部分（即一次价值循环段）是同一的，即图中的2、3、4阶段。虽然在这之前既有政府公权力的土地资源、财税资源、大项目广域资源的投入，也有企业层面的生产成本投入，但在2、3、4阶段的价值凝结和创造部分主要是由企业来实现。

细分这个"一次价值循环段"的具体路径，大致有三个类型：

其一是空间开发（或称空间生产），无论是国企还是民企入驻，都是先由地方政府负责一级开发，房地产企业则可介入二级开发。其中，由于土地国有制和地方政府对土地财政的重视，政府对这类路径的一次价值循环介入很深，乃至很大程度上助推了房地产经济的过热。由

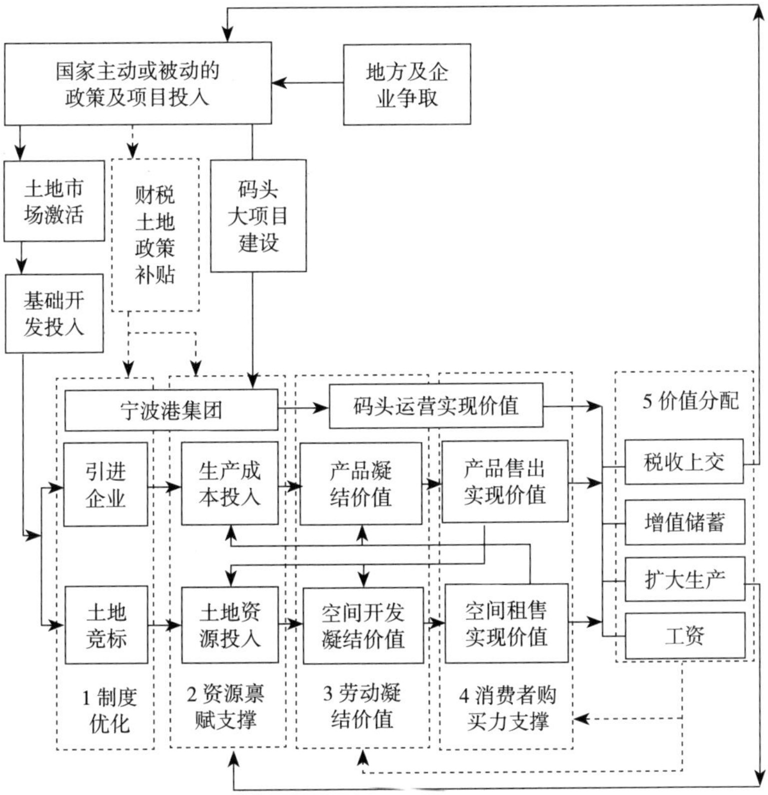

图4-24　北仑地区开发价值循环结构示意
资料来源：作者自绘

于土地是不可替代的稀缺性资源，在城市政府实际掌控着城市的国有土地及拥有对集体土地征收权的条件下，政府对土地一级市场的高度垄断仍将延续，故而这类路径的优化主要体现在土地供应的合理结构，以及经营性土地使用权的公开、公平竞价利用。政府主要通过土地使用费、税收及股份营收的方式体现其所有权利益，并基于公共利益及社会公平而控制资源利用的底线，包括公益性项目的无偿或优惠供地、社会保障性住房的比例及分布控制、关系生态环境保护的非建设用地控制等。而二级市场的房地产开发宜引入竞争机制，由企业来主导实施。

其二是国企的生产类项目开发，由国家投入生产性要素资源，其利税主要归国家，部分通过员工工资、地税等留归地方。我国政府对国有企业的掌控力一直很强，但前文已指出政府在一次价值循环方面有先天的劣势；故而，政府对国有企业的掌控应是对股份所有权的掌控，而不是对具体的企业经营行为的介入；不仅是要减少政府对国企经营的干预，还应减少公权力资源对国企的眷顾，以硬化国企的"预算约束"、增强参与市场竞争能力。

其三是非国企生产类项目开发，运用企业自身资源形成生产能力，产出价值主要归企业所有，部分通过税收、工资等反馈到社会。非国有企业属于前文所分析的小群体之列，在具体资源利用上一般会有相对更高的效率。但在我国现实环境中，这类企业多受到一定程度的压抑，不得不寻求与政府的合作；其中，一些外企由于带来了相对优质的资源，包括技术和管理水平，获得的待遇相对较好；而民企则更多要靠自己的加倍努力。根据前文的理论分析，这类小群体应成为一次价值循环的主导性力量，政府应减少对其干预，通过规范的税收的手段调控其经营增值的分配，以保证有适当份额贡献于公共利益和长远利益，仅在行业竞争规则、安全、环境保护等方面施以制度化的监管。

通过这样三类路径的适当分工，便能够优化"政策区（PD）"开发中一次价值循环段的政府与企业的协作关系，建立起企业主导一次价值循环、政府保障运行及控制底线的基本体系。

进而，在再次价值循环段，通过上述三类一次价值循环路径的优化，政府便可以拥有相对充足的资源和更加专注于再次价值循环；其中部分具体环节也可以引入竞争机制，可由企业来实施以提高效率，但其合作应基于清晰的规则和分工。即企业追求效率，而政府保障公平竞争、维护公共利益及守住安全、生态等底线。仅在少数情况下，政府可以对某些特定的地区开发施以战略性投资，但其具体实施的效率也宜于由企业完成。

通过这样的政府与企业关系的逻辑划分，两次价值循环的互动关系也就得到了重构，形成了企业以效率为导向主导一次价值循环，政府以公共利益和长远利益为导向主导再次价值循环，且两次价值循环互动共融的新型联合开发机制（图4-25）。

需要指出，这个新型机制并不排除公权力调动广域资源的可能性，诸如政策倾斜、大项目导入、土地资源整合等我国"政策区（PD）"开发中常用的做法依然可以成为片区开发中的有效手段，以推动地区开发迅速突破资源瓶颈而实现超常规发展。但是公权力不可被"滥用"；为了地区开发的整体利益，可以运用公权力来汲取和配置关键资源，但不应介入具体的市场经营活动，以确保自利小群体的竞争活力，形成集中式的资源配置与高效资源利用兼有的局面。

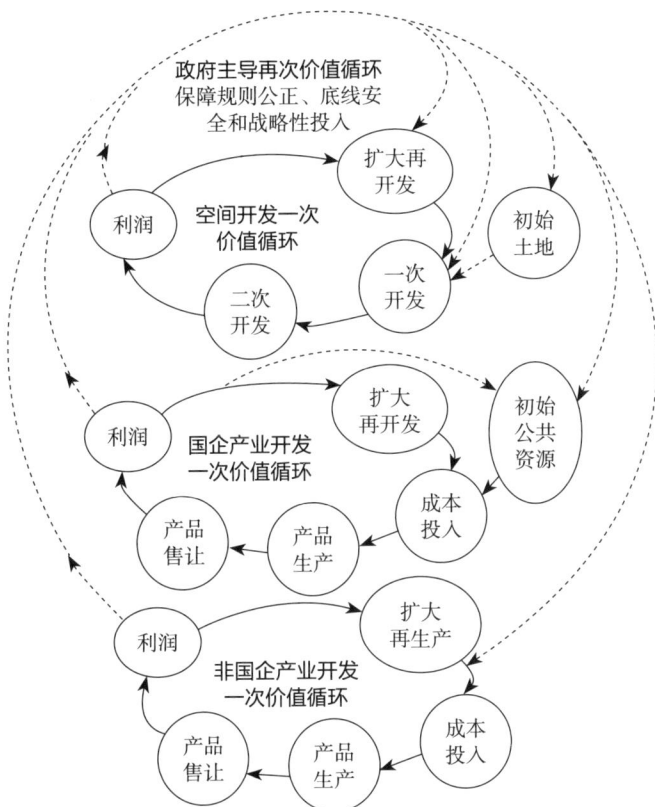

图4-25　基于两次价值循环的 "政策区" 新型联合开发机制构想

资料来源：作者自绘

4.7　本章小结

本章在前文实践纵览的基础上，着重进行理论性总结和挖掘。把握从计划经济到改革开放以来政府驱动地区空间开发实践的内在一贯性特征，概括为 "政策区" 模式（Policy-drivenDistricts，PD），在计划经济时期体现为大项目主导、政策做配套，在改革开放时期体现为政策驱动为主导、大项目为内容。通过建构概念模型，解析 "政策区" 模式中两个关键要素："集中资源调配" 与 "分散资源利用" 之间既此消彼长又互动协作的内在关系，对其一般开发机制做出理论总结，对其实践演变做出原理解释，并提出 "两次价值循环" 作为揭示其开发机制效能的关键窗口。两次价值循环的良性互动是其实现良好开发效能的根源，同时两次价值循环之间先天性互斥又带来这种开发模式的逻辑悖论。未来构建新型联合开发机制是应对其逻辑悖论、彰显其效能优势的关键。

第5章 计划经济时期案例：湖北省多地大项目开发

湖北省地处我国的地理中心，在计划经济时期是大项目投资的重点地区；从新中国成立之初的156个大项目到后来的三线大项目等，均折射了其所在年代的大背景；以湖北省为研究对象可以管窥我国早期政府驱动大项目主导地区开发的概貌。

本章首先考察湖北省内早期政府驱动大项目的主要内容及分布特征；进而分析若干重大项目对地区开发的影响，包括对总体经济水平的影响、对经济份额的影响、对城市环境的影响等；同时把握其间出现的悖论或不足，基于前文构建的"开发主体—空间生产—价值循环"的解析框架对其开发机制做出解释。

5.1　湖北省的政府驱动大项目开发演进

参照前文实践纵览的阶段划分，湖北的政府驱动大项目开发演变大致可分为四个时期。

5.1.1　20世纪50年代：苏联援建大项目时期

苏联援建156个大项目中有3个在湖北，包括：武汉钢铁公司一期工程、武汉重型机床厂和青山热电厂一期工程。同时期还有武汉长江大桥、武汉肉类联合加工厂、武昌造船厂、武汉锅炉厂、大冶有色金属公司冶炼厂等其他国家重点项目。此外，鄂州的鄂城钢铁厂作为湖北重点项目也得以启动。

从这些重点工程的分布看，黄石大冶因有矿产而布局了大冶有色金属公司冶炼厂，鄂州因靠近黄石至武汉铁路线而布局了钢铁厂；其他7个大项目全部在武汉，从而奠定了武汉在湖北省的突出地位。

此外还有历史遗留产业的进一步开发，比如：扩建传自清末的华新水泥厂，位于黄石，是中国近代水泥工业的摇篮；而武汉长江大桥连通了同是晚清遗产的京汉、粤汉铁路线，构成中国第一条南北贯通的京广铁路线大动脉，进一步促进了武汉的发展。

5.1.2　20世纪60～70年代：三线大项目时期

"文革"前后的国家"三线"建设时期是湖北大项目建设的又一个高潮，尤其是给湖北省的中西部城市播下了产业发展的种子，部分大项目至今仍然是地方经济的重要支柱。依据相关历史资料，这个时期的大项目及所在城市主要有：二汽（十堰）、十堰东风轮胎厂（十堰）、荆襄磷矿厂（荆门）、荆门炼油厂（荆门）、鄂西化工厂（襄樊）、湖北化纤厂（襄樊）、襄阳轴承厂（襄樊）、宜昌中南橡胶厂（宜昌）、红旗电缆厂（宜昌）、长江机床厂（宜昌）、枝城石油库（宜昌）、湖北化肥厂（宜昌枝江）、武汉石油化工厂（武汉）、武重扩建工程（武汉）、武汉汽轮发电机厂（武汉）、应城石膏扩建工程（孝感）等。同时，还启动了一批有重大影响的项目，包括：葛洲坝水电站（宜昌）、江汉油田（潜江）、续修武汉钢铁公司（武汉）、大冶有色金属公司（大冶）、鄂城钢铁厂扩建（鄂州）、扩改建大冶钢厂（大冶）、扩建青山热电厂（武汉）等大项目，开工兴建襄（襄樊）渝（成都）铁路、焦（河南焦作）枝（湖北枝城）柳（广西柳州）铁路等。其中，武钢一米七轧钢机工程、年产10万载重车的第二汽车制造厂和总装机容量271.5万千瓦的三三零工程（葛洲坝水电站）是这一时期大项目的突出代表，被称为"一二三工程"。

这些大项目的分布特点：湖北西部十堰、襄樊、荆门、宜昌一带居多，达13个，推动了湖北省中西部地区的产业发展；武汉多是扩建续建，有5个，城市首位度稳固；其他地区主要是分散的资源性项目，如江汉油田、大冶冶金、鄂城钢铁等，也是5个。这样的分布奠定了湖北产业经济的总体格局。

5.1.3　20世纪80～90年代：开发区与大新区时期

"文革"后的初期，经济发展的主旋律是调整整顿。湖北率先走出国门，与美国俄亥俄州建立州省协议，进而诞生了湖北第一家中外合资企业——派克密封件厂。同时，之前高层级政府投资的大项目，虽然依然在湖北省的经济体系中举足轻重，但普遍面临大国企的体制困境，作为传统大项目代表的三大工程（武钢、二汽、葛洲坝）纷纷寻求改革突破，但积弊很多，改革推进较为困难。这一点在当时的全国都很普遍。反而是农村和经济特区这类体制桎梏相对较少的地区，率先迈开了改革开放的步伐，从而吸引了较多的国民经济投资和关注，像湖北这样的传统工业重镇则相对冷落。

到20世纪90年代，随着深圳特区、上海浦东新区、苏州工业园为代表的开放型工业园区兴起，湖北也进入开发区时代。湖北在"八五"期间（1991～1995年）设立了25个不同类型的省级开发区，其后开发区数量一度高达266家，经过2003～2006年的整顿，目前湖北省共有89个省级开发区和3个国家级开发区，其中省级开发区基本上每个地市州至少一个，国家级开发区包括武汉东湖高新技术开发区、武汉经济技术开发区和襄樊高新技术开发区。这些开发区通过政策驱动、土地开发和招商引资推动地区经济的发展，逐渐成为各地经济的重要支撑，其中部分开发区还承载着拉动区域发展的任务，比如武汉东湖高新技术开发区是"武汉·中国光谷"

的载体、武汉经济技术开发区依托二汽武汉基地形成了中部最大的汽车城。

这个时期有两个比较突出的合资合作大项目：法国雪铁龙公司同东风汽车公司合作投资107亿元、设计年生产能力30万辆小汽车的神龙汽车公司项目（即二汽武汉基地的主体内容）；荷兰飞利浦公司和武汉市合资兴建的长飞光缆有限公司（光谷核心企业）。还有一批对原有产业的改造和提升，比如：东风汽车公司扩建、鄂城钢铁公司扩建、大冶钢铁公司扩建、华新水泥厂扩建等；以及越来越多的基础设施重点工程，如：汉川电厂60万千瓦发电机组、郑武（郑州–武汉）铁路电气化工程、黄麦岭和大峪口矿肥结合工程、武汉天河机场、宜黄高速公路、武汉长江二桥、黄石长江大桥、京九铁路湖北段、京汉广光缆工程湖北段、清江隔河岩电站、阳逻电厂一期工程、湖北彩电中心等，其中规模最大的长江三峡水利枢纽工程也在这个时期启动建设，不仅对所在地宜昌，对湖北省和整个中国都有重要意义。

5.1.4　2000年以来：主题创新时期

2000年以来，政府逐渐改变干预经济的方式，突出主题创新大项目的推动，突出代表就是"武汉·中国光谷"项目。"武汉·中国光谷"承载着武汉乃至整个湖北的科技产业提升和城市开发示范的"龙头"使命，选址于国家级东湖高新区，依托原有的大型光缆企业和密集的高校科研资源，规划建设国家级的光电科技产业基地，后来又拓展了生物医药、信息产业、能源环保等其他科技型产业，规模扩容至518平方公里。

另一种重要方式是企业重组形成战略大集团，如东风汽车集团、武汉钢铁集团兼并鄂钢、大冶特钢与中信泰富成功重组，鄂西高磷铁矿开发，武汉烟草集团，武汉石化80万吨乙烯项目，大冶有色10万吨铜板带项目等。

这些产业类的大项目基本由企业作为运作主体。同时，政府投资或推动的大项目主要集中在重大基础设施方面，比如三峡大坝、丹江口水库等，覆盖全省尤其是西部山区的高速公路和铁路系统也逐步建设完善。

5.1.5　湖北政府驱动大规模开发的演变总结

湖北省政府驱动大规模开发的类型演变轨迹可以概括为：工业大项目→工业项目和基础设施大项目→基础设施和城乡开发大项目→基础设施、城乡开发和主题创新大项目。空间分布演变轨迹可以概括为：武汉、黄石→武汉、十堰、宜昌、荆门、潜江、鄂州、黄石→武汉、十堰、宜昌、襄樊等地→武汉。

5.2.1　政府驱动大项目在地区开发中发挥主导作用

5.2.1.1　与地方经济水平呈明显正相关关系

通过前节对湖北省政府驱动大项目分布和演变的考察，湖北省大项目驱动式发展主要发生在武汉、宜昌、荆门、十堰、潜江、孝感、鄂州、黄石等城市。对湖北省分地区的经济水平进行统计分析和排名，考察这些大项目城市在各项指标排名中的位置，可以直观反映大项目驱动式发展与地方经济水平的相关程度。

以2009年湖北省统计年鉴（即2008年末数据）为基础，对湖北省的分地区的经济指标进行统计排名，主要考核指标包括GDP、工业总产值、地方财政收入、人均GDP、人均地方财政收入、城市人均可支配收入，这些指标对地方经济发展水平有比较直观全面的反映（表5-1，表5-2，图5-1）。

湖北省分地区经济总量指标表（2008年末，单位：亿元）　　　　表5-1

排名	GDP		工业总产值		地方财政收入	
	城市	数值	城市	数值	城市	数值
1	武汉市	3960.08	武汉市	5773.76	武汉市	277.32
2	宜昌市	1026.56	宜昌市	1187.72	宜昌市	44.27
3	襄樊市	1002.46	襄樊市	1081.56	襄樊市	30.06
4	荆州市	623.98	黄石市	886.55	黄冈市	24.09
5	黄冈市	600.75	荆门市	718.26	黄石市	14.92
6	孝感市	593.06	孝感市	545.26	孝感市	21.46
7	黄石市	556.57	荆州市	532.88	十堰市	18.71
8	荆门市	520.36	黄冈市	441.68	荆州市	26.21
9	十堰市	487.64	十堰市	378.18	恩施自治州	19.89
10	咸宁市	359.19	鄂州市	372.10	荆门市	10.70
11	随州市	310.20	潜江市	354.50	咸宁市	4.71
12	鄂州市	269.79	咸宁市	344.20	鄂州市	14.33
13	恩施自治州	249.18	随州市	288.01	随州市	6.68
14	仙桃市	233.50	仙桃市	271.69	潜江市	4.21
15	潜江市	211.82	天门市	171.84	仙桃市	2.80
16	天门市	187.35	恩施自治州	101.12	天门市	15.40
17	神农架林区	7.97	神农架林区	5.65	神农架林区	0.73

资料来源：湖北省及各省市2009年统计年鉴

湖北省分地区经济人均水平指标表（2008年末，单位：元）　　表5-2

排名	人均GDP		人均地方财政收入		城镇居民人均可支配收入	
	城市	数值	城市	数值	城市	数值
1	武汉市	44148.10	武汉市	3091.64	武汉市	16712.00
2	鄂州市	26117.13	宜昌市	1096.06	十堰市	13693.00
3	宜昌市	25416.19	鄂州市	1035.82	宜昌市	12839.00
4	黄石市	22979.77	黄石市	994.63	黄石市	12734.00
5	潜江市	22630.34	神农架林区	973.20	荆门市	12690.00
6	襄樊市	18437.74	十堰市	614.84	孝感市	12419.00
7	荆门市	18290.33	咸宁市	570.46	襄樊市	12292.00
8	仙桃市	17257.95	襄樊市	552.88	鄂州市	12244.00
9	十堰市	15073.76	荆门市	524.43	荆州市	12195.00
10	咸宁市	14298.96	潜江市	503.21	黄冈市	11860.00
11	随州市	14072.44	孝感市	458.94	咸宁市	11529.00
12	天门市	13685.17	恩施州	441.89	潜江市	11426.00
13	孝感市	12683.06	黄冈市	392.66	随州市	11298.00
14	荆州市	10677.28	荆州市	320.16	仙桃市	10761.32
15	神农架林区	10625.18	仙桃市	311.16	天门市	10488.00
16	黄冈市	9000.00	随州市	303.04	恩施自治州	9449.00
17	恩施自治州	7150.07	天门市	204.53	神农架林区	—

资料来源：湖北省及各市州2009年统计年鉴

　　这些指标中，人均GDP通过统计年鉴中分地区GDP和分地区常住人口相除得出，城市人均可支配收入以统计年鉴中"主要城市居民收支情况"内容为准，地方财政收入以统计年鉴中"市州财政收入"内容为准，工业总产值以统计年鉴中"规模以上工业企业产销总值及主要经济指标（分地区）（2008）"内容为准。

　　从表和图中可以看出，政府驱动大项目所在城市的总体经济水平非常靠前，尤其在工业总产值、地方财政收入等指标上表现突出，而各项人均指标中（人均GDP、城镇居民人均可支配收入、人均地方财政收入）大项目所在城市的优势更加明显，几乎都占据了排名的前列。

　　可见，湖北省的政府驱动大项目与地方经济发展水平总体上呈正相关关系，有政府驱动大项目的地方总体上比没有大项目的地方经济水平相对较高。反映出政府驱动大项目产生的总体影响是积极的。

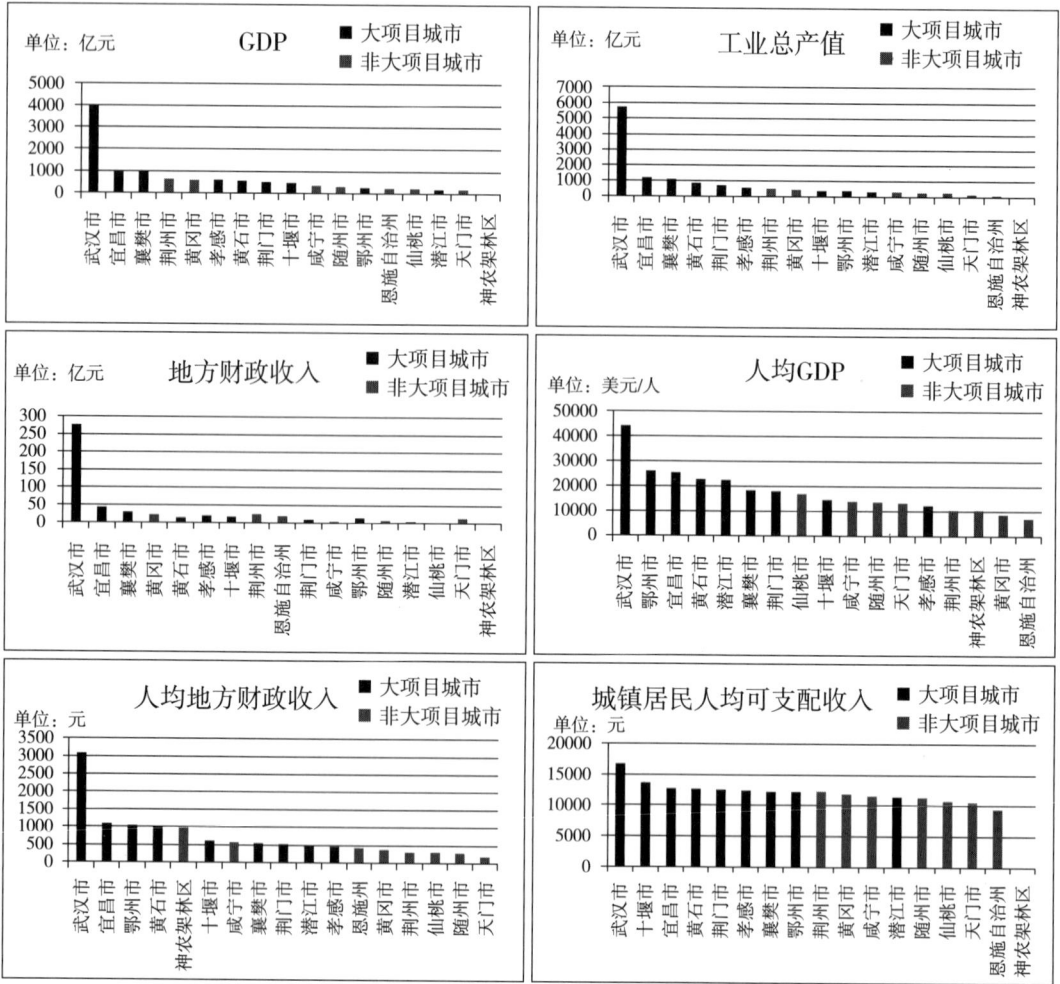

图5-1 湖北省分地区经济总量及人均指标排名图（2008年末）
资料来源：湖北省及各市州2009年统计年鉴

5.2.1.2 在地方产业经济中依然占据主导份额

进一步分析政府驱动大项目在所在城市经济结构的份额。鉴于大项目的数量众多、历史轨迹难以精确界定，而大项目常常直接塑造了地方的某个对应行业，故而用大项目所在行业的业绩来反映大项目经济的总体水平。

通过前节对湖北省大项目分布和演变的考察，湖北省大项目驱动式发展主要发生在武汉、宜昌、荆门、十堰、潜江、孝感、鄂州、黄石等城市。

武汉市新中国成立以来的政府驱动大项目主要有武钢、二汽武汉基地、武昌造船厂、武汉重型机床厂、武汉锅炉厂、武汉汽轮发电机厂、武汉石油化工厂（80万吨乙烯）、青山热电厂、中国光谷、武汉烟草集团、武汉长江大桥等，涉及的行业包括：黑色金属冶炼及压延加工业、金属制品业、交通运输设备制造业、通用及专用设备制造业、电气机械及器材制造业、石油加工炼焦及核燃料加工业、化学原料及化学制品制造业、电力热力的生产和供应业、通信设备计算机及其他电子设备制造业、烟草制品业等，通过对2007年的年鉴统计分析，这些行业的工业总产值合计达2212.25亿元，占武汉全市工业总产值的78%，工业利税总额3604.6亿元，占全市工业利税总额的86%。

黄石在新中国成立初期就是重点建设城市，其原因在于大冶的矿产资源丰富，已发现的矿产共4大类（能源、金属、非金属、水气）计76种，其中铜矿保有储量占全省的91.8%、金矿保有储量占全省的88%、铁矿石产量居全省第一，还有煤、石灰石等也是优势矿产。相继投资的政府驱动大项目多是依托这些矿产资源，比如大冶钢厂、大冶有色金属公司等，涉及的行业主要是黑色金属冶炼和压延加工业、有色金属压延和加工业、金属制品业、采矿业、非金属矿物制品业等。通过对2007年黄石统计年鉴的整理，2006年这些行业的工业总产值达378645万元，占全市工业总产值72%，利税总额404581万元，占全市工业利税总额70%。

十堰是因政府驱动二汽大项目而兴起的城市，从而汽车及相关产业长期成为十堰的支柱产业，涉及的行业包括交通运输设备制造业、橡胶制品业等。作为南水北调中线工程水源地的丹江口水利枢纽是另一个显著的大项目，涉及的行业为电力、热力的生产和供应。通过对2007年十堰统计年鉴的考察，这些行业2006年的工业总产值为3351288万元，占全市工业总产值81%，利税总额404581万元，占全市工业利税总额91%。

宜昌的政府驱动大项目早期主要是中南橡胶厂、红旗电缆厂、长江机床厂、湖北化肥厂、枝城石油库等工业项目，但后来的葛洲坝水利枢纽和三峡水利枢纽是更加重大的大项目。这些大项目涉及的行业主要有：电力热力的生产和供应业、橡胶制品业、电气机械及器材制造业、专用设备制造业、化学原料及化学制品制造业。通过相关统计年鉴查阅，2008年这些行业的工业总产值为6362173万元，占全市工业总产值54%。

襄樊的政府驱动大项目主要有鄂西化工厂、湖北化纤厂、襄樊轴承厂、二汽襄樊基地、襄樊火电厂等，涉及的行业包括化学原料及化学制品制造业、化学纤维制造业、专用设备制造业、交通运输设备制造业、电力热力的生产和供应业等。据相关统计年鉴，这些行业2006年的工业总产值为472.85亿元，占全市工业总产值72%，当年应缴所得税和增值税总和为14.95亿元，占全市同口径总额63%。

荆门的政府驱动大项目主要有荆门炼油厂、荆襄磷矿厂（大峪岭矿肥结合工程）、葛洲坝水泥厂等，涉及的行业主要有石油加工炼焦及核燃料加工业、化学原料及化学制品制造业、非金属矿物制品业、非金属矿采选业等。据相关统计年鉴，这些行业2006年的工业总产值2582387万元，占全市工业总产值59%，2005年利税总额95234万元，占全市工业利税总额48%。

鄂州的政府驱动大项目主要是鄂城钢铁厂，经过实地调研，鄂城钢铁厂2009年销售收入90.1亿元，占全市比例13%；税收4.77亿元，占全市比例32.9%；利润3.0亿元，占全市比例22.2%。职工人数约12240人，本地人占86.6%，外地人占13.4%，在当地居住人数占92.7%，非当地居住者约占7.3%。公司占地面积约5.1平方公里。

孝感的政府驱动大项目主要有应城石膏工程、军工企业迁入、汉川电厂、盐磷化工（黄麦岭矿肥结合工程），涉及的行业包括：非金属矿物制品业、金属制品业、交通运输设备制造业、电气机械及器材制造业、工艺品及其他制造业、电力热力的生产和供应业、化学原料及化学制品制造业、非金属采矿业等。这些行业2007年的工业总产值为2368921.7万元，占全市工业总产值43%，利税总额为254108.7万元，占全部工业利税总额的54%。

潜江的政府驱动大项目主要是江汉油田，涉及的行业有石油和天然气开采业、石油加工炼焦及核燃料加工业、化学原料及化学制品制造业，这些行业2006年的工业总产值1364541.7万元，占全市工业总产值50.8%，利税总额117628.8千元，占全市工业利税总额77%。

从这些大项目城市的具体分析可以看出，早期的政府驱动大项目及其关联经济在当今各城市经济结构中依然占据了相当重要的份额，大部分政府驱动大项目催生的经济板块依然主导着所在地城市的经济发展（图5-2）。

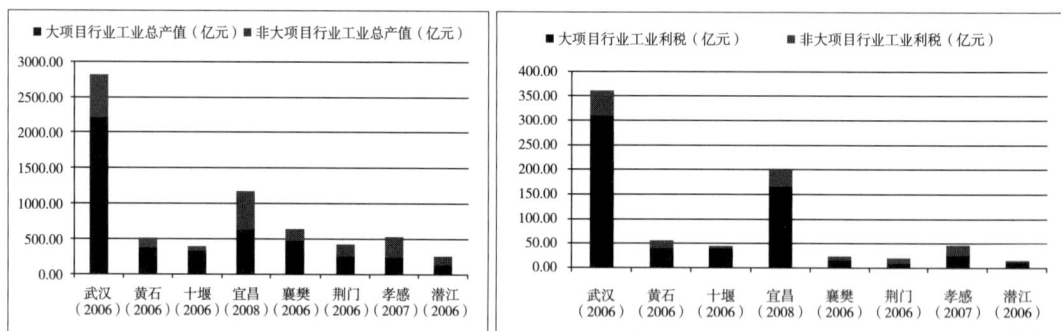

图5-2   湖北省主要大项目城市的大项目经济份额图
资料来源：笔者整理

5.2.1.3   对所在城市的发展造成明显影响

再进一步考察，政府驱动大项目对地方发展有哪些具体的影响。主要的案例经验来自于二汽对十堰市、鄂城钢铁厂对鄂州市，以及光谷工程对东湖高新区、葛洲坝三峡工程对宜昌市、丹江口水利枢纽工程对丹江口市、荆门石化对荆门市、江汉油田对潜江市的简要情况。这些案例的选择遵循以下原则：①已建成，或主体内容完成并使用、资料可获得；②投资规模大，耗时很长，需要数年甚至数十年开发；③具有较大范围的影响，地级市及以上；④对地方发展有塑造作用，产出、就业、占地、占所在地区的份额较高，带来有地标性的环境节点；⑤类型上有一定代表意义。

（1）中国第二汽车厂大项目对十堰市的影响

东风汽车公司（原中国第二汽车厂，简称二汽）本是156个大项目中的一个，是国家基于全国经济布局的一个战略性重大项目，由于各方面原因，直到1969年才作为"三线"工程的一部分在十堰启动建设。东风汽车公司的发展阶段大致可以分为4个阶段：①自1969年开工建设，至"六五"末期（1984年），主要在十堰基地发展，来自长春、上海、北京等全国各地的人才和资源都前来支援，形成27个专业厂各司其职分散分片布局，达到了国家批准的8.5万辆中吨位卡车设计生产能力；②1984年10月二汽襄樊基地奠基，至1992年，东风公司在围绕十堰卡车技术升级和规模扩大的同时，开辟了襄樊生产基地，并于1986年成立了二汽集团，1991年调整为东风汽车集团；③1993年2月神龙汽车公司在武汉经济技术开发区奠基，标志着二汽武汉基地的成立，随后又逐渐在珠三角和长三角建立分部或生产基地，积极与法国雪铁龙、日本本田、日本尼桑、美国康明斯等跨国企业合作联营，东风公司日益发展成为多基地（十堰—襄樊—武汉—广州）、多产品（商用车—乘用车—发动机—零部件）的汽车行业巨头；④2005年以来，东风公司总部迁至武汉，东风汽车进一步走向国际化和市场化，逐步形成武汉以商用乘用车为主、十堰襄樊以载重工程车为主的生产基地分工。目前东风汽车公司是我国汽车行业的骨干企业之一，经营规模和综合实力居行业三强，是一个资产近千亿元、员工过十万人的大型集团。2008年公司位居中国企业500强第20位，中国制造企业500强第5位（图5-3）。

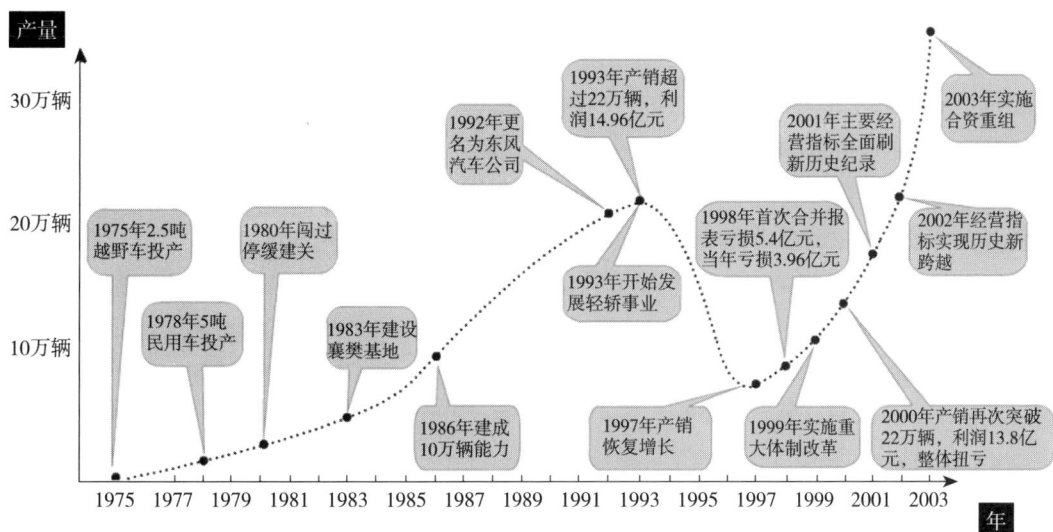

图5-3 二汽（东风汽车公司）的发展历程
资料来源：东风集团网站

十堰原是湖北郧阳地区所辖郧县的一个区，因中国第二汽车厂建设需要，于1967年4月6日设立专门的十堰办事处，随着二汽厂大规模建设带来人口猛增，于1970年设市，1973年升格为地级市，1994年与郧阳地区合并（张培玉，1998）。十堰市一直作为"汽车工业基地"而发展，直到1981版规划开始思考其城市发展综合目标，提出了"汽车工业城市"的目标定位，从而房地产开发、城市公园、各类服务设施等得到发展，但是其工业建筑面积仍长期维持在总建筑面积的30%以上。

二汽对十堰的影响可以说是根本性的，这体现在：①带来快速增长的城市人口。1967年启动二汽厂建设，近万人随郧阳地区行署机关迁驻十堰。1970年建立十堰市后，为支援二汽建设，两年内从长春、北京、上海等地迁入逾10万干部、技术人员、工人和毕业学生。至1975年十堰人口机械增长率一度高达72.6%，到1979年已达30万人，2000年后已超过50万人，在短时间内完成了从村镇向大型城市的跨越，大量本地人口也随之得以就近城镇化。②十堰市的规划和建设基本上是围绕二汽厂展开的，最初的规划和建设便遵循"三线建设"思路，不同专业厂分片靠山布局，较大的企业自配居住单个成组，小企业多个成组共享住区，形成产、居混合的组团式城市结构，中心区为郧阳地区和二汽总厂机关所在地。随后1970、1972、1975、1981、1990年先后五版总体规划，都延续这样的结构逐渐发展连片，形成带状组团格局。③推动地区工业基础的跨越提升。1977年十堰全市实现工业产值16708万元，为1969年未建厂时56.83倍（郭力君，1990）。1990年全市工业总产值已高达45.16亿元（1980年不变价），成为湖北仅次于武汉的工业重镇，其中东风汽车的经济贡献长期超过70%。④二汽大项目还给十堰市带来了城市功能的完善和高度化，二汽下属的27个专业厂几乎都配备了自己的剧院、体育馆、学校等，为了配合二汽大项目迁址十堰的郧阳地区也形成了一套文教体卫设施，而十堰市自身也逐步完善了又一套文教体卫设施，这三方面的设施建设都集中在十堰城区，使得十堰市的人均设施配套量直逼湖北最高的武汉市，部分甚至超过武汉。

2003年东风汽车总部外迁，给十堰市造成了很大的冲击。十堰市规模工业总产值自2002年突破400亿元之后至2006年，一直在400~500亿元之间徘徊不前。时任市长陈天会总结东风汽车公司的迁出对十堰市的影响主要有：①无形资产方面的社会影响，"废都"论甚嚣尘上，消沉迷茫气氛蔓延；②影响投资热情，总部外迁对投资者心理的影响是不言而喻的；③政府税收和各种税费大幅减少，东风公司形成总资产600亿元，年销售收入900亿元，各项税费累计外流将达300亿元；④带来配套服务部分外迁和精英人才的外流，市民文化素质下移。为应对这些问题，十堰市政府与东风汽车公司签订了《十堰市·东风公司"十一五"政企共建合作纲要》，开展"政企共建优化环境"活动，积极发展汽车零部件产业和汽车商业服务产业等属地化汽车产业集群，同时东风汽车公司做出了三大不搬迁、不改变的承诺，在十堰追加投资约50亿元（这是十堰基地前20年的总和），才促使十堰市工业经济重新进入上升轨道，2007~2009年全市工业总产值分别突破500亿元、600亿元和800亿元，打破了前四年徘徊不前的局面。如今，十堰市汽车相关产业虽然仍占主要经济份额，但水电、旅游、绿色产品等产业也在同步发展，逐步形成多元化产业体系，稳定了湖北省前列、全国中上游的总体经济水平和发展态势。

十堰市是因政府驱动大项目而崛起的著名新兴工业城市，这个事例很能够反映政府驱动大项目对地区开发的影响——既带来了有形的人口、设施和工业基础，也推动了人口素质、城市知名度、社会氛围提升等无形的影响，塑造了一个虽处在鄂西北边陲但经济社会指标直逼武汉的地区发展特例。其负面影响则是工业布局对城市环境的影响以及地方产业对大项目的过度依赖等，同时其拉动效应主要局限在城区，对市域的拉动较少。跳出十堰市看，鄂西北处在陕、豫、鄂、渝交界的偏远山区，原本区位条件和产业基础都很弱，若没有为了战备而进行的二汽大项目选址于此，本地很难会有如此迅速、大规模而高质量的产业发展。即便这种选址对客观的社会资源调配未必是最高效的，但对鄂西北地区当地来说，这种大项目无疑是播下了非常重要的产业"火种"，并提供了持续发展的重要支撑。由于我国人口众多，即便偏远的鄂西北地区也集聚了大量人口，这些人口的城镇化转移及人力资源的开发无疑受惠于二汽大项目建设。可以说，二汽大项目所发挥的价值远远超出了单一的汽车产业发展。

（2）鄂城钢铁厂大项目对鄂州市的影响

鄂城钢铁厂（简称鄂钢）始建于1957年，由湖北省政府批准并投资筹建，是因黄石矿产而兴起的鄂东冶金走廊的重要组成部分；除了首府武汉的武钢和矿产地的冶钢之外，鄂钢的规模虽不算最大却也是举足轻重，是湖北省最大的地方钢铁基地，对所在地鄂州市的影响尤其明显。鄂州市古为东吴首都，1914年方改名为鄂城，1983年方改为省辖市。鄂钢就在鄂州老城区的西部（图5-4）。

2008年鄂钢有职工1万多人，占工业从业人员7万多人中的1/5。若包括家属等相关人员总数4～5万人，是鄂州不到30万城区人口的1/5～1/6。以前比例更高，2004年并入武钢后投入70～80亿元进行技术改造，自动

图5-4 鄂钢在鄂州市城区的位置图
资料来源：鄂州市规划局，谷歌地图，经笔者整理

化水平提高，职工数变少，对本地就业直接拉动不强。许多人情愿到外地务工，本地企业反而招工难。

2008年鄂州轻重工业比率达15：85，八大产业体系中冶金业销售收入占43%。而鄂钢占冶金业收入的90%以上。鄂钢附属股份制企业有4～5家，1000多职工，都是很好的成长型企业，鄂钢一般占23%股份。配套上下游企业形成了建材、机械制造、造船等产业集群。鄂钢矿石主要从巴西进口，受到国际矿石贸易起伏的影响较大，导致鄂州经济受国际矿石贸易也有影响。

鄂钢三产配套有运输业、建筑业等，专门有自己的居民小区，对城市房地产业拉动不大。对金融服务业影响大，占了地方信贷的较大份额。是地方用电重点保护对象。对鄂州市的酒店餐饮也有拉动作用，但影响不大，因为鄂州城市消费人群已经形成，并且消费水平不比武汉低。

鄂钢税收贡献每年3～4亿元，占总产业的40%，占总税收20亿元的1/4～1/3，曾经占到50%，去年以来由于经济危机导致税收贡献有所下滑，鄂州市甚至不得不去借贷发工资。

鄂钢有职工医院，但对外营业。鄂钢的学校已经和城市一体化使用，医保也与城市一体化，其他设施也都和地方差不多，没有独立的职业教育，体育场、大剧院等也都是鄂州市的社会化服务设施，没有特殊安排。但鄂州初创的时候鄂钢对城市功能的拉动较大。

鄂钢占地2平方公里多，相对独立成片。在近几年技术改造后，又储备了2平方公里多用地，是紧挨在一起的用地扩展。鄂钢的用地与老城区缠在一块，城市建设的改造难度非常大。为了回避这个问题，鄂州开辟了多个新城。

鄂钢对环境造成比较明显的污染，是近期国家环保总局点名批评的几家钢铁厂之一。鄂州癌症病发多，曾在2000年左右计划搬迁鄂钢，但是并入武钢技术升级后更加搬不走了。

鄂州对鄂钢给予很多特殊政策，包括免费供地、财政征地、财政安置，水、电、气力保，协调与周边社群的矛盾，等等。因为没有鄂钢就没有地级鄂州市，鄂钢对鄂州市具有举足轻重的影响，并且利远大于弊。当然如果没有环境污染则更好。虽然沿海地区分散发展产业集群的模式比较好，但是鄂州不具备这个条件，依托大项目发展也是较佳的选择。

鄂州市目前发展的主导战略是城乡一体化，主要内容是"1311"，即1个中心城、3个新城、10个特色镇、100个中心村。推进公共服务的一体化、基础设施的一体化、城乡环境的一体化，取得了较好的绩效，经济增长和城乡面貌改变比较明显。但推行的主要力量是领导权威和行政激励，通过厅市共建、项目倾斜或直接拨款，各种资金来源基本是财政系统。普通民众乐于享受战略推行带来的成果，但是主动参与程度不高；此外，目前还存在着集体土地产权不好调整等问题。

（3）武汉·中国光谷大项目与东湖高新区的发展

光谷是另一种类型的大项目，是武汉国家级东湖高新区的一部分。东湖高新区的发展经历了三个阶段：①起步期，1984～1990年。获武汉市批准建设东湖高新区，至1990年有高新技术企业73家，总收入首次破亿元。②发展期，1991～1999年。1991年升级为国家级高新区，面积24平方公里，主导产业包括光通信、生物工程、材料工程，1999年科工贸总收入486.28亿元，工业总产值401.25亿元，成为武汉市的经济制高点和引进外资出口创汇的重要基地。③高速发展期，2000年以后。2001年在武汉市、湖北省、全国政协多位专家的共同努力下争取到了"武汉·中国光谷"的称号，其全称是"国家光电子信息产业基地（武汉·中国光谷）"。至2009年开发区范围222平方公里，其中约80平方公里建成区，2008年完成总收入1759.23亿元，工业总产值1572.32亿元，集聚了42所高校、56个国家级科研院所、1个国家实验室、13个国家重点实验室、14个国家工程（技术）研究中心，在光电子产业、转基因动植物等领域居于国内领先水平，形成了以光电子信息产业为主导，能源环保、生物工程与新医药、新材料、机电一体化和高科技农业竞相发展的产业格局。2009年底获批成为国家级自主创新示范区。

但这原本并不是一个国家有意而为的大项目，而是地方争取、国家认可、政策扶持的一个创新发展主题，是一种把握发展趋势及对现有政策最大化利用的结果；其有对应的空间范畴，有对应的实施载体，有相对明确的主导产业，但是整个实施过程都是属地化和市场化的。

正是因为这样一些特征，光谷大项目对地方发展及城镇化更多的是积极影响。比如：用地功能更加综合和开放，避免了大项目与城市分离；产业本地集群关联度高，中小企业和创智企业密集，避免了对大项目的单一依赖；产业发展开放度高，保持了较高的市场活力和竞争力。

（4）葛洲坝、三峡工程与宜昌

葛洲坝水利枢纽工程位于三峡工程下游约38公里处，宜昌市北郊，是三峡水利枢纽的反调节水库，也是三峡工程的实践准备。1970年葛洲坝工程形成决策开始动工，到1988年建成，历时18年，召集了全国许多专家、大学生和施工队伍，是一项举全国之力建设的重大工程。该坝总投资48.48亿元，库容15.8亿立方米，控制流域面积100万平方公里（湖北省发展和改革委员会，1999）。工程最直接的效益是发电和改善航道。两座发电厂共装21台总容量为271.5万千瓦发电机组，自1981年开始发电至1998年末已累计发电2163.7亿千瓦·时，促进了华中电网的形成，支持了华东电网。葛洲坝蓄水后水位抬高，改善了约200公里的三峡峡谷航道，海损事故大大减少，航行时间也有缩短。葛洲坝工程还有效推进了我国水电技术的进步，为三峡工程建设积累了经验锻炼了人才。

葛洲坝建成让决策者对建设三峡工程充满信心，三年之后的1992年，三峡工程建设经全国人大审议形成决策，1994年开始动工兴建。三峡工程是中国也是世界上最大的水利枢纽工程，总库容393亿立方米，水电站共装26台单机，总容量1820万千瓦，年平均发电量847亿千瓦·时，可通过万吨级船队。三峡工程静态总投资按1993年5月末价格达900.9亿元，动态投资约需2039亿元，工程建设历时17年至2009年主体工程竣工。三峡工程具有防洪、发电、航运等综合效益。直接的发电效益可抵原煤4000~5000万吨每年；同时可使下游荆江河段的防洪标准从十年一遇提高到百年一遇，极大减轻了下游洪水淹没损失；还可显著改善宜昌到重庆段660公里长江航道，万吨级船队可直达重庆；此外还有水库渔业、旅游等综合效益（湖北省发展和改革委员会，1999）。

宜昌历史上是军事重镇，扼守三峡天险，可谓"一夫当关，万夫莫开"，但频繁的战事和险要的地形影响了宜昌市的工商业发展。1949年后则由于中央经济计划的限制，也长期没有得到很好的发展。正是自葛洲坝水利枢纽工程开始，宜昌从20世纪70年代开始步入了发展的快车道，三峡工程则进一步推动了这个趋势。

由于葛洲坝工程的兴建，宜昌城区从一个万把人口的小城镇发展为数十万人口的中等城市。1982年，宜昌市全市工业固定资产21.4亿元，其中葛洲坝水电厂就有14亿元，占65.4%；1989年固定资产54亿元，其中葛洲坝水电厂39亿元，占72.2%。而三峡工程则进一步推动了宜昌成为大城市，并且进入湖北省前列城市和全国百强城市行列。

三峡葛洲坝工程对宜昌最有意义的影响，不仅在于直接的经济拉动，而且在于间接的城市人员素质的提高、城市品牌的树立以及城市精神的塑造。由于这个大项目带来了高素质的人才队伍，宜昌市表现出来的城市环境品质和发展面貌超过湖北省大部分城市，并且还展现出蓬勃的发展势头。

（5）丹江口水利枢纽工程与丹江口市

丹江口水库是南水北调中线工程的水源地，对全局具有重大意义。1958年，丹江口大坝兴建，丹江口市也因坝而建。2005年，丹江口大坝加高工程动工，标志着南水北调中线工程正式开工。丹江口市由此承担起服务工程建设、移民搬迁、水源保护、生态建设和发展经济的职能。一方面因坝而兴，城市建设得到促进，城市人口有所增长，城市形象和知名度有所提升。另一方面，大型工程对本地的生态环境造成强烈冲击，同时由于非常严格的水源地保护政策，丹江口市的经济发展空间受到制约，而同时移民、生态建设、服务大坝等任务则有所加重，国家转移支付的规模相对有限，导致地方发展很难有大的突破。

（6）荆门石化与荆门市

荆门石化总厂始建于1970年，是三线工程的一部分。同时还有一批其他项目同步迁入，推动荆门一下从农业小县发展为工业城市。荆门石化曾长期是荆门市最大的企业和地方经济的支柱，对地方经济发展贡献很大，推动了荆门地级市的成立。荆门石化整体占地面积约11.67平方公里，社区人口3万多人，占据了荆门市的很大一块。消极影响也很明显，对荆门的城市环境造成污染，且与老城区缠在一起难以改造。近年来，荆门市致力于拓展南部新区，建设了新的火车站，引进了亚洲最大的李宁服装工业园等大企业，对传统大项目的依赖正在逐渐减弱，但是对其环境污染的治理尚难见成效。

（7）江汉油田与潜江市

江汉油田于1969年开始建设，20世纪70年代初期投入规模开采，是我国最早投入勘探开发的油气田之一。目前已成为我国南方重要的油气生产基地与盐卤化工基地。1998年划入中石化集团公司。

早期受计划经济和单一农业经济思想的束缚，地方主要抓农业生产，油田专搞油气开发，彼此虽然同处一地，但相互封闭，缺乏合作。其结果是油田的生产和生活受到周围环境的制约，而地方的建设与发展也失去了一些好的机遇。1992年4月，潜江市政府和江汉石油管理局正式签署了《关于相互支持、共同发展的会议纪要》，并作为文件颁发施行，推动了江汉油田和潜江市的合作。但是江汉油田总部和潜江市分开建设客观上影响了地方城镇化和城镇发展的水平。潜江市至今依然是一个县级市。对比鄂州，因为与鄂钢整合发展的成效较好，很早就实现了向地级城市的跨越。

（8）政府驱动大项目对所在城市的影响分析总结

对分城市的大项目影响分析进行总结（表5-3）。

湖北省分城市分析小结

表5-3

城市	主要大项目	积极影响	消极影响	下一步趋势
十堰市	二汽、东风轮胎厂	因车设市，因车兴市	单一产业依赖、城乡失衡	发展汽车产业集群，水电、旅游、绿色产品
鄂州市	鄂城钢铁厂	升级为地级市	环境污染、城市改造难	城乡一体化、开发新城
武汉东湖高新区	武汉·中国光谷	属地化光电产业集群	概念炒作虚涨	综合开发、产业集群
宜昌市	葛洲坝、三峡工程	提升城市文明，拉动经济	环境冲击、新增长匮乏	进一步发展
丹江口市	丹江口水利枢纽	因坝兴市	水源地保护政策严格	生态建设、服务大坝
荆门市	荆门石化	提升城市能级	环境污染、城市改造难	南部新区、工业园区等
潜江市	江汉油田	拉动地方经济	与地方发展分治	加强合作

资料来源：作者整理

总结政府驱动大项目对地方城市化和城市发展的拉动效应，主要体现在：①带来人、财、物以及政策等要素资源的高密度集聚，其本身就会形成规模增值，打破地方自身发展中的瓶颈；②带来大量的非农化就业，带来地方城市人口的快速增长，迅速推进地方城市化；③带来现代的文化和观念，形成新的生产和生活氛围，显著改变原有的城乡社会轨迹和面貌；④带来城乡建设水平的快速提高和人居环境的急剧改变；⑤带来城市功能的明显提升。

但政府驱动大项目投资建设具有项目自身的目的性，常常专注于自己的经济使命，而忽视对地方发展的拉动，由此也存在一定局限性：①大项目多局限于对主城区和大项目相关地区的拉动，对地方整体城镇化拉动效果不够明显——常常导致城区与大项目相关地区发展好、而与其他地区差距拉大的不均衡发展状态；②大项目对原有环境的改变会很大，带来超常规模的物资消耗、能源消耗和废弃物产出，对地方原生环境造成冲击；③大项目常常带有较高级别的行政属性和超大规模的经济属性，在这些面前地方政府和民众常常缺失必要的话语权，这种支配性的压力可能会制约地方积极性和创造力的发挥；④由于大项目常常从自身出发做出安排，与地方的城市功能及发展秩序不完全符合，导致地方城市功能的混乱，甚至存在较大矛盾；⑤部分大项目的环境、安全等管理措施十分严格，由此可能会制约地方多种发展的选择性，进而使其不得不更为依赖于大项目。

改革开放以来，随着地方民营经济和工业区开放经济的发展，以及全国乃至全球性资金流动及大市场的建立，早期政府驱动大项目占地方经济的份额有逐步下降趋势，体现在：①大项目的衍生产业逐渐形成较独立的产业集群，比如十堰的汽配产业有大约30%是面向二汽以外的全国市场；②以工业园为载体的新型经济在发展，一方面吸纳越来越多的产业转移，另一方面吸收包括大项目在内的多方投资组建新的企业集团；③以新城区开发为拉动的城市经济在崛起，支撑了地方财政收入，从而也改善了地方城市的公共环境。可见大项目不是唯一的发展路径，应该争取但不能过于依赖。一般而言中小企业集群常常具有更高的灵活性和创造力，能够更好地适应市场需求，也能够更好地造福地方。从经济全球化的趋势看，无论国资、民资还是外资，经济规模化组织是参与全球竞争的一个重要趋势，因而政府驱动大项目仍然具有重大的意义；但只有强化大项目的社会责任，开放和拉伸其经济链条，培育周边中小企业集群，同时加强对大项目的环境影响监控，才能使得大项目与地方社会发展相得益彰。

5.2.2　政府驱动大项目主导地区开发的现实问题

5.2.2.1　政府驱动大项目的依赖效应

湖北多个城市的地区开发存在着对政府驱动大项目的依赖现象，这直观反映是早期的大项目在如今各城市的经济结构中依然占据了相当重要的地位。在前节对大项目经济份额分析的基础上可做进一步的梳理，可见表5-4。可见在本书考察的各大项目城市中，有着几十年历史的大项目相关经济，今天仍然在各城市的经济份额中占据了重要地位，大部分经济份额超过50%，部分达到80%以上的绝对统治地位，表现出明显的依赖性。

大项目依赖效应所导致的直接问题便是产业体系的抗风险能力。比如十堰市因1969年开发国家第二汽车厂（现为东风汽车公司）而设立，虽然城市规模已经达到数十万人，经济社会水平在湖北省位居前列，但城市产业体系一直以来都对东风二汽有着绝对依赖。2003年东风汽车总部外迁至武汉给十堰造成了很大的冲击，工业总产值连续数年徘徊不前，社会氛围也消沉迷惘，直到"十一五"期间十堰市政府与东风汽车公司签订合作共建纲要，保留东风汽车商业用车、零部件事业部、装备公司和销售结算中心，并增加数十亿投资，才打破了地区发展的低迷局面。但直到2007年，十堰汽车相关行业的工业产值和利税依然占比80%以上，说明大项目依赖根深蒂固，难以根本扭转。鄂城钢铁厂在鄂州的情况也曾经比较类似，鄂州因钢厂而兴，较早建立了地级市。由于鄂钢的铁矿石主要进口自国外，一直受到国际铁矿石价格波动的影响，在1997年金融危机期间更导致鄂州的工业产值下滑，反映了这种大项目依赖模式的被动性。但近年来鄂州在推进城乡一体化发展，新城区和民营经济发展势头较好，新兴产业日益发展且呈多元化，从而在很大程度上缓解了对鄂钢的单一依赖。

湖北省多城市的大项目依赖程度梳理 　　　　　　　　　　　　表5-4

城市	主要大项目	涉及行业工业总产值份额（2007年数据）	涉及行业工业利税份额（2007年数据）
武汉	武钢、二汽基地、武昌造船厂、重型机床厂、武汉锅炉厂、汽轮发电机厂、武汉石化厂、青山热电厂、中国光谷、武汉烟草、长江大桥	78%	86%
黄石	大冶钢厂、大冶有色金属公司等	72%	70%
十堰	二汽、轮胎厂、丹江口水利枢纽	81%	91%
宜昌	中南橡胶厂、红旗电缆厂、长江机床厂、湖北化肥厂、枝城石油库、葛洲坝、三峡工程	54%（2008）	约80%（2008）
襄樊	鄂西化工厂、湖北化纤厂、襄樊轴承厂、二汽基地、襄樊火电厂	72%	63%
荆门	荆门炼油厂、荆襄磷矿厂、葛洲坝水泥厂	59%	48%
鄂州	鄂城钢铁厂	13%*	32.9%*
孝感	应城石膏工程、军工企业迁入、汉川电厂、盐磷化工	43%	54%
潜江	江汉油田	50.8%	77%

备注：*为访谈估计数据，只对应鄂钢厂本身，不包括衍生产业。
资料来源：作者整理

5.2.2.2 政府驱动大项目的挤占效应

大项目的挤占效应主要体现在投资挤出、空间占用和机会占用等方面。

理论界一般认为，大项目作为国家投资，会对民间投资产生抑制作用，挤占地区开发的民间投资空间，这就是挤出效应理论的基本思想。在我国，由于一直以来国家对于地区开发投资的主导掌控性，民间投资一直相对薄弱，可以说是一种宏观上的挤出效应，其在湖北省大项目主导地区开发中也有体现。比如说鄂钢投资在鄂州受到了地方政府的许多政策优待，包括免费供地、财政征地、财政安置，水、电、气力保，协调周边社会矛盾等，这从反向上压抑了来自其他渠道的投资的竞争力。早期的鄂钢及其配套衍生产业投资曾是鄂州地区开发的绝对主体内容，但这种状况随着鄂州近几年开发新城和推进城乡一体化而有所改观。

大项目的另一个常见现象是对地区开发优势空间的占用，从而影响了地区城乡发展的正常拓展或更新，乃至于制约地区城市发展和地区开发。同样以鄂州为例，鄂城钢铁厂占据了主城区与西山景区中间的要害位置（图5-4），占地面积较大，钢铁生产的内部交通困扰了城市交通；钢铁生产还带来了一定的烟尘废水等环境污染。这些都同时对城区以及西山景区的发展造成了负面影响，从而导致鄂州整个城市的品位难以提升。类似的情况还发生在荆门石化厂周边的老城区、武汉靠近武钢的青山区等等。实际上，早期的大项目空间如今已成为各地城市更新和开发中的难点区域。类似的情况还出现在贵阳的三桥马王庙片区、上海的宝钢地区、北京的石景山区，对其改造和搬迁常常耗费巨大，且非常困难。

大项目挤占效应的另一个体现是对地区发展机会的占用。这是因为大项目常常是高层确定的任务，着眼于全局，可能会忽视乃至压抑地方发展的需求；而这类大项目常常占据地方的优势资源，从而就造成了地方正常发展机会的缩小。比如丹江口水库是南水北调中线工程的重要水源地，毗邻的丹江口市曾因服务水库大坝建设而一度得益；但丹江口水库占用了该市主要的自然资源，并且由于服务于南水北调工程的总体需要，丹江口市的移民、生态建设、服务大坝等任务较重，而水源地保护政策又不允许地方大规模地发展工业，从而使得丹江口市无法实施正常的地区开发。

5.2.2.3 政府驱动大项目的即时效应

大项目的即时性指大项目在发展的一些关键时刻，比如建设之初、关键转折时期等，会给地区开发注入超常的资源，从而推动地区在短时间内实现飞跃式发展。但从长期来看，由于大项目体系庞大，运营复杂，其日常发展一般难以持续对地方产生溢出效应，从而形成一种初期速增、后来趋缓的发展局面，难以维持持续性活力。比如十堰由于1969年二汽基地的建设，两年内即从偏远村镇跨越到10万人的小城市行列，二汽24个专业厂和东风轮胎厂的建设迅速建构起地区的工业基础。但随后用了10年时间才发展到30万人规模；而2003年东风汽车总部的搬迁还带来了负面的即时效应。

我国早期的大项目，还由于计划经济的管理体制不善而日渐陷入困境，导致总体效率不高。在湖北，这体现在改革开放后湖北省总体经济发展增速落后于沿海地区，早期国家计划安排的大项目曾普遍面临经营不善的困境，导致地区发展也速度缓慢。深层次地看，这与大项目主导开发的体制存在根本性的缺陷不无关系。

5.3 湖北省的政府驱动大项目开发机制解析

上述分析已经显示，湖北省政府驱动大项目开发对所在地都有着塑造性的影响，同时也带来了一些现实问题。本节运用"开发主体—空间生产—价值循环"三层次解析框架，对这类大项目主导地区开发的逻辑过程进行还原，寻求对其内在机制的理论解释。

5.3.1 对地区开发机制的理论还原

5.3.1.1 开发主体结构

这类大项目的主体组合经历了这样的过程：一般源于高层领导对国家或省区发展的总体考量；形成决策之前会安排人员分批次地进行调研和踏勘，形成项目建设方案；批准和启动项目建设时又会安排专门的技术专家组成项目建设团队；建成之后又会安排对口的生产经营团队负责项目的运营管理，而地方政府有配合及服务的任务，但具体的策略因人而异。这样就形成了国家（政府高层领导）、调研团队、建设团队、管理运营团队、地方政府等不同阶段及人员构成的大项目开发的主体构成。

其中中央政府是最高层面的资源调配决策者，管理运营团队是直接的执行者，地方政府是密切的利益相关者，这三类人员是核心的影响主体；而调研和建设团队只是处在技术层面的执行者，相对影响较小。由于计划经济时期不存在直接的项目周边衍生市场，产供销及利润皆统一调配。地方民众统一聚拢到地方政府旗下，项目员工集中在项目管理运营团队旗下，不存在其他的干预主体。因而，中央（或

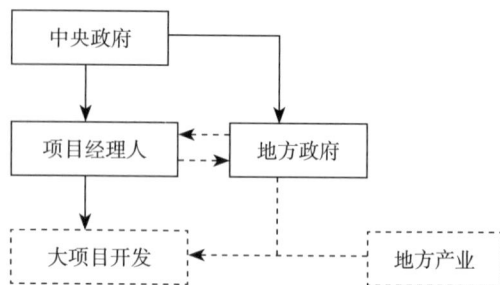

图5-5　政府驱动大项目开发的开发主体结构
资料来源：作者自绘

省级）政府、地方政府和项目经理人之间的互动作用构成了此类大项目开发的主体结构（图5-5）。

此类主体结构中，中央政府是核心及主导者，其政治权威和行政权力构成了主体作用的核心机制之一。而项目经理人在管理运营过程中将运用产业发展的必要知识和能力，因而技术过程是此类项目开发的另一个核心机制。地方政府的常规任务是配合大项目的实施，做好项目所在地区的总体安排。由于国家安排的大项目对地区的总体发展并不一定都具积极意义，有时可能是掠夺性的或具挤出效应，从而地方政府在支持或者不支持大项目之间会有两难选择，这是内生的矛盾。有的地方政府选择了前者，有的地方政府选择了后者，而更多的地方政府则是处在两者之间，即在完成上级交办的任务同时，与大项目建设和运营主体形成某种博弈关系，以获取更多外溢利益。

5.3.1.2　空间生产

概括这类大项目的空间生产的一般过程：第一步是选址，经过踏勘调研框定项目所需的用地范围；随后对项目的生产安排进行设计和基本建设，比如厂房、机器、配套设施等；进而开始生产产品，由国家统一调配产品到使用者环节，并投入再生产。这个过程是相对纯粹的生产组织行为，其中核心的机制涉及对建设和生产效能的单纯追求，即，首位的安排是生产性的厂房、机器、道路、仓库等的开发建设及其投产使用，随后才是必要的住房、办公楼、文化娱乐设施等的安排。对地区开发来说，主要的职能是提供土地空间和必要的资源配套；其中一些对空间距离颇为敏感的配套需求会在本地形成产业集群。本地的就业、收入和社会福利也会因大项目而有所提升，但是所提供的土地资源的价格会被大大压低，或者无偿提供（图5-6）。

5.3.1.3　价值循环

这类政府驱动大项目开发的价值循环可以概括为这样的过程：首先是投入人力物力成本和土地资源进行基本建设；然后是投入人力物力成本进行生产；最后是产品的产出，实现了投入的人力物力以及土地资源的价值凝结。这个具有使用价值的产品在配给和使用过程中实现其市场价值，只有当这个实现的价值比其产前的价值总量更大时，整个地区开发过程的价值循环才是良性的（图5-7）。

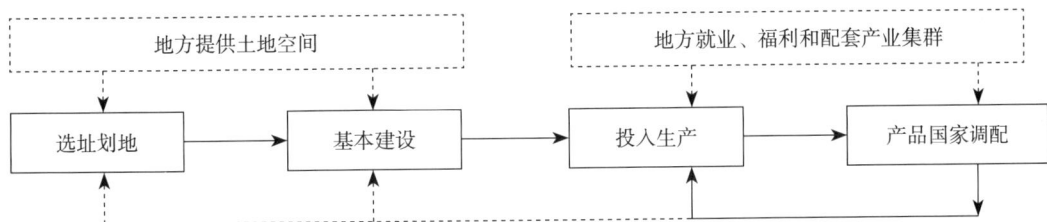

图5-6　政府驱动大项目开发的空间生产
资料来源：作者自绘

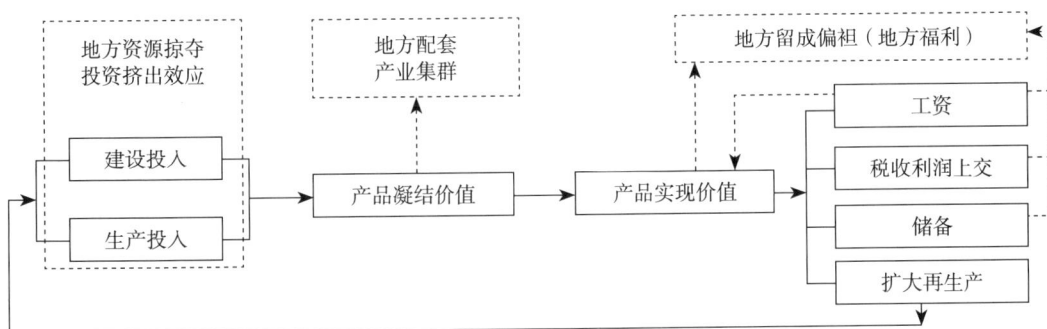

图5-7　政府驱动大项目开发的价值循环
资料来源：作者自绘

这个过程中的核心机制是项目生产过程的价值凝结，这是将之前分散的人力物力价值统一凝结到新的具有更高价值的产品的关键；但这同样是一个被精心界定了边界的技术化过程。

对于地区开发来说，这个价值循环首先获得了超越本地资源能力的国家大规模投入，从而能够在本地实现超越性的价值凝结和新价值创造，这本身可以认为是地区空间开发的一种"成功"。但是，这个过程也可能是地区发展的一个"过客"，甚至可能是一种"掠夺"，因为其产出产品的价值分配是非属地化的国家调配。比较好的情况是，国家做出对地方比较偏袒的安排，从而地区发展获得超越性的绩效；比较中性的情况是，国家对地方并没有给予过多关注，但地方在配套大项目时进行了积极的对接和自我提升，从而也避免了成为大项目的"看客"；最不利的情况是，地方不仅成为大项目的"看客"，还遭到大项目对资源的"掠夺"和挤出效应而无法实现正常的发展，这在部分案例中也有所呈现。

5.3.2　对地区开发机制的理论解释

这样一种机制，体现为"集中的资源调配和技术化的生产代理"相配合的过程。即，国家对资源的投入、产出、生产组织、产品价值实现等全过程都提供集中的管理安排；项目经理人是纯粹的技术化生产代理，技术理性的实现是其主要的激励机制；而地方发展必须内化到这两个主体中去，即参与国家资源调配或融入项目经理人的代理过程，才能获得福利回报。这种机制，在一种群众运动式的激励机制和一穷二白的发展基础上，实现了集中力量办大事、快速突破低水平均衡的效率。对所在地区来讲，这种自上而下安排的大项目，能够集中本地所不具备的社会资源和发展能力，从而实现地区开发的跨越式突破，体现出了地区开发的超常规的绩效。

但就这种发展本身而言，前文所分析的现实问题反映出其内在的矛盾性。首先，这种体制要求中央政府的计划人员面对全国数亿人口、数百万平方公里的资源调配，其需要处理的信息远远超出作为主要领导的个人所能承受的极限，其信息效率会很低，为了应对这种低效，很多时候高层政府只能抓大管小，从而抓大项目成为一种重要手段。但即便是这些重点抓的大项目，从其末端组织到中央政府的信息传递层级仍然过多，难免会效率低下。其次，由于项目经理人与项目的生产经营状况没有直接的效益挂钩，虽然在一定状况下群众运动的思想教育能够激励大家的集体斗志，但是频繁的群众运动在激励斗志的同时也在造成社会资源的浪费和经济社会环境的不稳定，是一种不可持续的激励机制，在长期的时态下，项目经理人、国家利益和决策、地方利益和行为以及项目的生产经营状况之间不能维持激励的统一，从而难以实现激励相容和统一高效的地区开发行动。可见，这种体制存在着信息效率低下和激励相容不可持续的问题，简单地说，就是集中调配能力存在瓶颈、执行层的活力不足，造成了许多现实的问题。比如：大项目的依赖效应体现了执行活力的不足，地方发展缺乏能动性而依赖上位投资的大项目；大项目的挤占效应则体现了集中调配能力的不足，无法洞悉地方发展的每一个信息，无法做出细节上的优化配置；大项目的即时效应同时体现了集中调配能力与执行活力的不足，集中安排时大干快上，而延续发展时效率低下。

5.4 本章小结

湖北省是计划经济时期政府驱动大项目主导地区开发的典型省区。从新中国成立初期的156大项目到"文革"三线大项目、再到后来的成套引进大项目，湖北省均占有重要份额；改革开放以后的政策区开发则相对式微。其中，早期的大项目主要分布在武汉、黄石、十堰、宜昌、荆门、潜江、鄂州、襄樊等地。这些大项目对湖北多个城市有着塑造性的影响，主要的大项目入驻城市在地区经济指标中排位相对靠前，人均指标优势明显；并且，大项目及其关联经济在这些城市的经济份额中也居主导地位。可以说，政府驱动大项目是各相关城市发展的基础性动力；但大项目也可能会带来负面影响，造成依赖效应、挤占效应、即时效应等，甚至对部分城市的发展构成某种约束。

其发展机制，体现为"集中的资源调配和技术化的生产代理"相配合的过程；这种发展能够集中本地所不具备的社会资源和发展能力，从而实现地区开发的跨越或突破。但这种发展依赖于"群众运动"和计划调配的激励机制来调动广域资源，在"一穷二白"的发展基础来形成突破，从长期来看，这种发展在信息效率和激励相容方面都存在着某种弊端，可概括为"集中调配能力存在瓶颈和执行层的活力不足"，是一种难以长期持续的发展机制。

第6章 计划经济向改革开放转轨期案例：
宁波北仑地区开发

宁波位于中国海岸线中段，有非常优越的港口条件，自唐宋以来便是中国主要的对外港口地之一，但近代以来一直徘徊在小规模内河港状态。1973年在周恩来和粟裕（当时协助总理抓经济工作）的关注和推动下建设了镇海河口港新港区。这成了后来大规模开发的前奏。1978年，配套上海宝钢建设的"10万吨级深水矿石中转码头"大项目落户宁波镇海北仑山附近，启动了北仑大规模海港城区（北仑港区、穿山港区、梅山港区等）开发的进程。随后，在国家实行改革开放政策的背景下，北仑地区设立了宁波经济技术开发区、北仑港工业区、大榭开发区、宁波保税区、宁波出口加工、穿山半岛港区、梅山保税港区等一系列政策区。经过多年努力，北仑这一原本荒僻的宁波远郊地区被开发成为人口数百万、年财税数百亿的新城区。

北仑地区兼具早期大项目开发和改革开放后政策片区开发特征，具有独特的研究价值。本章重点考察其从大项目主导到政策驱动开发的四阶段演进历程，对其中大项目和政策的积极与消极影响进行总结，并因循前文"开发主体—空间生产—价值循环"的解析框架，还原其开发机制的逻辑过程，并寻求理论解释。

本章所用数据及信息资料主要来自《北仑地方志》（2010）、《北仑纪事》（2009）、《北仑统计年鉴》（1993～2011各年），以及其他刊物、书籍、卷宗中所载的相关资料，并包括笔者在北仑地区的实地调研和访谈所获信息的整理。

6.1 北仑地区开发历程及其政府驱动的演进

6.1.1 1978～1983年：政府驱动大项目启动开发

在北仑港大项目建设之前，北仑地区是隶属于镇海县的一个偏远农渔地区。据北仑区志记载，20世纪70年代至80年代初，北仑境内小港、大碶、霞浦、柴桥、大榭、白峰、春晓等乡镇中心的规模均很小，一般仅有三四十家铺面沿一条街道铺开，民房大多为1～2层的砖木结构自建房，道路宽度一般在10米以下，上下水等设施非常不完善。到1988年建立北仑区土地管理局时，城乡建设用地仍仅占8.29%，而耕地、园地、林地和水域占84.83%。

1977年，国家决定引进先进的技术和设备，在上海兴建年产500万吨钢材的上海宝山钢铁总厂。按设计要求而估算，宝山钢铁总厂每年需要运输的铁矿石、煤炭、石灰石、白云石、钢渣、钢坯、钢材等达3000万吨，其中水运2500万吨，占80%以上。投产后，在水运的原材料中，有从澳大利亚等国进口的1000万吨铁矿石，将采用10万吨级的海轮装运。但是，长江口水深有限，10万吨级货轮需要经过中转码头减载后才能进入宝钢码头，若改用2.5万吨级海轮由澳大利亚直接运抵宝钢，每年要多花7000万美元。1978年1月3日，原国家计委、建委、冶金部与上海市委、浙江省委的领导、专家以及有关人员在杭州召开会议，专题讨论建造10万吨级矿石中转码头的选址定点问题。经过多方面比较，与会者一致认定，北仑是我国东南沿海不可多得的天然深水港址，且施工条件好，施工队伍的生活供应和施工材料、设备进场均可水、陆路并举；陆域幅地大，对港口堆存、仓储和加工工业十分有利，已围和未围的滩涂可供利用；附近砂石料资源丰富，就地即可开采，可节约投资；当地还有水库和大型发电厂，供水、供电都比较容易解决。所以一致认可宝山钢铁总厂矿石中转码头在北仑兴建的方案。同月10日，中央批准决策此项方案，随后由交通部主导开展相关设计及施工筹备工作，交通部基本建设局副局长子刚任北仑港建设指挥部指挥。显然，北仑港大项目建设是国家行为，体现了计划经济下政府驱动大项目开发的特征。

北仑港区矿石中转码头是我国第一个现代化的10万吨级矿石中转码头，推动宁波港口走向了海港时代。码头主体工程于1979年1月10日动工，1982年12月24日至27日码头竣工验收并投入试生产，主体工程历时4年。码头配套工程还有：3000吨级港作船码头1座，进港公路14.1公里，日供水量6000吨水厂1座，镇海—北仑110千伏双回路输电线18.6公里、居子山110千伏专用变电所1座、35千伏港内变电所1座、6.3千伏分变电所6座。另有无线电通信、雷达导航、航道（配有常规航标）、锚地、综合观察站、信号台、港机修理厂以及外宾招待所、海员俱乐部、职工医院、中小学校、幼儿园、港外住宅小区等设施。

这些大项目、大工程的开发建设，改变了北仑原来的滨海农渔地貌，揭开了大规模地区开发的序幕。

6.1.2　1984～1991年：开发区与大项目区齐头并进

在北仑港大项目及其配套工程稳步推进的同时，1984年在距港区10公里的小港设立了3.9平方公里的国家级宁波经济技术开发区，1986年又在临港地区设立了70平方公里的北仑港工业区。三者相互呼应又彼此分离，形成了开发区与大项目区齐头并进的局面。

1984年，为配合大项目开发，第一个大动作是从原镇海县范围内切分出滨海区（即后来的北仑区）。滨海区囊括了上述几个类型的区块，从政府体制上为进一步的地区开发奠定了基础。新的滨海区选址在北仑港区正后方的新碶镇大路村，规划安排了明州路以北为区政府招待所和机关干部宿舍、路以南为区级机关行政办公区的总体格局，由此奠定了北仑地区城市开发的核心区。

同时，北仑港的配套及相关项目进一步推进，包括北仑港铁路、装机容量120万千瓦大型北仑港发电厂、为配合大项目用水而改造千亩岙水库，此外若干个通用及专用码头建设等。这些大项目又延伸了后续大项目，比如北仑港发电厂3.5万至5万吨级煤码头建设等，从而不断充实北仑地区（时为滨海区）的开发内容。

1984年，在深圳等经济特区开发获得初步成效之后，国务院批准沿海14个城市对外开放，要求在有港口的城市设立开发区，宁波位列其中。经过比选，宁波将拟建的国家级经济技术开发区的选址定于小港。小港地处甬江入海口南岸，三面环山，一面濒海，面积约4平方公里，地理界限明显；离市区18公里，距北仑港区10公里，交通便利，符合中央的选址要求。1984年10月18日，国务院正式批准在小港兴办宁波经济技术开发区，面积3.9平方公里；这是继大连、秦皇岛之后的第三个国家级经济技术开发区。1985年9月、10月相继建立了宁波经济技术开发区党委和开发区管理委员会（市政府派出机构），办公地址设在小港红联。1986年4月份完成开发区西区1.3平方公里的征地、拆迁工作，10月份，总投资650万元中外合资宁波新宇玛瑙有限公司、总投资500万元中科院三环宁波磁厂（后为科宁达公司）以及宁波空调器厂、宁波定时器厂等首批4个项目启动，标志着宁波经济技术开发区进入边开发建设边收益阶段。1987年引进中国五金矿产进出口总公司、中国机械出口总公司等搞联合开发，既引入了开发资金又引进了行业资源。1988年5月，省七届人大常委会第三次会议通过《宁波经济技术开发区条例》，开发区管委会根据《条例》和国家有关规定，制定、公布涉及税收、规划、土地、基建、劳动人事、企业管理等多项优惠政策，包括外资企业所得税的两年免征三年减半及其他减免政策、内资企业的部分税收返还、标准厂房补贴、人才引进支持等。至1992年，宁波经济技术开发区实际开发面积524.8公顷，已经超出了原划定规模，基本形成工业、商贸、仓储、生活、娱乐和别墅六大功能。

在设立"国家级"开发区的同时，基于北仑港口条件，由地方政府和企业联合，积极争取新的临港产业开发。当时曾有港商船王包玉刚与邓小平就大型钢厂开发进行直接交流，促成了依托港口的另一处工业区开发，即北仑港工业区。这是当时开发区体系之外的一个特例。1984年12月中央领导在会见香港环球航运集团主席包玉刚时，表示支持他在北仑港边兴建大型钢铁厂；此外还有不少外商也有意到北仑投资大型工业项目。1985年10月29日，国务院副总理万里在宁波主持召开加快宁波经济开发会议。会议做出了这样的定调：宁波北仑地区近期有一批利用外资大型基础工业项目动工兴建，外商要求享受开发区优惠待遇，浙江省和宁波市也要求这些项目都享受开发区待遇，或者将开发区范围适当扩大，须请国务院特区办商经贸部等有关部门确定。据此，12月7日，宁波开发区管委会向上呈报扩大开发区范围的建议方案。1986年12月11日国务院正式批准建立北仑港工业区，规划面积70平方公里，并明确在工业区兴办的外资企业享受开发区优惠待遇。但由于多方面原因（比如包玉刚推动的钢厂未能如愿实施），北仑港工业区开发迟迟未能有效推进。

1989年风波过后，中央释放出进一步开发开放的信号。浙江省政府把北仑列为对外开放重点。当时宁波经济技术开发区已经饱和，北仑港工业遂成为关注重点。1991年成立北仑港工业区管委会，与北仑区合署办公。工业区管委会确定了"小区先行，确保重点，以点带线，梯度

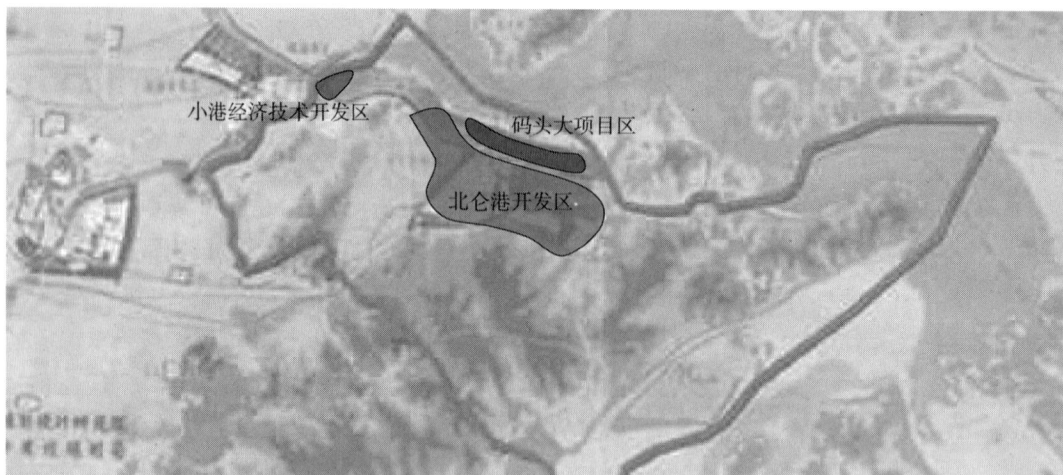

图6-1　基于1986版宁波市总体规划勾勒三类地区开发的大致范围
资料来源：笔者结合1986版宁波市总体规划图绘制

推进"的发展思路，青峙、小山、港前三个工业小区于1991年10月先行启动，分别由开发区实业开发（集团）总公司、台商独资宁波太平洋土地建设有限公司、宁波华能港前联合总公司负责开发建设，吸引了一批大型企业入驻，当年即实现投产企业11家，产值1.2亿元。

这样，就形成了北仑港大项目区、国家级的经济技术开发区、地方积极争取的北仑港工业区三类地区开发齐头并进的局面（图6-1）。

6.1.3　1992～2002年：政策和项目联动开发

1992年，邓小平南方谈话后不久，浙江省政府先后向国务院上报要求将宁波经济技术开发区与北仑港工业区合并的请示报告和补充请示报告。1992年10月21日，国务院批复同意将宁波经济技术开发区与北仑港工业区的重点区域合并，统称宁波经济技术开发区，面积扩大为29.6平方公里，同时北仑港工业区被撤销。经济技术开发区扩大了区域范围，进入提速增效发展阶段，扩大开发面积和开发规模，开发建设主战场移到北仑港正后方的"黄金地带"，提高引资质量，基本形成临港大工业格局。从而，此前的三区并行变成经济技术开发区一区统揽，大项目和大政策联合驱动地区空间开发的局面。

在原有5.24平方公里开发区的基础上，1993年宁波经济技术开发区扩区当年便实现了累计开发土地面积20.58平方公里，其中工业用地11.21平方公里，完成基础设施框架近10平方公里。逐步建设了约2平方公里大港工业城、约10公顷科技创业园、约13平方公里台塑工业园、综合性商贸基地东方贸易城等。到2002年，当年实现国内生产总值105.4亿元，其中第二产业对GDP的贡献率达77.8%，电力、造纸、机械、服装、石化、食品等优势产业共完成工业总产值194.7亿元，占全区500万元以上规模企业工业总产值的71.2%。

在开发区之外，又设立了宁波保税区（1992）、宁波出口加工区（2002）、大榭开发区（1993）等开发区块，形成"三区一岛"政策区开发大格局（图6-2）。其中1992年设立的宁波

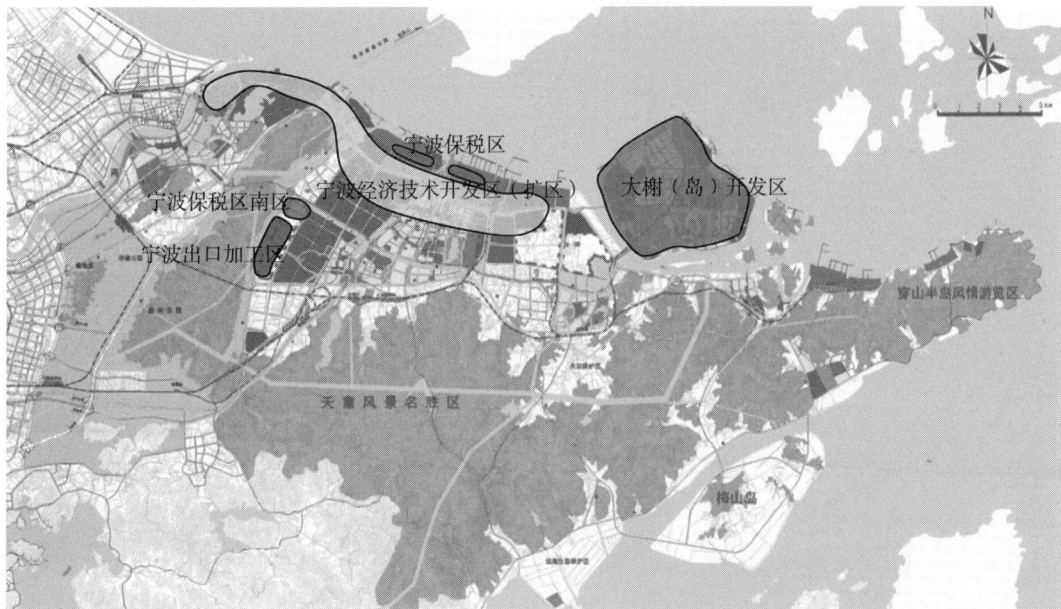

图6-2　基于2001版宁波市总体规划勾勒"三区一岛"政策区开发的大致范围

资料来源：笔者结合2001版宁波市总体规划图整理

保税区位于北仑港南侧，面积2.3平方公里，2002年又设保税区南区，面积0.4平方公里，实行免征、免税、保税的"境内关外"政策，其中包含了2004年设立的宁波保税物流园区（实施一套班子两块牌子模式）。1993年3月设立的大榭开发区，包含大榭全岛约31平方公里，位于北仑港东北侧穿山水道对岸，是全国唯一一个完全由企业主体"中国国际信托投资公司"成片运作的地区开发，实施的是国家级经济技术开发区政策。2002年设立的宁波出口加工区位于经济技术开发区内，保税区南区的南侧，面积3平方公里，区内除执行国家级开发区、经济特区和保税区政策外，还享受免征、免税、保税和进区退税政策。

这些政策性开发区与临港大项目开发都有着密切的联系。同时北仑港也在拓建新的大型码头，比如20万吨矿石中转码头、三期集装箱码头、镇海炼化公司码头、北仑发电厂码头、北仑驳油平台等，比之前的码头规模更大、类型更全，推动北仑地区成为国际级的大型港口枢纽。

6.1.4　2003～2010年：政策区开发二次创业

到21世纪初，一方面原经济开发区用地饱和，水、电、资金都紧张，且偏重于产业开发而配套不足；另一方面国家各项特别开发政策逐步到期，拓展更多的开发又导致部分开发政策泛化到整个北仑行政区；同时，北仑行政区却因为财力不足而导致城市建设滞后，与开发区在地区管理上也存在众多不协调，这些问题都影响着北仑地区的进一步开发提升。为了应对这个问题，开发区、北仑区于2003年1月1日起实施合署办公，实行统一的管理体制。

合并之后的开发区与北仑区融为一体，除了特定的保税区、出口加工区、大榭岛等特定政策区之外，已经很难界定经济技术开发区的边界，来自于国家和地方政府的各类开发优惠政策，

图6-3　基于2004版宁波市总体规划勾勒北仑地区开发及东区拓展的大致范围
资料来源：笔者结合2004版宁波市总体规划图整理

经过部分收回或部分泛化，几乎覆盖了整个北仑地区。地区开发政策不再是只针对特定地块的倾斜，而是运作整个北仑地区开发的一种手段，在各个区块都可以采取政策或其他变通手段，促使北仑区几乎每一块可开发的地区都运转起来。其中最突出地体现在拓展北仑东区开发，包括春晓工业区、位于白峰峙北海岸线的穿山港区和梅山保税港区，称为二次创业阶段（图6-3）。

　　其中春晓工业区是地方积极推进的新地区开发，始于2004年。2007年完成规划论证，目标是以发展循环经济产业为特色的宜居宜业滨海生态新城区。基础设施建设2005年便已开始，是年完成2134亩盐田征用，有20多家企业签订投资协议（宁波市北仑区志，2013），到2011年上半年累计入驻企业104家，吸引外资30多亿元，其中1000万美元以上企业20余家，累计出让土地5200余亩。

　　位于白峰峙北海岸线的穿山港区属于深水航道，港口岸线资源非常丰富，可以建设多个第六代集装箱泊位，是宁波和北仑新临港产业发展的又一个新的重要空间。目前安排的项目自西向东分别为：宁波港北仑四五期集装箱码头、宁波港穿山中宅煤炭码头、浙江省天然气（LNG）接收站及港口工程、宁波港鑫东方燃供仓储项目、宁波光明散杂货码头和北仑固废处置站。限于地形，其腹地开发不多，但正好可以避开对生活影响而开发一些专业性的码头，对地区总体经济发展具有深远影响。

　　梅山保税港区则是地方积极争取的国家政策区开发，2008年2月24日获得国家批准，成为中国第五个保税港区，也是北仑地区第六个国家级开发区。国务院批复其面积为7.7平方公里，位于梅山岛东南片，其功能和税收、外汇政策按照洋山保税港政策执行，即"开展国际中转、配送、采购、转口贸易和出口加工等业务，拓展相关功能""享受保税区、出口加工区相

图6-4　梅山保税港区规划效果图

资料来源：宁波梅山保税港区情况介绍. 浙江在线新闻网. http://zjnews.zjol.com.cn/05zjnews/system/2008/04/09/009394387.shtml

关的税收和外汇管理政策""实行封闭管理"等。地方政府在编制规划中将规划范围拓展到覆盖全岛38.3平方公里（图6-4），其中除7.7平方公里保税港区包含码头作业区、物流仓储加工区和港口配套服务区外，其他约30平方公里地域安排了增值服务区、国际商贸区、地方文化社区、高档居住休闲区等周边开发内容，演绎出商务休闲旅游胜地、生态岛等多元开发内涵，赋予了"宁波打造亚太地区重要国际门户城市的核心区、浙江深化对外开放和实施'港航强省'战略的先导先行区、长三角建设资源配置中心和上海国际航运中心的重要功能区、国家建设自由贸易区的先行试验区"等战略目标定位。梅山地区开发的基础设施建设2007年启动，在2009年2月24日总规发布会上签订7个大型项目（宁波市北仑区志，2013），2010年6月保税港区一期封关面积2.5平方公里通过国家验收，开始实际运营。

6.2　北仑地区的政府驱动开发的成效分析

6.2.1　大项目与大政策塑造了北仑地区开发

从上述历程分析中可以看出，早期大项目主导与后来的大政策驱动，构成了北仑地区开发的主体内容。本节将对其产生的影响做全面分析，分为直接影响和总体影响，其中直接影响是对大项目和政策区开发产生的直接拉动效应做分析，而总体影响则是对北仑地区在大项目和大政策驱动影响下的总体发展状况做分析。

6.2.1.1 大项目及政策区直接资源投入

大项目及政策区的开发带来直接的资源投入，包括直接的港口、码头和开发区建设，及为这些项目直接配套的基础设施和后勤服务设施等建设。

首先是为宝钢配套建设的1个10万吨级矿石卸船泊位和2个2.5万吨级装船泊位，于1982年底建成投入使用，是当时全国吨位最大的矿石码头。随后，又陆续建成了20万吨级矿石中转泊位（可停靠30万吨级特大型货轮）、25万吨级原油码头、10万吨级国际集装箱泊位等，都达到当时全国领先的规模等级。同时还有若干万吨级煤炭专用泊位及通用泊位建设，以及金光粮油、正大粮油、海螺水泥、协和石化等货主码头建设等。到2006年，已建成生产性泊位39座，其中万吨级以上31座，并拓展了大榭、穿山、梅山等多个港区，成为中国大陆大型和特大型泊位最多、进出10万吨级以上超大型巨轮最多的港区，是年完成货物吞吐18620.62万吨，其中原油、成品油装卸2728万吨，集装箱运输491.34万标箱（TEU）。到2010年，宁波港全年货物吞吐量突破4亿吨，稳居全国前列，并与舟山地区港口联合成为全国乃至全球货物吞吐量领先的大港；同时宁波港集装箱吞吐量完成1300.4万标准箱，进入中国大陆前3和世界港口前6强，增幅24.8%，居全国8大港口和全球30大港口之首。其中北仑地区港口承载了大部分的运输职能，已成为世界一流的综合性深水大港。这些港口已经构成北仑地区经济发展的标志和有力支撑。

与此同时，开发区建设也从最初的不足4平方公里，逐步拓展到29.6平方公里经济技术开发区，约31平方公里大榭开发区，以及具有一定规模的宁波保税区、宁波出口加工区、梅山保税港区等。这些都属于国家级开发区，享受国家政策支持，同时还有直接的贷款资金注入和要素产业资源投入，奠定了北仑地区发展的主体基石。

为了支持这些大项目和政策区的开发，配套建设了一系列的基础设施。1985年12月，在建设最初的10万吨矿石码头时即同步完成了宁波至北仑区铁路37公里，以及水厂、110千伏输电线路、无线电通信、雷达导航、航标信号台等配套设施。疏港铁路在北仑设了大碶、北仑两站，改变了北仑地区没有铁路的历史。早期的骆霞公路不仅仅是北仑港的疏港公路，同时很长时间都是北仑地区的主干门户公路。后来的同三高速也受到临港需求的拉动而得以延伸到北仑。这类情形还有很多，比如北仑到宁波通信光缆、宁波经济技术开发区污水处理厂、岩东污水处理厂、大碶水厂等，都在地区开发过程中逐步建成。明显提升了北仑地区的基础设施水平。

此外，还配套建设了各种后勤设施，比如外宾招待所、海员俱乐部、职工医院、中小学校、幼儿园、港外住宅小区等。北仑第一个住宅小区是宁波经济技术开发区的生活区——蔚斗新村；北仑标志性的大厦一直有着北仑港的印记，比如北仑海关大厦、保税区创业大楼、宁波港大厦等。新碶和小港由于分别靠近大项目和政策区的初始地而成为地区城市化的排头兵；配合经济技术开发区建设的戚家山宾馆曾长期是北仑对外交流的主窗口。

可以说，相比于之前的农渔状态，大项目和政策区带来的资源投入，不仅仅拉动北仑的产业发展，在很大程度上也直接构成了地区空间开发的基本内容。

6.2.1.2 大项目和政策区吸引产业集聚

从北仑统计信息网（2009）的资料显示，这些大项目和政策吸引了大量的产业集聚。其中港口大项目直接吸引了大量的临港产业集聚，而一系列国家级开发区的运作又进一步促进了关联产业的集聚和传统产业的扩大。

（1）港口直接关联产业的集聚

比如港口装卸产业、港口物流产业和内外贸易业，近年来已累计引进物流项目21个，其中投资千万美元以上项目17个，形成以丹麦马士基、美国UPS、地中海、香港勤辉等项目为主体，以及为港口配套的仓储、运输、分拨、包装加工、车船服务等综合性物流产业。

（2）港口依存度高的产业集聚

比如能源产业，从最早的北仑电厂，到后来的LNG（液化天然气）、东海油气田登陆工程、BP液化石油器基地站等都是依托地区港口条件而兴建的国内超大型项目，此外还有重大企业自备热电厂等省市重大能源项目和7家热电联产企业为主体的能源产业群；石化产业，优良的港口条件吸引来各方化工产业的集聚，台湾台塑关系企业在经济技术开发区形成总占地13平方公里的霞浦化工园区，于2007年全部建成投产，成为其世界最大塑料王国的重要生产基地，此外还有三菱丽阳腈纶、逸盛化工、埃索石化、亚朔科技、太平洋化学、和桥化工、林德气体等项目分布在青峙化工区、江南化工区、大榭化工区等区块，总投资约76亿美元，形成涵盖上中下游产业、较为完整的石化产业链；钢铁产业，北仑建港之初就有着钢铁梦，在包玉刚钢铁计划流产后，逐步形成了以宝新不锈钢1～5期工程、宁波钢铁（原建龙钢厂）、华光不锈钢等项目为主体的大型钢铁基地，总投资约40亿美元，约能年产100万吨替代进口冶炼、热轧、冷轧不锈钢和600万吨宽厚板；汽车及零配件产业，1999年吉利汽车将主要整车、发动机和变速器制造基地之一放在宁波经济技术开发区，成为北仑地区一景；至2010年，吉利汽车的出口充分利用北仑的港口条件，成本比转运上海节约了20%～30%（傅之庭，等，2010）；同时还有拓普、信泰、敏孚等30多家汽车及汽配生产企业入驻，形成了汽车产业群；造船产业同样受到优良港口的强烈吸引，以三星重工业、恒富造船等项目为主体，以整船、游艇及船舶零部件为核心产品形成造船产业群；造纸产业，总投资160亿元，以宁波中华纸业1～3期项目为龙头，建设规模为150万吨的食品和饮料包装纸板、艺术卡纸、高强瓦楞芯纸等各类纸板生产项目，形成以白板纸生产及加工为主、亚洲单厂生产规模最大的造纸产业基地；粮油食品加工产业，总投资7亿美元（北仑统计信息网，2009），形成以宁波麦芽、金光粮油、正大粮油为主体的粮油加工产业，以及以海和森水产品加工、海氏水产品加工、马来西亚佳必可金枪鱼加工、韩国远东8万吨冷库等项目为主体的高附加值水产品加工产业基地。

（3）其他传统优势产业的集聚

塑机产业，以大陆的海天，香港的震雄、力劲，台湾的今机、天星、南嵘、铝台、将军，以及日本的住友、韩国的宇进、德国的德马格等企业和国家级塑料机械质量监督检验中心为主体的注塑机产业群，集中了国内外最有影响力的各类企业20多家，产量占世界1/4，占国内45%（陈未鸣，2011），海天塑机已成为世界规模最大的塑机生产企业，形成了世界级注塑机生产基地；纺织服装产业，以申洲集团、维科家纺、利华羊毛、兴洋毛毯、西田信、侨泰兴等纺织染织企业为主体，逐步形成纺织和服装产业，建成了我国规模最大的针织印染基地；模具产业，以宁波车灯电器、北仑模具压铸、宁波鑫达模具等600多家模具企业为主体，形成了技术先进、实力雄厚的模具产业,被誉为中国"模具之乡",是全国压铸模生产基地之一;文具产业,以贝发集团为龙头,成路、飞腾等企业为主体的文具生产基地,贝发集团生产基地曾是亚洲最大的制笔基地,被中国轻工业协会命名为"贝发中国制笔城"。

上述所列企业大多是拥有国内乃至国际一流生产能力和产业规模的大型企业集团,它们构成了北仑地区大产业体系的主体内容。其集聚首先是缘于港口大项目吸引和政策区政策配套的共同作用,同时也与地方各项配套优惠政策乃至免费供地设立专门的开发园区等措施有关。这些集聚又反过来驱动了地方的大规模土地和空间开发。

6.2.1.3 大项目和大政策催化土地开发

最早的北仑港大项目主要是产业开发而不是地产开发。把土地作为一个对象来寻求开发增值源自于深圳特区。1984年设立的小港宁波经济技术开发区曾谨慎学习外地经验,成立了北仑地区第一个开发公司,起初的开发对象不到4平方公里土地,并且边界清晰,与现有发展地区保持距离。随后,在北仑港腹地地区,通过企业和地方政府共同争取的北仑港工业区,虽然划定了70平方公里的规模,其主导思想仍然是产业开发,包括包玉刚积极推动的大型钢厂建设等。但是,从小港开发区到北仑港工业区青峙、港前、小山三个起步工业小区的开发快速见成效,以及从土地出让中获得明显回报等事实,让一些敏锐的人士嗅到了土地开发的巨大空间。

1993年,经地方政府申请国家审批,位于小港的宁波经济技术开发区与北仑港工业区合并扩区,一方面,北仑港工业区这个"例外之作"撤销,本来70+5平方公里享受国家级开发区政策的范围缩减到27.6平方公里;另一方面,体系内的经济技术开发区规模从5平方公里扩大到27.6平方公里,这其实反映了一种谨慎推进的开发思路。但是,在扩区当年便实现累计开发土地面积20.58平方公里(宁波市北仑区志,2013),反映出当时地方土地开发的热潮已经形成且势头强劲。最终,谨慎推进的思路让位于大规模开发的热潮,北仑先后争取到大榭(岛)开发区、宁波保税区、宁波出口加工区、宁波梅山保税港区等多个国家级开发政策区,实际的开发规模远超过这些具体的政策区范畴。在20世纪90年代末期便已在新碶、大碶、小港等先期开发地区实现了接近饱和的土地开发,到2003年宁波经济技术开发区和北仑区合并时,一个重要的使命便是从北仑全区的范畴拓展可开发空间。随后,北仑区的土地开发和建设逐步蔓延充实到整个北仑地区。地区开发的视野从几个特定的政策区扩展到整个北仑地区585平方公里范畴,一切可供建设的地块皆已纳入规划或备用开发;区块规模从大榭的31平方公里、梅山规划的33平方公里到春晓园区的12平方公里不等。新碶、大碶、小港等先期开发地区也在推进优化开发和局部充实。

同步推进的还有对岸线资源的开发,其中北仑港区及其两侧的甬江口、青峙、穿山、大榭等水道在20世纪90年代末期便已趋于饱和开发,21世纪逐步拓展东区开发和南侧的港口开发,形成了峙北、梅山等新的港区,以及白峰、郭巨、春晓等新的开发地区。即便是不宜建设的山体区也进入了开发视野,逐步形成了现代农业园区、网岙农家乐、九峰山旅游区、总台山烽火台等旅游休闲型地区开发。

据"北仑区政府2011年政府工作报告",到"十一五"期末(即2010年)北仑建成区面积达110平方公里,比2005年扩大25平方公里,城市化水平达65%,提高10个百分点。而另据同年公布的"宁波市北仑区土地利用总体规划文本(2006—2020)",2005年的现状全区建设用地面积达179.65平方公里，其中城乡建设用地面积为124平方公里。这是比北仑建成区更大的全北仑的城乡建设用地规模。对比1984年开发港口大项目和小港宁波经济技术开发区之初，北仑（时为滨海区和镇海县）全境只有新碶、小港等少数几个乡镇的状况，在不到三十年的时间里，北仑地区的土地开发增量规模十分惊人，城乡建设已经发生了翻天动地的变化。其背后，是大项目和政策区的催化作用。

6.2.1.4　北仑区总体发展格局的逐步形成

上述大项目和政策区的影响，与其他方面的因素综合作用，最终塑造了北仑地区开发的总体格局。本节对北仑地区社会经济发展的总体情况进行整理和全面考察。所用数据起始年份以撤县扩区、划定北仑界域的1985年为准，数据主要来自宁波市北仑区志（2013）。截至年份为2010年，数据主要来自2011北仑年鉴和政府工作报告。其中1985年数据为1980年不变价。2010年数据为当年价。参考2011年宁波市年鉴中以1978年为100的历年生产总值指数推算，1980年价格和2010年价格之间差距约为3.23倍，北仑区可沿用此价格差距关系。

1985年撤县扩区时，北仑全区（时为滨海区）国内生产总值按1980年不变价计算为32237万元，经过25年的发展，到2010年，地区生产总值当年价已达548亿元，比1985年增长170倍，若上文的不变价与当年价差距推算，则实际增幅约为52倍，年均增幅17%。北仑地区生产总值占宁波市经济总量的比例也从1985年的4.5%提升到2010年的10.6%，反映出北仑地区开发不仅仅实现了自身的快速增长，还为周边地区作出了贡献。

工业总产值在1985年仅为41155万元（1980年价），其中大部分规模不大，到2010年规模以上工业产值1614.1亿元（当年价），若直接对比，按上文价格差距换算其实际增幅为121倍。可见北仑地区开发在工业发展方面增速快于经济总量增速，具有产业基地的特征。外贸出口总值1986年为206万元，2009年为52.6亿美元，换算其实际增幅达5000多倍，反映出依托港口的外向型经济发展迅猛。

全社会固定资产投资1985年为4344万元（1980年价），2010年为275.8亿元（当年价），换算其实际增幅为196倍，同样快于经济总量增速。财政收入1986年为4946万元，2010年为104.7亿元，换算其实际增幅为65倍，稍微快于经济总量增速。社会商品零售总额1986年为11484万元，2009年为73.6亿元，换算其实际增幅20倍，远低于经济总量和工业、投资的增速，反映出地方商贸市场的不足，靠投资和工业拉动地方发展的特征明显。

城镇居民人均可支配收入1985年为1325元，2010年为30166元，换算其实际增幅7倍。农村居民人均纯收入1985年为589元，2010年为15600元，换算其实际增幅8倍。都远低于经济总量和工业、投资等的增速，也反映出北仑地区开发的一些特征。

考察北仑地区的产业构成。在1985年以前多为农副产品加工业、手工业联社和个体加工作坊，社队办集体所有制工业（即后来的乡镇工业）在改革开放以后发展较快，至1985年全区共有乡镇办工业456家、村办工业694家，工业总产值30153万元，占当时全区工业总产值76.02%。建区后伴随着改革开放和北仑地区开发的推进，以乡镇工业为基础的传统工业得到进一步壮大，逐步形成了模具、塑机、文具、纺织服装等优势产业，在国内和国际都占有相当份额乃至领先地位。同时，随着一系列大型港口码头的拓展，以及宁波经济技术开发区等六个国家级开发区的开发，又引进了一批内、外资企业，尤其是临港产业，由此形成石化、能源、钢铁、造船、汽配、造纸为主体的六大临港工业，以及正大、金光等兼具临港和农产品加工的大型企业，使工业结构发生根本性变革，工业经济实现量的扩张和质的提高。2010年六大临港工业实现产值925亿元，占规模以上工业生产总值57%。可以说，北仑的工业发展取得了长足的进步，但是，传统产业和临港产业之间缺乏交融的现象仍很明显。

　　考察北仑区的实际开发建设进展（图6-5）。1986年的建设分布还较为零星分散，主要是各村镇居民点，彼此联系不紧密，开发区和北仑港虽已经启动建设，但对地区开发的推动作用还未显现。到1994年，几个重点开发的区块已经显现，主要是位于西北侧靠甬江口南岸的宁波经济技术开发区，以及中北部沿岸线的青峙、港前、小山三个北仑港工业区的先期启动区块，新碶镇区由于靠近北仑港也有一定的建设拓展。到2006年，西北侧老开发区周边开发建设已经沿甬江南北蔓延开来，中北部新碶港前片区已经形成了较大规模的连片建设，成为整个北仑的中心，而往东及往南的柴桥、白峰、郭巨、春晓、梅山等地也已经出现零星建设的扩张趋势，实际建设分布已经在全区除了山体之外的所有地区蔓延。反映出地区开发的迅速扩张态势。在最新的规划中做出了"一带、一区、一城、六基地"九大产业基地的安排，"一带"指临港工业产业带、"一区"指梅山保税港区、"一城"指春晓滨海新城，"六基地"分别是现代国际物流产业基地、高新技术产业基地、高端模具产业基地、现代装备产业基地、汽车产业基地以及高端商务基地，也反映了全区域开发的取向。

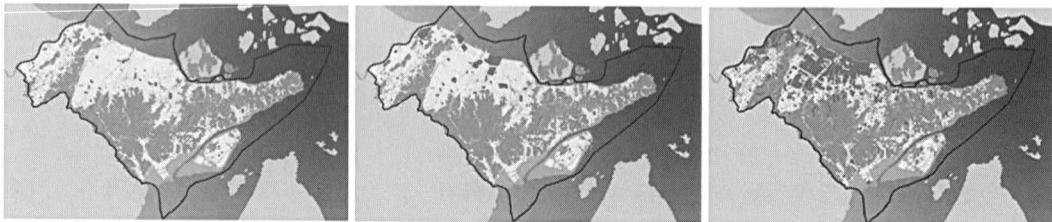

图6-5　北仑地区1986、1994、2006各年实际建设分布对比
资料来源：政府驱动与大项目主导的区域空间发展与管制——宁波北仑案例

　　伴随着地区开发，北仑的人口状况也有明显变化。1982年第三次人口普查时北仑区域的人口为298844人，呈现自然增长低和迁出大于迁入的状态。到2010年第六次人口普查时，常住人口已达612267人，增加了2倍多，其中流动人口占46.21%。说明地区开发带来了外部人口的大量迁入。但是人口增长速度远低于其他指标的增速。

　　人口分布方面，1982年数据显示柴桥、霞浦、大樾、新碶等较大乡镇（公社）的人口从大到小分布在3万到2万之间，其他则在5000到2万不等；普遍规模不大且分布较为分散均衡。到2006年，北仑各区人口呈现明显的等级序列化分布，新碶街道最高为78140人，然后是小港和大碶都超过5万，这三个街道占据了总人口的一半以上；其他如柴桥、白峰、霞浦、大樾、春晓、梅山等街道分布在1~4万。反映出地区人口集聚与地区开发的步调基本一致，新碶、小港、大碶等地也是地区开发的集中地。

6.2.2 大项目与大政策造成北仑地区开发的现实问题

相比前面两个案例，北仑地区开发对政策或大项目的依赖现象并不严重，表现出较强的地方能动性，但依然存在以下几个方面的问题。

6.2.2.1 地区产业及空间整体性不强

由于条块分割体制的历史惯性，北仑区域发展一直存在着多个各自为政的利益主体，制约了北仑区域与港口的联动，难以形成统一发展的局面。宁波港务局（宁波港集团）属于交通部直管的条状管理体系，而港后区域切分了多个板块，包括北仑区、经济技术开发区、保税区、出口加工区等，分属于发改委、海关、地方政府等不同体系，缺乏系统的投资和收益协作机制，难以形成统一的地区发展思路。2003年实施的北仑区和宁波经济技术开发区合署办公，在一定程度上实现了地区管理的整合，但区港分割的情况没有改变。这直接影响了北仑港口物流产业的发展：一方面，港外配套设施与城市设施相混杂，导致港口物流和城市生活彼此严重干扰，总体环境品质和运转效率都非常低下；另一方面，北仑区城市配套不善，长期没有金融、商务、中介等服务机构，导致港口物流业一直发展不善，制约了北仑港的升级；同时，北仑地区虽然为港口大项目贡献了很多土地，承载了很多污染干扰性的大项目，容纳了川流不息的港口货运物流，但同时又受到常规行政区及开发区的各项指标要求，比如招商引资、引进企业、GDP增长、城市形象等，难以兼顾；而且，由于北仑港大项目长期局限于港口货运中转职能，很难与腹地开发形成良好互动，从而也就很难实现从货物转运港向服务枢纽港转变，这本身也制约了对北仑港的开发利用，影响了北仑地区的发展升级（姚力，2004）。

整体性不强问题的另一个体现是，自上而下的植入式发展与自下而上的属地化发展之间难以融合。自上而下的植入式发展主要是能源、石化、钢铁、汽车、造船、造纸等需要大投入和有一定污染的基础性产业，自下而上的属地化发展主要是文具、塑机、模具、纺织服装、粮油等劳动密集型传统产业，这两类产业都有超大型的企业在北仑集聚，但彼此之间关联性不大。这又进一步表现在一些具体开发区块内产业有"集中"无"集聚"现象。比如大港工业城内，纺织服装传统企业和汽配制造、电子信息等新兴企业并存；联合工业园既有化工项目，也有服装、制药等项目；汽车制造基地中吉利汽车与汽车零部件制造企业、模具制造企业存在一定的空间距离。这还体现在产业有"群"无"链"现象，产业链配套延伸不足，如恒富造船的船用钢板和电缆大多不是区内钢铁企业和电缆企业提供。从总体上看，北仑在利用大工程项目发展地方经济方面尚处于起步阶段，还有巨大潜力可挖（戴国华，2002）。

上述"条块分割"与"上下分离"在地区空间开发中体现为一种"项目"导向型开发，不同项目各据地盘，互不交融，从北仑地区总体上便呈现出近似"诸侯割据"的局面，难以形成整体性的地区空间体系。这反过来也会影响具体项目的发展，比如配套设施无法形成规模、工业生产彼此很难形成集聚效应、用地扩张困难、道路交通系统难以有效组织等。

6.2.2.2 产业发展偏重大型项目和重化工业

北仑地区开发一直偏重于工业，从早期的宁波经济技术开发区，到北仑港工业区的三个启动小区，到经济技术开发区的扩区，再到保税区、出口加工区、大榭开发区、穿山港区、梅山报税港区等，工业开发一直是主体内容，导致工业用地也成为北仑地区的主要建设用地类型。其中尤其偏重于大型企业和重化工业。比如临港产业包括的石化、钢铁、汽车、能源、造纸和造船等，都属于重化工业门类，2010年前十个月，这六大临港工业创造总产值757亿元，占全区工业经济总量60%（罗涟浩，等，2010）。而由大型项目主导是这些临港产业与其他传统产业的共同特征，比如：能源方向的北仑电厂、LNG（液化天然气）、东海油气田登陆工程；石化产业的台塑关系企业、三菱、协和石化；钢铁产业的台新不锈钢、宁波钢铁；汽车产业的吉利；造船业的三星重工；造纸产业的中华纸业；粮油产业的正大集团、金光集团；塑机产业的海天塑机；纺织服装产业的申洲织造、文具产业的贝发集团等。统管北仑港口资源的宁波港集团也是一个由大型项目构成的超大型企业。如今，北仑"十二五"规划安排的九大重点产业基地和功能区中，临港工业产业带、小港装备产业基地、汽车工业基地等七项仍然以大型（重化）工业项目为主，北仑（春晓）滨海新城也规划了近40%的工业用地，城区高端商务基地是唯一的第三产业功能区。这种特征与其大项目和政策区主导开发的特征有直接关系。在当代的国际经济格局和分工体系中，以现代服务为主的地区中心城发挥越来越重要的枢纽中心作用，北仑过重的工业开发将会影响其长期的产业提升，而单一的大型企业集聚又降低其自我更新的活力。

6.2.2.3　城市社会环境发展相对滞后

由于前述产业及空间开发方面的问题，又导致北仑地区的城市社会发育相对不足。北仑地区的人口增长速度远远不及其地区开发和经济增长速度，从1985年撤县扩区到2010年，地区生产总值增幅约52倍，工业总产值增幅为121倍，全社会固定资产投资增幅为196倍，土地开发范围也增长了十几倍，但人口增长只有2倍多（其中还有46.21%是流动人口），城镇和农村居民收入增长也远低于地区开发的扩张速度。人口和居民收入增长的缓慢，会直接影响到地区消费能力和劳动力的素质提升，进而影响地区城市能级的提升，给地区发展带来负面影响。其中，约46.21%的流动人口受到北仑工业开发吸引而集聚过来，但这群人常集聚在城中村，消费能力较低，难以与本地人口融合，影响了北仑的人文环境塑造和城市功能提升。

同时带来的问题还有城市环境不佳。新碶和大碶中心城区被大港工业区、集装箱码头装卸区和霞浦工业区的大型工业三面合围，早期发展的小港开发区产业与城市功能混杂建设，北仑港区腹地和城市中心区争夺空间，导致城区交通拥挤，客货混杂，城市的宜居氛围较差。而城市商贸环境、文教设施的不足进一步影响了地区人气。此外，北仑的海岸资源的利用中，多为生产性岸线，生活性岸线较少，城市建设也未能挖掘山水资源和传统水乡特色，空间尺度普遍较大，造成空旷硬冷的总体感觉。

6.2.2.4　空间资源趋向于过度扩张

北仑大规模的开发扩张提前预支了未来的土地空间资源，包含流动人口约60万的总人口，已经实现了超过100平方公里的开发建设，还有春晓、梅山等地数十平方公里的开发计划有待推行，而且这种大规模的扩张计划几乎覆盖了北仑的全部可开发空间，使未来的地区开发缺乏空间依托。但若在原来的开发基础上进行改建，则会大大增加未来开发的成本。

同时，由于近几年房地价格的不断升高，相对于地区居民的收入水平增长，已经显得非常高了，这也压缩了未来的土地开发的升值空间，是另外一种对未来的土地空间资源的价值透支。

6.3　北仑地区的政府驱动开发机制解析

6.3.1　对地区开发机制的理论还原

6.3.1.1　开发主体结构

北仑的开发，首先从北仑港大项目起步，然后是同步推进政策区开发，最终走向了一体化的政策区。

基于当时的国家管理体制，北仑港大项目的开发最初由交通部负责，即源自中央政府的授权，对港口大项目实行政企合一的开发及运营体制；但同时又实行了港航分治的体制。这个体制于1979年1月1日正式确立，一直持续到1987年10月，根据国家改革港口管理体制的战略方向，实行以宁波市为主，宁波市和交通部双重管理的体制，宁波港务管理局更名为宁波港务局。到2002年以后管理权全部下放到宁波市政府。这期间宁波港务局不仅负责港口管理和经营，还负责港区内公安、环保、医疗、航道整治等社会职能。2004年4月8日，宁波港务局实行政企分开，宁波港集团有限公司正式挂牌成立，港口行政管理剥离至相关政府部门，但仍承担港区内的部分社会职能。2008年3月31日，以宁波港集团为主发起人，联合招商国际等七家公司发起的宁波港股份有限公司正式创立，公司注册资本108亿元，其中宁波港集团占90%的股份，随后成功在国内A股市场上市。从始至终，北仑区都没有获得对北仑港区的管辖权限，但是直接或间接的服务港口的任务却是其必然的使命，这也是当初设立滨海区（后来的北仑区）的主要理由。

北仑的政策区开发首先从小港起步，经过1年的筹备小组运作，1985年成立宁波市委和市政府派出宁波经济技术开发区党委（1987年改称党工委）和管委会，负责开发区的招商引资和开发建设运营。1988年为了引资需要，宁波经济技术开发区与中国五金矿产进出口总公司、中国机械进出口总公司合资成立由开发区控股的联合发展有限总公司，负责开发区基础设施建设和外引内联项目。同时，党工委和管委会依然存在。1986年，经过地方和企业的联合争取，国务院批准设立实行国家级开发区政策但与宁波经济技术开发区相独立的北仑港工业区，其实质运营到1990年以后经省政府关注之后才真正启动，1991年成立的北仑港工业区管理机构与北仑区合署办公，说明地方政府机构已经全情投入。而先期推进的青峙、小山、港前三个工业小区域则分别由开发区实业开发（集团）总公司、台商独资宁波太平洋土地建设有限公司、宁波华能港前联合总公司负责开发建设，说明政府和企业在地区开发上已经深度合作。1992年10月，国务院批准北仑港工业区主要地区并入宁波经济技术开发区，同时撤销北仑港工业区，这一方面扩大了体系内的开发区规模，从5.44平方公里到29.6平方公里，另一方面缩小了北仑整体的国家级开发区政策适用范围，从70+5平方公里到29.6平方公里，相应的开发区管理机构也合二为一。1993年又引进国有中信公司成片开发大榭岛，同样享受国家级开发区政策，其运营机构由中信公司主导组建，而地方社会管理职能仍然成立了政府派出的开发区管委会。这从体制上是政府与企业的又一次深度合作，但从价值归属上看，仍然没有跳开政府集中的逻辑。同时期及之后，北仑地区又相继争取设立了国家级的宁波保税区、宁波出口加工区、梅山保税港区以及实施区港联动政策的保税物流园区等特别政策区。反映出宁波地方争取国家政策区的能力和热情都是非常突出的，也反映出北仑地区开发总体上还是跟着国家的指挥棒走的。这些政策区的开发运营主体，最后都落实到北仑区、宁波经济技术开发区的体系内，或其并列机构，即地方政府是这些政策区的主要运营主体。2003年宁波经济技术开发区和北仑区再次合署办公（前次是北仑港工业区），推进所谓的"二次创业"和"东区开发"，更加直接地呈现了地方政府的主体地位，虽然这其中曾经引进过若干的企业主体参与开发。

这样便能勾勒出北仑地区开发的主体结构（图6-6）。源自于国家（政府及中央）的大项目和开发政策是地区开发的缘起和总控，地方政府和宁波港集团分别承担了政策代理人和项目代理人的职能，分别负责政策性开发和港区大项目开发的管理运营；但不是完全被动的执行，而是表现出较强能动性的反馈影响，尤其体现在地方政府争取中央开发政策方面。这两类代理人既相互支持又相互博弈，使得地方政策区开发和大项目开发之间也出现了合作与博弈并存现象。其中地方政府对地方开发有更多的热情，在代理运作国家开发政策的同时，积极引进企业合作开发，并积极引进产业充实政策区开发和推动政策区的扩大开发，最终形成地区空间开发体系和地区产业开发体系。尽管大项目开发对地区产业开发和地区空间开发都形成了某种支撑，但是较为间接。

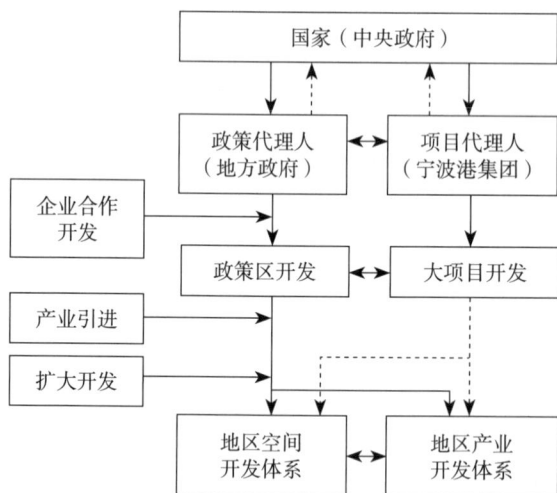

图6-6　北仑地区政府驱动开发的开发主体结构
资料来源：作者自绘

6.3.1.2　空间生产

地区空间生产的主体内容是空间及产业运营，这也是地区开发的主要内容，是开发主体运作的主要对象和地区开发价值循环的主要载体。在北仑地区开发中，港口大项目的产业运营和政策区开发的空间及产业开发运营，由于管理主体不同，实际运营也呈现相互分离的态势。

港口大项目从1979年即开始建设，一直是政企合一的上位政府直管模式，到2004年实行企业化改制成为宁波港集团，归属宁波市国资委，并于2008年联合招商局码头、中信港投等机构重组上市成为宁波港股份有限公司。其主营业务是港口的建设和运营，但由于从1979年便实行的港航分家制度，其所谓的港口运营主要是对港口实体设施的运营，比如10万吨级到20万吨级矿石码头的建设运营，二期、三期、四期、五期集装箱码头的建设运营等，其营收主要来自于对码头经营及维护、码头设备租赁、货物装卸堆存、港口信息技术咨询等港口相关业务；航运业务则主要由专门性的航运公司完成，代表性的地方企业是宁波海运公司，同样为资产数十亿元的上市企业，但与北仑的关系更加疏远。宁波港集团由于港口位于北仑区范围，虽然与北仑区没有隶属关系，但仍然有着千丝万缕的属地联系。

北仑政策区的开发便在很大程度上受到港口大项目的吸引，最初在宁波设立开发区及选址于小港时，考虑的重要因素之一便是有港口。随后小港开发与北仑港开发区合并，开发区开始大张旗鼓地打港口牌，吸引了一批能源、石化、粮油、汽车、造纸等大型临港企业的集聚，成为地区产业集群的柱石；争取到更多的国家开发政策支持，如保税区、出口加工区、保税港区、大榭开发区等；同时北仑的空间开发也主要集中在港口腹地区域，比如新碶、青峙、白峰、梅山等。

模拟北仑地区开发的空间生产过程，虽然都有着国家意志的根源，但具体的运作路线是基本分离的。一方面是港口大项目的产业化开发，从最初的港口大项目选址，然后进行码头建设，然后便是码头营收，营收会支撑进一步的扩大建设，即开始新的码头建设，最终形成大型港口群，其产业运作路线相对单一。另一方面是开发区政策化开发，从最初的中央与地方共同进行政策划区，然后进行基础开发（比如设施配套、土地平整、拆迁安置等），随后的运营路径分为空间开发和引进企业两条线，空间开发通过空间租售获得营收，引进企业通过生产产品获得营收，二者在营收基础上进一步扩大产业和扩大开发，形成新的基础开发和空间开发循环，进而形成新的营收和扩大再生产，最终促使地区产业集群和地区空间增长的实现。这样，便梳理出大项目开发、政策区空间开发、政策区产业引进三条地区空间开发路径，三者之间有相互支撑和影响的关系，共同促使地区港口群、产业集群和空间增长的同步提高（图6-7）。

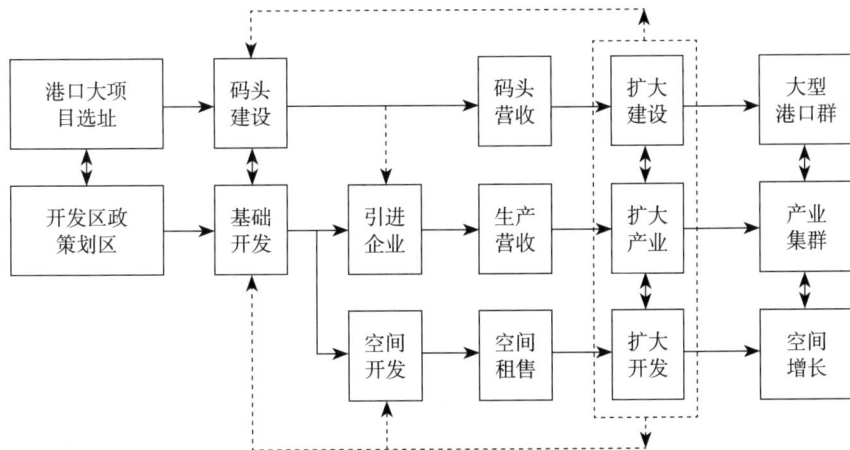

图6-7 　 北仑地区政府驱动开发的空间生产
资料来源：作者自绘

6.3.1.3 价值循环

在最初的10万吨级矿石中转码头建设中，价值投入基本全部来自国家，通过交通部等机构实际调配使用。投入的价值主要是码头及其配套工程的建设成本投入和北仑深水港资源。随着地区开发的扩大，大项目通过自身营收和从国家争取，投入了更多的资源进行扩大再生产，形成了自身的价值循环。到2004年北仑港集团公司化改革时，已经积累了巨大的资产价值；到2008年上市时，其资产和年利润都达数十亿元。

最初的开发区建设投入，部分来自国家对国家级开发的投入，包括直接资金贷款和政策扶持，其中减免税收政策实际上也是一种资源价值投入，而土地流转政策则是一种对地区资源的权限放开和价值激活。到20世纪90年代初，北仑政策区开发在地方政府的运营下从小港拓展到新碶，后来又拓展保税区、出口加工区、大榭开发区等多处，还带动了周边非政策区的开发拓展，这时国家政策资源的作用已经从直接投入转向了示范、激励和营销。

地区开发投入也逐步转向依赖引进企业和土地出让。

其中，引进企业包括参与开发和生产经营两类。早在1988年，小港开发区在国家贷款不足以支撑时，引进了中国五金矿产进出口总公司和中国机械出口总公司搞联合开发，不仅带来了开发所需资金，同时还带来了行业发展资源，成为一大创举。后来在北仑港工业区的三个起步小区开发中，又引进台资、港资参与开发；在大榭开发区中引进中信集团主导开发。同时引进的还有生产经营性企业，开发区的各项政策优惠变相地给这些企业提供了成本补贴，构成最直接的吸引力，深层次的是我国巨大市场吸引和国际产业转移趋势在发挥作用，北仑地区成功引进了大量不同规模、类型的企业，为地方政府带来了土地出让金和税收，为地方民众带来了工资薪酬和现代环境，为地方产业带来了配套产业需求和先进科技、管理经验，这些都有力地促进了北仑地区的发展。

提供更加直接支撑的是土地出让。在1990年国务院颁布55号令和56号令之后，北仑的土地资源运营首先在宁波经济技术开发区走上轨道，在1992～1995年间共出让土地915.3公顷，收取土地出让金9.15亿元，如按每平方米征地拆迁历年平均成本60元计，就为开发区提供了配套建设资金3.6亿多元，大大超出此前国家给予的1.5亿元贷款和北仑每年几百万的城市维护费投入（王志明，1996）。到20世纪90年代末期，开发区及北仑港区的土地和岸线资源都已接近饱和开发，原来国家赋予的地区开发政策，比如财税减免、贷款资金注入等，也基本到期，但是，随着土地经营的推广和地方政府的积极斡旋，使得北仑大开发的势头得以延续。2003年1月开发区与北仑区合署办公，实际上将地区开发的空间范畴扩展到了北仑全区，随后推出的东区开发和梅山、穿山港区开发等战略，都已超出了政策区范畴，新争取的出口加工、保税港区等政策区在北仑全区域的开发战略中也只占很小一部分。可以说，这时的全区域土地经营已经超越政策区，成为地区开发的主体内容。

模拟这样一个价值循环过程，可以梳理出政府驱动大项目和政策区开发两个价值循环过程的复合交织关系。来自国家的主动或被动的政策及项目投入，分港口大项目和政策区开发两个路径形成价值投入。其中港口大项目由宁波港集团负责运营，通过相对纯粹的码头运营实现价值。而政策区开发则通过土地市场的激活和基础开发投入来推进开发，一方面引进企业，通过

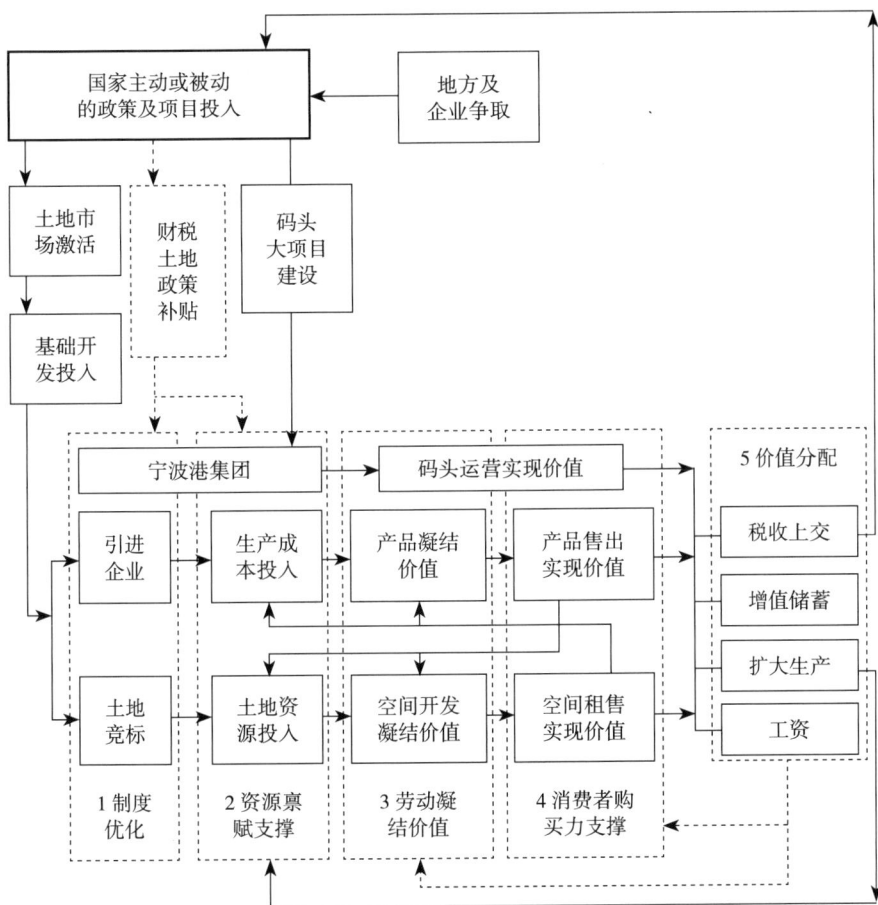

图6-8　北仑地区政府驱动开发的价值循环
资料来源：作者自绘

生产营收实现价值，另一方面通过土地空间开发实现价值。最终的价值分配都可以分为税收上交、增值储蓄、扩大生产和工资四类，分别通过不同途径反馈到前期的价值投入，从而形成价值循环（图6-8）。

6.3.2　对地区开发机制的理论解释

可以看出，北仑的地区开发机制较湖北案例有了较大的变化，中央政府有意识地控制了其对地区开发的影响深度，释放了较多的能动空间给地方；同时地方政府积极把握了这种能动性，根据地方情况争取国家政策资源和大型项目，这种"上位"与"下位"力量组合的结构性变化，造成了北仑与湖北大项目区不同的地区开发机制，概括为"集中政策及项目调控"与"地方化能动运营"相结合的机制。

在这种机制中国家政策和大项目主要起调控作用，地方政府是实际运营的主要载体。由于地方政府比国家政府更接近开发实际，能够快速感知地区开发的信息并做出及时响应，因而在信息效率上比此前国家集中管控有更高的效率。同时，地区开发的主体内容是引进企业、扩大生产和土地空间经营，这能够给地方政府带来GDP业绩、土地出让金和税金收入，以及对社会就业的拉动、对城市形象的塑造等，因而，地区开发对地方政府也是高度激励相容的行为。由于信息效率和激励相容上都有明显改善，北仑地区从大项目到政策区的开发转型，比之前的大项目主导的开发在机制效率上有了明显提升，具有更强的可持续性。

这时的地方政府已经成为高度能动的地方资源开发的全权代理人。企业和社会人群虽然参与地区开发的实施，但只能通过参与地方政府的运营来实现其影响，并且参与的程度决定了他们话语空间的大小和价值分配的多寡。这是一种有限的市场环境，其中参与的主体之间不是充分竞争关系，占主导地位的主体激励会破坏市场多主体在竞争机制下形成的市场激励均衡，从而形成以主导性激励为导向的地区开发。比如说，发挥主导作用的地方政府的利益（政绩、私利等）会成为主导性的开发诉求，而或多或少地牺牲政绩考核以外的内容，比如资源利用效率、城市环境氛围、经济结构、社会活力等，从而形成一种发育不全市场，或是说有限市场环境下的地区发展的"畸变"。从而可以将之概括为"政府主导运营中的有限市场困境"。这是北仑地区开发中一系列现实问题产生的根源。

6.4　本章小结

北仑的地区开发始于1979年的10万吨矿石中转码头"大项目"建设；其后1984年在小港设立宁波经济技术开发区，便开始了"政策区"的开发；随后地方政府不断争取国家及多方面力量的支持，先后推进北仑港工业区、宁波保税区、大榭开发区、宁波出口加工、梅山保税港区等一系列政策区的开发，同时港口大项目也不断扩大升级，地区开发随之逐步扩张至北仑全区。在这个过程中，大项目与政策区共同构成了地区开发的"原动力"，除了直接注入了很多发展资源外，更促进了大量临港产业的集聚和传统产业的提升；产业集聚又反过来催化了大规模的土地空间开发，由此逐步塑造了北仑的总体格局。

通过"开发主体—空间生产—价值循环"的框架还原其开发机制的逻辑过程，可以概括其形成机制为"集中政策及项目调控"与"地方化能动运营"的结合。其中，国家通过政策赋予及大项目建设而施行总体调控；地方政府能动运作其实施过程，因其对地区开发有较高的"信息效率"和"激励相容"水平，而能够实现相对高效的开发。但较多的政府主导也导致了市场发育的某种不完善，衍生了诸多不利的现实问题。比如：地区产业及空间整体性不强、产业发展偏重大型项目和重化工业、城市社会环境发展相对滞后、空间资源趋向于过度扩张等。对其逻辑上的困境可概括为：政府主导运营中的有限市场困境。

第7章 改革开放时期案例：
浦东新区开发

中央政府于1990年宣布了上海"浦东开发开放"这一国家战略，这本身是一个大的政策，其中又包含了土地、财税、外贸、分权等一系列的子政策。在政府驱动下，浦东新区实现了二十多年的快速发展，成为一个时期的地区开发典范。虽然由于实际状况的不同，浦东的经验无法照搬到其他新区，但是其内在的"政府驱动地区开发"的逻辑依然得到了广泛借鉴。相比其他各类政府驱动的地区开发案例，浦东新区既不像早期的深圳那么具有特殊的初创试验性，也不像后来的天津滨海新区和重庆两江新区那样面临政策区"泛化"的背景。浦东新区是在之前的深圳等特区的试验基础上，真正以较为成熟的思路开启"政策区"开发大潮的代表之作。如今，浦东经过三十余年的发展，其中政府驱动的效力和机制已经得到充分展现，相比后来的天津滨海新区和重庆两江新区更为成熟；其发展中的问题也已充分显现，适合作为典型案例。

2009年浦东新区合并原"南汇区"之后，诸多条件发生变化而不具可比性。本章以合并之前的浦东新区为分析研究的主要对象，通过实地调研访谈和相关卷宗查阅，梳理其发展历程中政府驱动地区开发的阶段性演变历程，分析其中政府驱动对地区开发的塑造性影响及伴生的现实问题，进而通过前文构建的解析框架对其逻辑机制做出解析。

7.1 浦东新区开发历程及其政府驱动的演进

基于对浦东新区的发展阶段的判识，并结合既有的统计习惯和资料可获得性，将浦东新区的发展阶段划分为启动开发开放（1990~1995年）、延续发展（1996~1999年）、结构整合（2000~2004年）、二次创业（2005~2010年）四个阶段。

7.1.1　1990~1995年：启动开发开放阶段

为了突破地区发展的瓶颈，寻找类似深圳那样的超越（黄建荣，2001；王云帆，2005），上海在20世纪80年代后期便已提出开发浦东的"东进"战略。从国家层面，经过1989年风波之后迫切需要推进新的改革开放典型，位于全国经济重镇——上海的浦东地区成为不二之选，最终将"浦东开发开放"升级为重要的国家战略。浦东位于上海市中心的黄浦江东岸，在市中心15公里半径范围内依然保有大量平坦可开发的农田，其沿黄浦江和长江还有良好的港口条件，在石油化工、纺织、冶炼、交运设备制造等方面有一定工业基础，较高的GDP水平、上百万人口和近50平方公里建成区，都为浦东新区开发提供了良好的基础。

浦东新区范围内1990年的GDP产值为60.24亿元，占当时上海全市8.1%，已经相当于当时一般省会城市的水平（当时长沙54.7亿元、郑州53.2亿元、福州49.9亿元），其中工业GDP占76.2%，在石油加工、黑色冶炼及压延、纺织、化工、交通运输设备制造等方面有一定基础。当时浦东总人口114.74万人，其中城市化人口73.42万人、流动人口约20万人、最高的人口密度13604人/平方公里，说明部分地区的城市化程度已经很高。同时，已有城市建设用地48.98平方公里，主要用地功能比例适当（居住27.71%、工业32.95%、道路码头21.70%、公共设施1.76%），在滨江形成了一定规模的城市化地区。所以有些学者认为，"浦东开发在很大程度上，特别是在陆家嘴分区，是城市的再开发"（同济大学课题组，1992）。

1990年4月18日，时任国务院总理的李鹏高调宣布开发开放浦东；1992年中共"十四"大报告提出"以上海浦东开发、开放为龙头，进一步开放长江沿岸城市，尽快把上海建成国际经济、金融、贸易中心之一，带动长江三角洲和整个长江流域地区经济新飞跃"，明确了"浦东开发开放"作为国家战略的重要地位。在此基础上，上海市制订了《浦东新区总体规划（1992）》，明确浦东新区形成以"点线结合、多心组团、多轴放射"为核心的"三轴六分区"空间布局框架，确立400平方公里用地和250万远期人口的规模目标，远超此前所有国际、国内开发区或出口加工区的规模。其中又逐步明确了陆家嘴金融贸易区、金桥出口加工区、外高桥保税区和张江高科技园区四个先期启动的重点开发小区，这些重点开发小区的规模也都达到几十平方公里，远超此前的各类开发区规模。

同时，国家专门给予浦东新区十项特别政策。包括：一项资源配置政策，即允许土地使用权有偿有期限转让；四项贸易类资源处置权限扩大的政策，即允许外商在区内兴办第三产业、允许外商低税率开设外资银行或分行、允许外商贸易机构在保税区从事转口贸易、允许外资产品补交关税后可在国内市场销售；五项财税资金支持政策，即新区新增财政收入不上缴、生产性"三资"企业所得税两免三减半、免征进出口建设设备关税和工商统一税、允许外商兴建能源交通项目并减免赋税、酌情减免对内中资企业所得税。1992年国务院又追加了5项浦东开发优惠政策，授权上海市发行股票、债券和贷款融资，授权上海市自行审批保税区外贸企业、自行审批区内大中型国企的自营产品进出口，同时扩大了上海在区内非生产性项目和生产型项目的审批权限（总投资在2亿元以下的上海可自行审批）。国家海关、财政部等相关机构也配套制定了一系列的优惠政策详细条款。这些政策支撑了前期开发所需资金，激活了地区土地资源，推动了生产企业和贸易经济的地区集聚，在浦东新区开发初期提供了强力的驱动。

与这些明文政策相同步的是从国务院总理到国家主席再到地方领导人的一次次积极号召和亲自督导，从国家战略的高度将浦东开发推向了全球市场。

7.1.2　1996～1999年：跨越发展阶段

1996年3月发布的国家"九五"计划明确了"开发开放浦东的基本政策不变……有些具体做法和措施要适当调整"的基本思路。其中，初期制订的战略方向和规划布局没有明显改变，土地流转政策也得以延续。但在1994年分税制改革的背景下，浦东新区被要求执行国家统一的财税、外贸等体制，原新增收入全留政策改为由中央财政收取后逐步反馈支持的方式，发行债券、贷款等融资政策则得以延续，浦东先后从财政拨付和融资渠道筹得逾200亿元资金（范利祥，2005）。同时，为了支撑浦东新区的功能性开发，国家赋予了一系列新的扶持政策，主要包括：授权上海市审批大型外贸企业和自营生产企业在浦东设立子公司、允许在浦东新区试办中外合资的外贸企业、外高桥保税区逐步扩大服务贸易、外资银行进入浦东有优先权、外资金融机构可在浦西或外高桥保税区设分支机构、可在浦东增设外资和中外合资保险机构等。可以看出，向地方政府放权已经取代初期的直接资源投入成为主要的政府驱动方式，从而地方发展的主体责任也落到了地方政府肩上。

为了促进浦东新区的开发，上海市决定把位于浦西的房地产交易中心和房地局东迁浦东，紧接着，上海证券交易所、期货交易所、产权交易所、商品交易所等7个国家级交易所相继东迁浦东，迅速丰富了浦东要素市场的规模和格局，极大支持了浦东新区的功能开发和产业发展。此外，还在国家的支持下集聚了国家级钻石交易所、中国人民银行上海分行、国家开发银行、工商银行、建设银行、农业银行、日本富士银行、香港渣打银行、美国花旗银行、瑞士丰泰保险等大型金融机构，逐步形成陆家嘴金融贸易区。另一个有特色的地区开发政策是"省部楼政策"，在国家的积极号召和浦东的政策优惠双重推动下，吸引了如中国船舶大厦、中电大厦、嘉兴大厦、齐鲁大厦等进入浦东，截至2002年12月底，共吸引了省部楼宇37幢，认定享受省部楼宇政策企业63家（浦东协作办公室，2003），这些"省部楼"大多成了"亿元级（税收）办公楼"和"5000万元级（税收）CBD功能建筑集群"，不仅充实了浦东的楼宇经济，而且带来了大量发展资源在浦东集聚（范利祥，2005）。

同时，在国家号召和浦东积极运作下，通用、日立、西门子、巴斯夫等一批大型跨国企业也先后入驻浦东。浦东新区的总体面貌和发展格局得以初步形成。

7.1.3　2000～2004年：结构整合阶段

2000年发布的国家"十五"规划和2002年党的"十六大"都将浦东新区定位为与经济特区并列的"改革开放前沿"。在这样的基调下，之前土地、贸易、审批等方面政策放权得以延续，同时还增加了"保税区区港联动政策"、试点离岸金融业务、扶持生物医药、扶持省部楼等一系列针对特定产业的新政策。但2000年城镇化和西部大开发战略的提出，推动开发区和新城区政策扩散到全国，针对浦东的地区开发政策的比较优势和驱动能力有所削弱。

同时，浦东新区地方能动为主的体制创新和功能开发有了进一步加强。浦东新区经过十年发展也形成了上百万的人口和上百平方公里的城区，需要更加系统的管理体制，这推动了2000

年浦东新区政府的成立,其总体格局形成了"一轴、三带、六功能区域"的结构,总用地规模达到570平方公里(详见浦东新区"十一五"规划)。先后提出建设上海"四个中心"的核心功能区和"聚焦张江"等战略,重点推进了一些科技型企业和院校的引进。尤其是在财税补贴方面的国家政策逐步收回的同时,上海市及浦东地方政府在其职权范围内积极拓展新的财税政策激励,先后出台了《浦东新区"十五"期间财政扶持经济发展的若干意见》,并通过设立创投基金、科技发展基金等实现了从政府投资向市场化投资的转变(曾刚,倪外,2009)。在土地开发方面,还拓展了由政府主导的开发企业发行债券进行地方建设融资的"浦东模式"(孙笑庸,2000),浦东的地区开发也逐步从四个重点开发小区扩展到全区范围,房地产开发及土地资本运作成为一项重头戏。

7.1.4   2005~2010年:二次创业阶段

到2005年,经过15年开发开放的浦东已经从农田变成了现代化新城区,政府驱动地区开发的成效非常显著;但是其土地资源不足、政策比较优势不明显等问题也日益凸显,传统政府驱动开发的效力在逐步渐弱。这个局面同样也是当时全中国所面临的问题。

在改革开放进入"深水区"的宏观背景下,浦东新区又一次被赋予重大使命,成为首个国家级综合配套改革试点地区,开始了"二次创业"。2005年6月21日,国务院常务会议提出了上海浦东新区进行"综合配套改革试点"的"一个指导思想、十项任务、三个着力、四个结合",其重点是体制改革和结构优化。这是我国延续了"先试验再推广"的渐进式做法,在从专项性的改革走向综合性的改革的新时期的一个突破,浦东新区被选为新改革的第一个试点,被寄予很高期望。随后发布的《浦东综合配套改革试点总体方案》和《2005~2007年浦东综合配套改革试点三年行动计划框架》与以往的战略有很大不同,体现在:其一,改革主题的综合性,从之前的经济发展扩展到对体制、制度的创新和社会经济的综合发展;其二,政策内容的开放性,赋予的不是政策眷顾,而是一种在制度创新方面"先行先试"的权力。某种意义上说,这不能算是一个地区开发政策,而是一个通过推进地区综合改革来优化地区发展的政策。上海市和浦东新区的"十一五""十二五"等规划都以专门章节论述浦东新区新战略的落实。

但这种新的政策探索并不能很快扭转地区开发的路径依赖,土地开发和招商引资依然是浦东开发的主要手段。在原规划"一轴、三带、六功能区域"基础上,浦东新区提出了川沙新城、外高桥、曹路、唐镇"一城三镇"新战略(详见浦东新区"十一五"规划),一方面在于整合功能区开发和周边乡镇关系,另一方面也在于拓展可开发空间。

这在2009年,更演进成浦东新区的整体扩区,通过撤并毗邻的原南汇区,浦东新区面积扩大了一倍多,可开发面积显著增加。原来"六大功能区域"的安排演变成更大规模的"7+1"的生产力布局,即陆家嘴金融贸易区板块、上海综合保税区板块、张江高科技园区板块、金桥出口加工区板块、临港产业区板块、临港主城区板块、国际旅游度假区板块和世博板块(图7-1)。

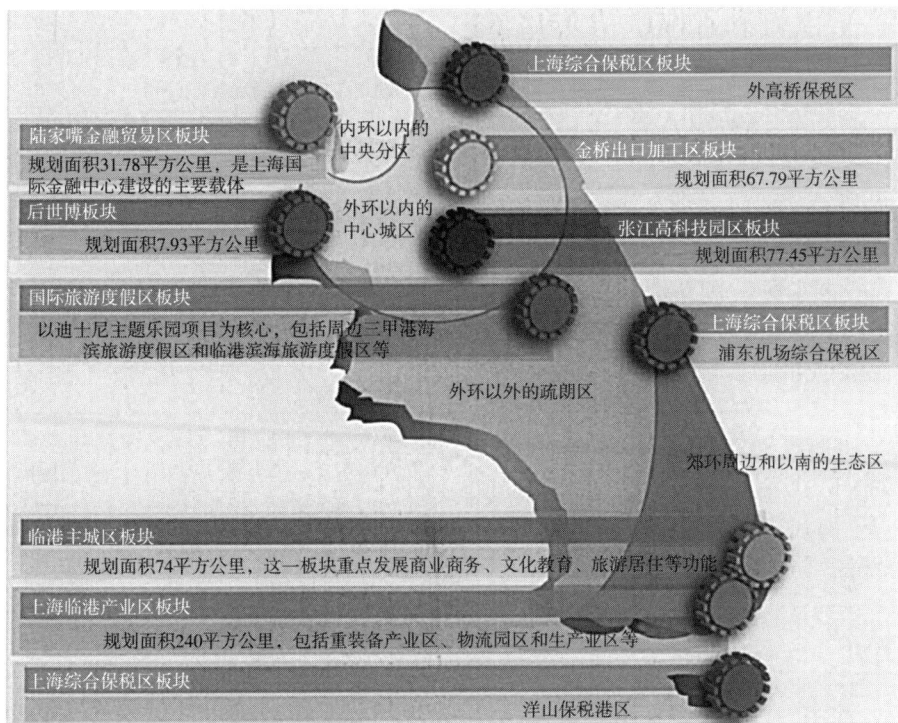

图7-1　浦东新区扩区的"7+1"生产力布局图
（其中综合保税区板块包含三个小的区块）
资料来源：龙夫. 开发公司模式的浦东实践 [J]. 上海国资，2010（6）48-50.

7.1.5　小结

浦东新区开发开放本身是一个国家重大的战略性政策，经过近二十年的实施，衍生了多项具体政策内容。基于上文对其发展阶段的划分，浦东新区开发开放大政策的具体内容，可以从发展战略、规划方案、资源处置权限、资金财税支持、市场推广五个方面，在四个发展阶段都有不同呈现（表7-1）。

浦东新区开发政策具体内容的演进　　　　　　　　表7-1

阶段	政策背景	发展战略	规划方案	资源处置权限	资金财税支持	市场推广
1990 ~ 1995年政策启动	（1）上海低潮 （2）国家改革开放推进	（1）有计划东进 （2）长三角龙头 （3）开发开放	三轴六分区	（1）土地使用权有偿转让 （2）允许外商兴办第三产业 （3）扩大项目审批权 （4）银行进入	（1）"三资"企业减免税 （2）新增财政不上缴 （3）发行股票和债券 （4）拨贷款配额	（1）国务院总理公开宣布 （2）写进中共"十四大"报告 （3）多位领导多次亲临现场 （4）海外推广

阶段	政策背景	发展战略	规划方案	资源处置权限	资金财税支持	市场推广
1996～1999年跨越发展	（1）井喷式发展（2）功能开发滞后（3）香港回归（4）亚洲金融危机	（1）国家基本政策不变，部分做法调整（2）外向型、多功能、现代化的新城区（3）以东带西、东西联动	（1）延续原规划结构（2）深化规划	（1）加强对金融、外贸产业权限（2）扩大地方审批权限（3）若干重大要素市场及银行迁入（4）省部楼政策（5）国家统一金融、外贸和分税体制	（1）新增财政全留改为浦发基金制度（2）融资政策延续（3）补贴逐步收回	继续写进五年计划和党中央报告
2000～2004年结构整合	（1）全国地区开发泛滥（2）浦东规模增长	（1）与特区并列（2）浦东建政（3）增强功能开发，聚焦张江（4）四个中心的核心功能区	一轴三带、六功能区域	（1）外高桥保税区港联东试点（2）对特定地区和产业的扶持政策	（1）国家财税支持逐步到期或收回（2）地方对特定区块和产业扶持政策（3）发行债券、基金等进行融资	（1）继续写进五年计划和党中央报告（2）上海合作组织在浦东成立（3）APEC会议在浦东召开
2005～2010年二次创业	（1）浦东危机（2）国家改革转型	（1）综合配套改革试验区（2）撤并原南汇区	（1）新市镇（2）新一轴三带（3）7+1生产力布局	（1）外汇九条，工商八条，海关六项（2）央行、迪士尼、世博会、大飞机、洋山港等	（1）放权，无政策优惠（2）企业所得税过渡优惠（3）发行债券、基金等	（1）继续写进五年计划和中央报告（2）率先获得新改革试点（3）大项目烘托

资料来源：作者自绘

对这个政策内容的演进，可以做较为简练的总结：（1）政策内容上，从资金、贸易、产业、土地政策，逐步走向产业功能开发政策，再逐步走向非资金支持的体制放权和综合改革政策，政策侧重点的阶段性迁移，既反映了浦东新区发展的客观情况，也反映了国家和地方政府的宏观背景及对浦东新区的期待变化；（2）政策形式上，从初期国家主导的战略方案、资源处置授权、资金支持、国家推广并举，逐步走向有侧重点的重点扶持，如中期的功能开发政策，以及走向中央支持但以地方为主导的能动创新，如综合配套改革；（3）政策作用方式上，涵盖了直接的政策性资源注入和制造政策势差吸引项目两种类型，前者如众多要素市场的政策性迁入，后者如土地流转的放开、审批权限的放宽、市场环境的优化等。

7.2 浦东新区的政府驱动开发的成效分析

7.2.1 政府驱动对地区开发的推动作用

基于上述对浦东新区开发政策的梳理，本节分析这些政策对浦东新区开发的驱动效果。应该强调，虽然某一些单项政策在特定时候发挥了重要的作用，但就浦东新区整体而言，其开发开放的推进是这些政策共同作用的结果。因而，本节的分析从"浦东开发开放"这个总体政策入手，只在特定情况会以某些特定政策为主。

7.2.1.1　大政策奠定"大"基调

最初上海市提出"有计划东进"的战略思路时，虽然没有形成完成的规划方案，但是可以想象，其格局与魄力都达不到作为国家战略的高度。而随着国家战略的升级和中央领导人的积极谋划，浦东开发开放被定调为国家核心战略之一，从而其一系列的规则、思路、内容、格局等都因之而有了特定的面貌。包括：（1）明确了作为国家主导战略之一的高规格，提出了约500平方公里的超大开发规模，远超当时国内及国际上的已有地区开发案例，这同时带来了其各方面的大气魄，比如四个重点功能小区各自有数十平方公里，较国际上一般出口加工区几个平方公里的规模也大了很多；（2）明确了主导性的功能定位和发展方向，即开发开放和辐射长三角及长江流域，这一直成为浦东发展的基本准则，其中开发开放尤其体现在对空间开发和外向型经济的倚重；（3）安排了总体的空间框架，最初的规划方案是经过中央政府认定，其中六个功能次区域、四个重点开发区块、整体沿黄浦江向纵深扩展的空间格局延续至今；（4）高规格战略决定了浦东发展的高追求，浦东新区一直不甘人后，在增长速度、经济总体乃至名声影响力等方面皆追求超一流的水准，与深圳、天津滨海等在多个领域展开竞争，这无疑有助于浦东快速突破发展局面，但同时也会带来好大喜功、急躁冒进、忽视内涵式发展等问题。

7.2.1.2　引进多方资金和资源投入

在浦东开发开放初期，配合浦东开发开放国家战略，国家和地方在浦东新区投入了大量的资金和资源，有力支撑了浦东新区开发的初期启动和延续发展。在随后的开发建设过程中，国家和地方的直接资金及资源投入逐渐减少或收回，但同时带动和吸引的国内外投资仍然是浦东蓬勃发展的重要基础。可以从三个方面考察：

（1）直接资金支持

包括财税减免、贷款配额、发行股票债券等。最初国家赋予的十项优惠政策中有九项是财税减免政策，包括免征三资企业所得税、免征进口社会工商税、减免外资投资能源交通项目赋税、新区新增财政全部留用等，同时支持浦东每年数十亿的债券、贷款、股票、拨款等。根据前文的论述，开发前十年仅来自中央和银行的资金支持就有约500亿元人民币，让浦东新区初期的一系列大桥、主干路、地铁、机场等基础设施得以顺利建设，大大提升了浦东新区的设施配套水平和市场吸引力。

（2）吸引内资集聚

上述国家和地方的大规模资金投入带来示范和带动效应，吸引了大量的国内企业、机构和地方政府来浦东投资兴业。比如，仅浦东开发初期的1992年一年就有1248户外地投资落户浦东，占当时所有浦东外地投资的89%，其投资总额为104.3亿元，占累计外地投资总额的92%（徐桂华，等，1994）。反映了内资受到国家政策的影响、短时间内向浦东快速集中的态势。这一时期进入浦东的大批国内投资都具有政策性的背景，比如1993年引进的中国人民银行上海分行、建设银行、工商银行、农业银行、中国银行、交通银行、上海证券交易所、中国人民保险公司等，一大批内资国家银行、证券、保险公司在浦东建设总部办公大楼，同时，以国家外经贸部为代表，联合全国二十几家进出口贸易企业合资建设88层的金茂大厦，促成一大批省部级楼宇群，还有上海市政府部门直接投资建造的东方明珠电视塔和港务大楼等（陶建强，2004）。这些基本都属于响应中央号召进行的国家资产的投资，在初期直接构成了浦东开发的主体内容，而这些资源主体的进入，同时还带来了大量的行业资源充实了浦东新区的发展，比如其中众多银行的积极融资就对浦东初期的基础设施建设提供了很大帮助。

（3）吸引外资进入

在浦东启动开发之初，国家注入资金相对微薄，四个先行开发功能区采取的是与境外企业合作开发的方式，这些境外企业最早主要是受中央政策驱动的驻港国资企业，支撑了浦东最初的开发建设。在1992年邓小平南方谈话之后，外商投资浦东的项目数量从前一年的不足100个猛增到534个，其中港资占了50%强，这其中仍有相当一部分是同属中央资源的国资港企，反映出初期政府驱动对浦东开发的重要作用。后来，在国内投资的热炒、国家层面的积极推广和中国巨大市场潜力的多重吸引下，欧美、日本、东南亚的大型跨国公司逐步跟进，如美国的杜邦、通用、花旗银行，日本的三井、日立、松下，英国皮尔金顿，德国西门子、巴斯夫等先后进入，浦东的外商投资才逐渐丰富起来。这些外资不仅仅让浦东对外开放的目标得以实现，也大力支持了浦东新区的开发建设。2011年4月浦东新区首次发布的《外商投资环境白皮书》显示，世界500强企业中已有294家落户浦东，投资项目917个，合同外资220多亿美元；截至2009年，浦东外资企业的营业收入达15311亿元，外资企业纳税总额将近千亿元；其中"十一五"期间上海累计实际利用外资金额380.26亿美元（李芃，2011）。其中，2007年浦东新区吸引外资的区域分布，四个重点园区项目数量占了全区的96.74%，项目金额占了全区的94.97%（闫海州，2009），反映出政策安排对外资的吸引和分布产生了明显影响。

7.2.1.3　聚集产业和要素市场

浦东的产业经济发展也受到国家战略的强力拉动，其产业集聚的类型、结构和要素市场的形成都是在国家战略和政府政策的框架内实现的。

（1）四个功能区奠定产业格局

浦东战略最初安排了4个重点的功能区块，分别定位为金融贸易区、出口加工区、保税区和高科技产业区，这奠定了浦东新区的基本产业结构。同时制定的国家和地方各类针对浦东产业的扶持政策也都与之相呼应。在实际的招商引资过程中，受到市场复杂因素的影响，初期金桥出口加工区和张江高科技园区的产业类型趋同，后来在"聚焦张江"战略推动下逐渐拉开差距，而陆家嘴金融贸易区和外高桥保税区则基本实现了政策目标。

（2）聚焦张江战略

"聚焦张江"战略于1999年提出，其主要载体是张江高科技产业园区，推进了若干高校、实验室、信息港等科技型企业和机构的入驻，强化了张江地区的科技型发展内涵，与金桥出口加工区逐渐拉开了距离。可以说，这个政策发挥了明显作用。但直到今天，连浦东人自己都在感叹，做了很多的努力却没有出一个像腾讯、华为、中兴这样的行业领先的科技企业，又反映出政府驱动型发展的一些无奈。

（3）要素市场进入

与政策相比，更加直接有效的是要素市场迁入。1995年，在时任浦东改革与发展研究院院长姚锡棠教授建议下，位于浦西的上海房地产交易中心迁入浦东，随后，国家和上海市政府先后促成了上海证券交易所、期货交易所、产权交易所、商品交易所、国家钻石交易所等多个国家级要素资源交易中心入驻浦东，类似的还有中国人民银行上海分行、国家开发银行等国有银行入驻，裕安大厦、齐鲁大厦、中国船舶大厦、中电大厦等数十栋省部楼兴建。这些要素资源的集聚，奠定了浦东新区不可替代的重要地位。目前，上证所周边集聚了一大批金融机构，上海期货市场成交额占全国一半左右，期铜已成为全球三大定价中心之一，期胶也成为现货市场重要指导价格，上海联合产权交易所已成为全国交易额最大的产权交易机构（曾刚，赵建吉，2009）。

7.2.1.4 激活土地资源和空间开发

单就浦东的空间开发来说，影响最为直接的政策或许是对于土地市场的放开。在最初国家赋予浦东的十项政策中，就有"在区内实行土地使用权有偿转让的政策，使用权限50年至70年，外商可成片承包进行开发"的安排。在随后的开发实施过程中，各个先期启动区块相继采取了"资金空转、土地到位""土地入股、资金引进""以地生财，滚动开发"的方式（闵师林，2005）。土地资源的盘活不仅便于灵活的招商引资，更成为进一步开发的重要支撑。到1995年底，浦东新区陆家嘴、金桥、外高桥、张江、土地控股公司五大公司已转让土地面积10.56平方公里，转让地价近百亿元（万曾炜，1997）。到2001年，上海市政府以土地批租入股方式向四大开发公司成片出让土地23幅共61.59平方公里，折算成国有资本共计61.3亿元。四大开发公司凭借土地资本向国内外资本市场融资，吸纳了200多亿元的开发资金，获得了120多亿元的土地转让收入，吸引了800多家中外资房地产公司和总量为400多亿元的房地产开发资金，所有这些共同构成了浦东开发开放的"资本推手"（龙夫，2010）。

但是闸门放开跑出来的是"孔雀还是猛虎"尚未可知。到2009年扩区之前，浦东新区同时面临着土地资源有限和土地价格高涨的双重压力，多年的土地经营已经催生单亩上千万的"地王"价格，使一般的市场主体不堪重负，而地方政府仍然对土地效益高度依赖，甚至通过扩区来扩大可开发空间。撤并南汇之后，浦东新区面积一下子增长了一倍多，确实增加了大量的可开发面积。但是，之前扩张式开发的方式是否应该长期延续，仍然值得商榷。

在土地开发过程中，对浦东新区的各级各类规划提供了对总体形象和格局的政策框架。虽然围绕土地利益的博弈很多，但从总体上看政府对于浦东新区形象和格局的控制是较为严格的，最终塑造了小陆家嘴地区世界级的现代化城市面貌，整个浦东的总体环境和城市形态也相对整洁大方、现代美观。同时，也由于较强的政策控制，开发主体在运作中青睐大街道、大景观、大产业而忽视生活氛围、交通优化等问题也很明显，给人们造成一种"好看但不那么好用"的城市体验。

7.2.1.5 逐步形成浦东新区总体发展面貌

上述政策影响，与其他方面的因素综合作用，推动了浦东新区快速的地区开发和社会经济发展。

从1990年开发之初到2008年，浦东新区的国内生产总值，从60.24亿元增加至约3200亿元，18年间增长了53倍，占当时上海市总量比例从约1/12（8.1%）增加到2008年的接近1/4（23.3%），说明浦东不仅自身发展速度迅猛，还给上海带来了更大的经济总量。

工业产业增加值从1990年的43.13亿元到2008年的1351.44亿元，增长了约31倍；工业总产值从1990年的155.17亿元到2008年的5649.22亿元，增长了约36倍。在开发初期，石油化工、黑色金属冶炼、机械制造、建材加工、橡胶塑料加工等原有工业贡献了较多的产值，大约从1995年以后新兴的电子及通信设备制造业跃升到工业产值最高位，交通设备制造业和医药制造业也稳定在前列，但石油、化工、冶炼、交通运输设备等始终占据相当份额。这说明，浦东新区的工业发展一直是现代新兴产业和传统优势工业两条腿走路，新的产业开发利用了原有的产业基础。

在1995年以前，新增建设量基本在规划框架内进行，主要分布在黄浦江沿岸和外高桥、金桥、张江等重点开发小区以及川沙县城周边，呈现沿黄浦江岸线"一带"和重点开发小区及川沙县城"多点"的建设格局，并初步搭建了路网框架。到1999年，建设覆盖范围比1995年有较明显的增长，反映出地区开发扩张迅速，主要分布在沿江带的纵深扩张、各开发小区的外延扩张和沿主要交通带周边的蔓延开发，呈现出"一带多点、分散扩张"的格局。进入新世纪后，新区建设基本在延续"一带多点、分散扩张"格局的基础上加速扩张。而随着分散扩张的加剧，到2008年，各功能开发小区之间逐渐形成连片建设，原总规划定的组团间绿地难以保持，原规划的"一轴、三带、六分区"的总体空间结构已很难辨清。

浦东新区的人口也有一定增长。据统计年鉴显示，浦东新区的常驻户籍人口从1990年133.94万人增加到2000年164.87万人、2008年194.29万人，年均增长约2%；按包含半年以上流动人口口径统计的常住人口从2000年的240.23万人增加到2008年的305.70万人，年均增长约3%。对比其迅猛的地区开发和经济总量增长来说，人口增长相对缓慢。其中流动人口比例从2000年的31%提高到2008年的36%，反映了新开发地区人口流动较大的特征。

1990年浦东新区的人口分布呈现从黄浦江沿岸向东梯度衰减的特征，沿黄浦江纵带的人口密度大致相当。到2006年，从滨江向东梯度衰减的总体特征依然保持，但滨江带中陆家嘴至三林世博区块的人口密度得到了大幅度的提升，形成地区人口极核。而几个重点开发小区吸引常住人口却并不明显。

程丹明采用包含流动人口的第四次、第五次人口普查数据，利用栅格模型模拟出的浦东新区人口分布，与户籍常住人口分析的结果总体类似，但在几个重点开发小区中的人口集聚程度有所不同，反映出流动人口在新开发地区分布较多。

对比之前的建设格局分析可以很明显地看出，浦东新区的人口集聚格局和开发建设格局并不相匹配，人口主要集中在滨江一带，而向纵深区域的分散扩张的大规模开发没有与之相匹配的人口支撑，这必然会为城市氛围的营造和长远发展埋下隐患。据此推论：（1）规划的"一轴三带六功能区"格局没有内化为城市人口的分布格局；（2）各重点开发小区依然是功能较为纯粹的生产性功能区，并以物质性开发为主；大部分区域的综合服务功能和社会发育相对滞后，这又进一步影响对居住人群的吸引力，导致负向循环。

7.2.2　政府驱动造成地区开发的现实问题

前文在论述浦东政府驱动地区开发的过程及其影响中，已经分散述及了其中存在的若干现实问题，本节做系统的概括，分为以下几个方面：

7.2.2.1 市场能动对政策的异化

浦东新区的政府驱动开发主要体现为大政策驱动，政策驱动与直接安排大项目的不同之处在于要通过市场机制调动社会力量参与开发，而市场力量具有强大的"能动"性，会对政策进行一定程度的异化利用，从而形成政策驱动实际效果与政策意图的差异。就对浦东新区的案例考察来看，这种异化主要体现在三个方面。

（1）人口居住选择与政策框架相左

前文已经分析了浦东新区人口分布与开发建设格局不匹配的情况。总体而言，现实发展与规划的"一轴、三带、六功能区"格局不匹配，在具体区块分布上与各重点开发小区的政策格局也不相匹配；而是表现为从滨江向中南部地区的梯度递减格局，在规划的中部产业带、东部滨海带和中部三个重点开发小区都没有形成显著的人口集聚。

探究这个现象的根源，作为"市场人"的居住选择理性是主要原因。即浦东开发中住房的选择和消费基本是市场化的，由于每一个人对于其自身的居住选择都有一番复杂的考量，包括经济要素、居住环境、就业条件等，距离市中心较远的金桥、张江、外高桥等地虽然有规划政策的覆盖，但在一定时期内并不是理想的居住地，在这些地方就业的员工也倾向于异地居住及通勤交通。

这种现象在近几年有所改观，张江、金桥、周浦、川沙等区块的人居逐渐增多，这主要是由于上海中心城的房价高涨导致的人口外推效应，加之轨道交通等的建设；这同样主要是市场选择的结果，而非政府驱动的作用。

（2）市场化开发与规划格局差异

从前文的分析中可以看出：浦东新区的规划和政策安排主要是"一轴三带六功能区"和四个重点开发小区，具体的开发建设也从这四个重点开发小区启动，规划安排的格局也是疏密有致及功能配套；但实际的开发建设呈现出沿一带多点分散扩张的态势，其中一带是沿滨江带，多点是四个重点开发小区以及原川沙县城等。最终形成的格局是蔓延发展的格局。

思考其根源，同样是市场"能动"发挥了作用。虽然政策确定了整体的框架，但在市场化环境中，在开发建设时对每一个地块都要进行细致的评估分析，趋于寻找相对较为高效的开发地点和方式；依托现有的骨干道路和极核地区进行蔓延式开发正是基于市场规则的理性选择。

（3）产业集聚的非政策跟随

市场企业的选择是最能反映市场"能动"性的。除了政策能够支配的资源以外，政策其实很难直接驱动市场企业，导致企业跟随的常常是政策背后所蕴含的利益。比如在浦东开发的初期，引进企业非常困难。在国家领导人和各级政府积极号召下，主要是政府关联性的企业，比如国资港企，或政策能够调配的资源，比如省部楼、国有银行及其他大型国企等，支撑了浦东最初的发展。这时外资企业大部分在观望。直到浦东的基础开发初具规模、邓小平南方谈话后总体经济形势好转，以及中国市场大规模放开之后，才吸引了重量级跨国企业的大量进驻。可以说，浦东开发政策主要发挥的是调配周边要素资源的集聚以形成极化发展的态势，从而在特定节点放大宏观政策环境的红利，形成地标和旗帜效应。这是浦东"龙头"定位的关键所在。真正吸引外资企业的是庞大的中国市场和低廉的要素价格，政策优惠只是这些总体吸引力中的一部分。

7.2.2.2　地方发展对政策的过度依赖

与某些地方的对大项目依赖类似，浦东同样也存在着地方发展的政策依赖。这个依赖很难像大项目那样可以数量化分析，但是从一些具体现象中可以得出判断。在启动浦东开发的初期，由于引进外资的艰难，是政策性的资源投入支撑了基础开发和最初的发展。随后第二阶段国家出台的一系列功能性政策，尤其是众多大型要素市场的设立，成为这一时段浦东开发的重要支撑。而在政策优惠到期或收回的时候，地方发展就会出现停滞不前的态势，例如2000年到2005年期间浦东新区的发展曾一度停滞不前（图7-2）。这与十堰由于东风汽车总部的搬迁而停滞有内在的相似性。即便2005年国家批准了浦东作为综合配套改革试点，但在大环境已经变化的背景下，靠自身创新努力其成效并不明显。浦东新区的新近发展仍是要高度依赖国家政策支持及大项目入驻，如世博会、大飞机、迪士尼等国家级的重大项目。

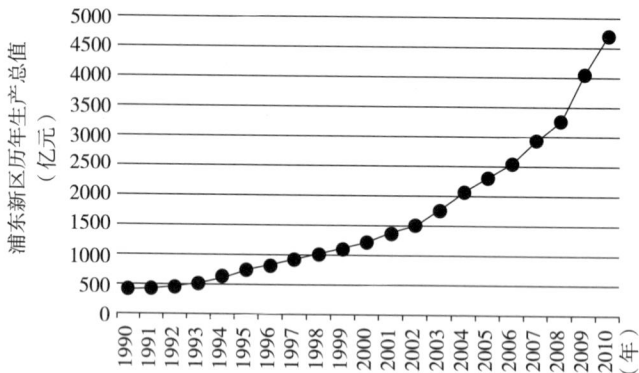

图7-2　浦东新区历年生产总值（1990—2010）
资料来源：上海浦东新区统计年鉴

7.2.2.3　政策驱动的持续性不足

政策驱动相比大项目有更强的即时性特征，因为政策本身就具有一定的时限性。就浦东新区而言，每一波政策都带来了一定时段的即时性发展，比如最初的资源注入政策支撑了初期的起步，随后的一些功能性政策推动了招商引资的扩大，以及后来的聚焦张江政策、综合配套改革试点等，都在不同时段推动了浦东的地区开发。但这些政策的轮次性也很鲜明，在政策启动的时候，由于政策对资源调配的改变，从而推动一波资源向浦东的集聚和发展，但随后这个政策的效应开始减弱，又得出台新的政策推动新的集聚和发展。一波一波的政策就像"催化剂"，让浦东新区延续了十几年的高速奔跑。但就像"催化剂"用多了效果会减弱一样，多轮的政策刺激也带来地区发展响应力的下降，从而暴露出浦东自身的内生动力不足的真实一面；对本地产业集群、创新环境等内涵式发展的重视和积累不足，让浦东难以持续快速奔跑。

与政策即时性相同步的是政策集中性导致资源利用和调配的过度集中，国有企业、重点行业、开发企业等主要关联群体均是利益分配的主要受益者。这导致整个社会的资源分配不均，体制外的大部分社会主体利益分配趋少，这会导致总体社会消费力不足，对地区发展的长期持续性造成不利影响。

7.2.2.4　对土地资源开发的过度依赖

同样导致不可持续的还有对土地资源开发的过度依赖。土地流转的放开，从浦东开发之初就是地区开发的重要支撑点，通过土地出让筹措了大量资金，构成地区开发增值的重要依托。但是土地空间是有限的资源，虽然浦东开发呈现大手笔，规划了数百平方公里，其规模远高于当时所有的开发区和出口加工区，但是经过十多年的开发扩张，到2009年已经面临土地空间资源不足的压力，制约了浦东新区的进一步发展。但采取的对策重点不是转变传统发展方式，而是通过争取高层政府的支持，以行政区划调整的"传统套路"来获得更多的增量发展空间。

7.3　浦东新区的政府驱动开发的机制解析

上述的地区开发政策，有的是直接的资源配置，有的是政策引导和赋权，其作用机制与计划经济年代的大项目直接资源安排有所不同。本节基于前文建构的"开发主体—空间生产—价值循环"解析路径，对其形成机制的逻辑过程加以还原，并寻求对其的理论解释。

7.3.1　对浦东开发的政府驱动机制的理论还原

7.3.1.1　开发主体结构

浦东新区开发升级成为国家战略后，重要的决策由中央政府作出，而具体实施基本仍是由上海市负责。在1990年宣布开发浦东之前，便由中央和地方共同对浦东进行了多番调研，形成了初步的意向方案。在1990年4月李鹏总理宣布"浦东开发开放"之后，上海市政府即于5月3日成立浦东开发办公室，并着手编制浦东新区规划；同年9月，依据规划草案划定的外高桥保税区、陆家嘴金融贸易区、金桥出口加工区三个重点开发小区及其运作机构"开发公司"相继成立，这些开发公司的核心人员由政府指派和任命，同时也吸收了企业、社会、专业技术方面的人才，政府是这些公司的实际控制人。但公司的运作方式比照市场方式，通过买进卖出、融资入股、投资开发等手段推动各重点小区的开发建设，同时也推动了浦东整体市场经济的活跃。在具体的开发实施过程中，为了解决资金问题及激活土地市场的需要，各开发公司均引进银行、财团或外资企业，以土地和资金入股、包装上市等方式，有效推进了开发建设的实施；期间政府始终保持着掌控能力。与这些重点开发小区相并行的，是运作四个小区域之外的广大土地资源的土地控股公司，这同样是一个政府掌控的准市场主体。此外，还有针对特定项目的开发公司，比如"新上海商业城"开发之初便由上海市商委组建了"新上海商业城联合发展公司"负责项目的开发建设。此外还有部分由当地乡镇组建的开发公司，比如洋泾乡与陆家嘴、金桥、土地控股等联合成立上海金洋置业有限公司、上海陆洋经济联合发展有限公司和上海联洋土地发展公司（负责洋泾乡境内4.5平方公里的土地开发）；严桥镇的村民组织为配合浦东开发全征地需要而自发组成的"由由"实业发展总公司，等等。这些公司或多或少都有着国家或集体的属性，在政府与市场之间左右逢源，推动了浦东新区市场开发建设初期的体制突破。这是一种比较微妙、但在特定时期比较有效的主体形式。

与这些开发公司相比，还有两类参与主体相对单纯，即纯技术性工程建设的工程公司和承租土地进行纯粹市场经营的外来生产性企业。此外，另有两类主体则发挥了比较模糊的作用：一类是由于政策驱动而前来投资开发的国企及各省市内资企业，诸如那数十栋省部楼，其投资均具有政府背景，是国家间接地支持浦东开发，但也具有自身开发经营的特征；另一类则是广大的市场消费主体，是空间开发和产业开发的最终受众，与浦东开发价值循环的最终实现环节相联系，但在整个政策驱动过程中却看不到其明显的身影，只能说这些市场主体的需求和价值诉求是通过政府、国企、开发公司等对市场的综合判断而形成其间接影响，体现为一种"隐磁场"的作用。上述各类主体的复杂组合构成了浦东开发初期的"开发主体"结构。应该说，这个开发主体结构巧妙地综合了政府与市场两个方向的力量，在浦东开发初期发挥了有效的作用。

但这样的体制在浦东新区规模日益扩大，经济社会事务日益复杂之后便显现出了不适应性，尤其表现在因为经济发展地区开发与社会管理工作的交织、政府主体与市场主体的混杂。1993年，浦东新区管委会和各开发小区管委会成立，逐步承担了大部分社会管理工作。2000年，浦东新区政府成立，总体建构上实现了政府与企业的职能区分；各开发公司相继从城管、规划、项目审批等管理领域退出，同时各开发小区相继成立管理委员会，承担新区政府的次一级政务管理职能。2005年前后，在国家"综合配套改革试点"和浦东探索"区镇联动"的背景下，先后成立了陆家嘴、金桥、张江、外高桥、川沙和三林世博六个功能区域，原有街、镇、区（重点开发小区）的各分治主体被统一到一个体系中。这与原规划的六大功能区的构想基本相符，但由于相关体制改革和事权划分并未完全到位，新的体制改革效果并不显著（马祖琦，刘君德，2009）。2009年合并南汇区之后，浦东新区空间范围显著扩大，在2010年推出"7+1"生产力布局和管理体制，重回开发区管委会主导体制。应该说，这样的复归，反映了浦东作为"特别政策驱动的产业开发地区"的核心定位仍将延续一段时间，虽然覆盖了1200多平方公里国土和400多万人口，但这些都必须以产业和开发的需要为先导，而社会管理和社会发展的职能居于相对次位。在管委会体制复归的同时，原先的国有开发公司则渐行渐远，这些公司在浦东开发之初便相继成立了上市子公司，在2000年以后逐步从公共管理职能上退出之后，相继走上拓展市场的开发道路——回归了作为一个市场主体的本质。比如，陆家嘴集团获得天津小伙巷地块的开发权、金桥公司参与天津"滨海碧云国际社区"建设、外高桥集团与江苏启东合作开发产业园、张江集团与昆山市政府联手开发软件园等（浦东新区发展和改革研究院，2011）。总体而言，浦东新区开发主体的构成及演化过程极为复杂，以下用框图概括这个主体机制的基本结构（图7-3）。

7.3.1.2　空间生产

回顾浦东开发的历程，可以概括出其空间生产的几个阶段。首先是形成方案并划定地块范畴，同时制定优惠政策；接着，由国家及地方投入前期基础开发，省部支援；进而通过"空转"等手段将地块转化成可流通的有价资源，借以引进银行与外资企业，共同参与开发；同时，那些已初步形成设施配套的开发区，则积极引进境内外生产性企业和商务机构；逐步扩大内资、外资企业的引进规模，推进产业集群的形成；相机扩大设施建设和商业性土地开发，推进地价上升，形成空间和产业开发规模；最终形成空间开发和功能性产业开发同步并进的局面。

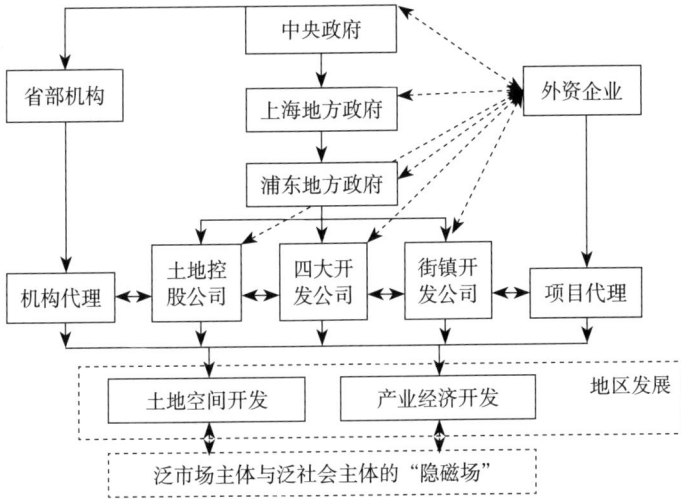

图7-3 浦东新区开发的开发主体结构
资料来源：作者自绘

对这个过程的图示化表达如图7-4。

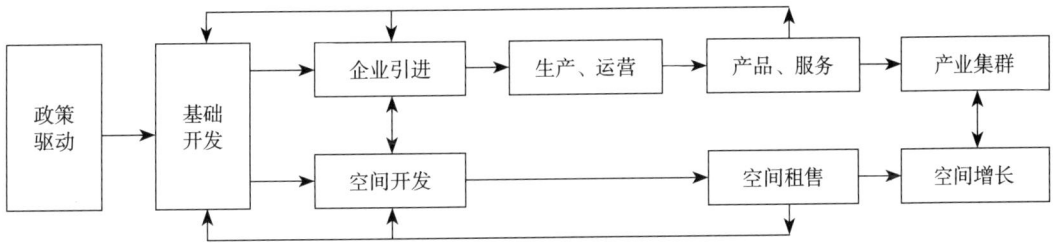

图7-4 浦东新区开发的空间生产过程
资料来源：作者自绘

7.3.1.3 价值循环

浦东新区开发的价值循环可以概括为如下过程：

首先是国家及地方投入财力、人力、物力成本进行前期基础开发。政策优惠实际上缩减了国家可用于其他地区发展的资源，变相地将社会资源向浦东集中。而初期的省部支援等政策，实际上是更加直接的将其他地方的资源向浦东集中。同时，浦东的土地市场激活，使土地变成可定价可布局流动的有价资源，实际上是将地区资源价值变现或是资本化。

通过以地引资和政策优惠引进企业，实际上是压低地区资源价值以吸引内外资企业，换来的是内外资企业的增长效应、技术溢出效应和可能的挤出效应等预期价值的实现。引入企业的生产，同样需要投入财力、人力、物力成本，产品最终通过售出实现价值，这个循环就其企业主体而言更多地体现了市场规律，虽然其中廉价的要素成本和我国广大的市场实际上也回馈了某种补贴。

而同时推动的大规模空间开发，本质上是对地区土地资源的加速变现。其投入在空间上的大量财力及物质资源而形成的价值，可通过高额土地出让金和高房价而回收，甚至在一定程度对未来的资源价值进行透支。这种价值通过上下游产业的拉动，分配到各相关产业群体，其中房地产相关群体得益最大；同时有一部分价值通过政府的土地出让金转移支付，支撑了城市设施和环境大规模开发和改善，成了市民们可以享受的直观效益。但同时，为了实现高额的土地出让金和高企的房价，大量的城市居民也在投入其过去的积累及透支未来的财富；上下几代人的积累和大量的银行贷款都被集中到房地资产中，而其价值分配却偏重于少数人群，成了一个社会价值变现和再分配的少数人敛财游戏。

另一个视角是项目价值小循环与社会价值大循环的角度。政府驱动的开发由于政策源于政府行为具有先天的公共性特征，即政府驱动的地区开发，不仅要实现项目自身的投入产出价值平衡，还要从政策的源头——政府的角度实现比项目更大的社会价值的诉求，有时甚至会为了特定的社会价值目标而可以牺牲部分项目价值。

对这个价值循环的图示化表达如图7-5，其中的2、3、4环节构成项目价值的小循环，但是在整个价值循环中只是一个局部环节。

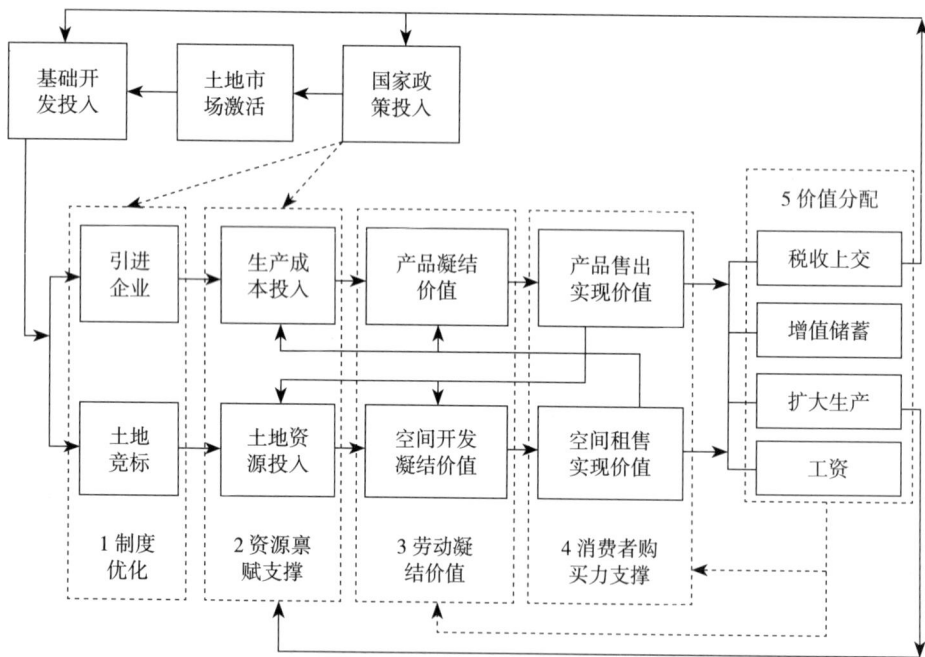

图7-5　浦东新区开发的价值循环
资料来源：作者自绘

7.3.2　对浦东开发的政府驱动机制的理论解释

可以看出，相对于湖北多城市及浙江宁波北仑区的开发，浦东新区在政府驱动开发上走得更远。国家和地方几乎没有生产性投资，只是通过地区开发的各项倾斜政策和一些前期启动资金的支持，推动了各种发展资源向浦东集聚，从而实现浦东新区的快速开发。这种机制可以概括为：集中的政府驱动与分散化的市场利用机制相结合。即，国家和各级政府的集中驱动发挥了根本作用，实际的资源利用与价值循环在多主体间展开，实现了较高程度的市场化。

这种机制，其基层参与主体不仅是地方政府，还包括来自企业和开发公司的经理人，这些人对于地区开发的效益有着切身的关注，不仅仅在于官员政绩的追求，还有企业对土地价值及其效益的追求；一定程度上代理人的自身利益和地区开发总体利益被捆绑在了一起，从而更容易形成持续的激励相容。同时，由于高层决策者的部分放权——高层面政府主要把握总体框架，具体实施开发建设的是地方政府和开发企业，这些开发实施主体对具体的开发建设行为有着直接的信息感知，从而能够实现更高的信息效率。从而，这种政策驱动的开发比早期大项目主导的开发有着相对高效的内在机制。深圳特区、浦东新区等的成功，以及同样作为政策区的众多高新区、开发区的发展绩效，已经充分印证了这一点。

但这种开发模式也难免有其逻辑悖论。比如，高高在上的集中制本身必然会由于"集中制的困境"而损失效率；为了提高资源利用效率而进行的有限度放开确实有助于效率提高，但是集中与分散之间的边界难以厘清，分散化的资源利用效率随时可能会因为某个特定领域的集中而遭遇困境，从而形成另一种失效和混乱。上文分析的浦东地区开发中存在的现实问题，即是这种失效和混乱的具体表现。这个逻辑悖论可以概括为：从集中管控到分散经营的传导组合失效；亦即，集中管控与分散经营之间的尺度难以把握，不同环境下集中与分散之间的传导可能会出现某种失效的组合，从而会导致实际开发效率的损失。

7.4　本章小结

作为国家战略，"浦东开发开放"自1990年启动，逐步被赋予了资金、贸易、产业、土地、财税等领域的一系列具体政策；其政策作用方式有直接的政策性资源投入，也有形成政策势差以吸引投资和项目开发。这一系列政策的施行奠定了浦东新区的总体发展格局，带来了资金、社会资源、要素市场等的集聚，吸引了大量的外资投入，尤其是放宽土地管理权限、激活土地经营，促成了持续多年的地区开发热潮，塑造了一个世界级的现代化浦东新区。其中，针对体制内资源配置的政策安排得到了有效的贯彻，比如干线路网、大型基础设施、省部楼、要素市场等；而涉及市场经营的政策措施在实施中出现一定程度的异化，比如引资困难、实际建设与规划格局差异、人口增长较慢、人口分布与规划预期不对应等；同时还衍生了地方发展对政策过度依赖、政策驱动持续性不足等问题。

可将这种政策驱动地区开发的机制概括为：集中的政府驱动与分散化的市场利用机制相结合。即，国家和各级政府的集中驱动发挥了根本作用，实际的资源利用与价值循环在多主体间市场化展开。但是集中与分散之间的边界不够清晰，分散化的资源利用随时可能会在某个特定的集中领域出现组合失配，从而形成另一种低效和混乱，即"从集中管控到分散经营的传导组合失效"。这是诸多现实问题产生的根源。

第8章 新时期案例：
雄安新区开发

从1980年设立深圳特区，到1990年启动浦东新区开发，再到2000年启动城镇化国家战略，再到2016年党中央国务院出台指导意见明确"严控各类开发区和城市新区设立"，这种产业开发和空间相杂糅的"政策区"开发模式在经历35年大规模发展之后，进入重大调整期。但我国的城镇化发展方兴未艾，客观的大城市病、区域发展不协调、人口城镇化迁移等问题仍然需要应对，这才有了2017年"雄安新区"作为一项"千年大计、国家大事"的战略出台。雄安新区从谋划之初，就着眼于不走土地经济、投资经济的老路，而是着眼于产业创新和空间资源配置创新。同期北京副中心、长三角生态一体化示范区的创新推出，都代表了应对这一课题的时代性探索。

8.1 雄安新区开发历程及其政府驱动的演进

8.1.1 雄安新区开发的时代背景

8.1.1.1 北京市应对"大城市病"

北京是全国发展的龙头，同时也是"大城市病"特别突出的典型。尤其是进入21世纪以来，北京在迎来快速发展的同时，遭到了日趋严重的大城市病的困扰。主要体现在以下几个方面：

（1）城市人口过度膨胀。北京市常住人口于2009年即突破了《北京城市总体规划（2004—2020）》所制定的1800万人口红线，到2015年北京市常住人口已经达到了2170.5万。从人口密度上来看，2015年的北京首都功能核心区的人口密度已高达23843人/平方公里，超过了东京、纽约、伦敦核心区的人口密度（张卓，2016）。

（2）交通状况拥堵严重。虽然北京市在2010年后实行了汽车限购等控制措施，但北京交通状况仍然面临严重拥堵。从机动车保有量上看，北京市2015年的机动车保有量为561.9万辆，在不到十年间数量翻了一倍（北京市统计局，2015）。而北京的城区路网密度较低，交通条件的改进速度又无法跟上机动车保有量的增速，形成了北京在早晚高峰和特定区域拥堵的交通状况（图8-1）。

图8-1 北京道路拥堵状况
资料来源：北京城市拥堵［N］. 中国新闻网2018年2月15日，
http://www.chinanews.com/sh/2018/02-15/8449408.shtml,
2018

图8-2 北京大气污染状况
资料来源：北京大气污染［N］. 中国新闻网2018年4月
29日，http://www.Chinanews.com/sh/2018/04-29/8502946.
shtml, 2018

（3）环境污染难以根治。北京的大气污染状况仍然不容乐观。尽管北京近年来持续加大空气治理力度，北京的大气状况仍然低于国家标准（图8-2）。2014年北京市细颗粒物（PM2.5）、二氧化氮和可吸入颗粒物（PM10）年均浓度值分别为85.9、56.7和115.8微克/立方米，分别超过国家标准的1.45倍、42%和65%（北京市环境保护局，2014）。水污染情况则更加严重，北京境内河流的化学需氧量、生化需氧量、氨氮等污染物指标明显超标，湖泊水体和地下水污染同样严重，改善水体质量已是当务之急。

（4）土地资源日益紧缺。北京市土地面积为1.64万平方公里，其中可开发面积占总面积的57.3%。对土地资源的快速、低密度、碎片化开发更加加剧了土地资源的紧缺，摊大饼式发展模式难以遏制。

为了应对大城市病，北京需要将其部分城市功能疏解至其他地区。在2015年4月正式审议通过的《京津冀协同发展规划纲要》中，规划的核心确定为有序疏解北京的非首都功能，推动京津冀区域协同发展。其中，非首都功能指的是不符合北京首都城市功能发展定位的现有部门，主要可以分为两个大类：第一类从经济角度考虑，包括一些相对低端、低效益、低附加值、低辐射的经济部门；第二类为区位由非市场因素决定的公共部门。到2017年雄安新区的提出，就是针对北京非首都功能疏解的一个战略落子。

8.1.1.2 京津冀区域加强协调发展

京津冀城市群一直是我国重要的城市群之一，却长期存在着"灯下黑"现象，在河北形成了一条"环京津贫困带"。在2005年由亚洲开发银行给出的河北省经济发展战略研究报告中，首次提出了这一概念。环绕着北京、天津这两个大型城市分布着河北省的32个贫困县、3798个贫困村，共计272.6万年收入不足625元的贫困人口。这些贫困县的人均GDP只有京津远郊区县的1/4，财政收入更是只有京津远郊区县的1/10（亚洲开发银行技术援助项目3970咨询专家组，2005）。在2001～2010年间，京津冀城镇群内部发展水平进一步极化，城镇间的差距进一步拉大（龙茂乾，孟晓晨，2014），区域发展不平衡问题日益突出。

实际上，京津冀发展不平衡的问题早已得到中央政府重视，京津冀城市群是我国最早提出进行区域协同开发战略的城市群之一。早在2004年2月，由国家发改委召集京津冀三省份市级发改部门，在廊坊举行了区域经济发展战略研讨会，并提出了《廊坊共识》。《廊坊共识》的主要内容包括启动京津冀区域协同发展规划、建立京津冀高层联席会议、构建统一市场、构建现代化区域交通体系等。然而，京津冀区域发展的系统规划《京津冀协同发展规划纲要》直到2015年才姗姗而来。在2014年习近平总书记组织召开的京津冀协同发展座谈会上提出，京津冀三地政府应当打破自身"一亩三分地"的思维定式，通力合作尽快编制京津冀协同发展规划，强调了京津冀协同发展战略对国家的重要意义。到2017年，雄安新区的谋篇落子，从顶层设计上完全打破了京津冀协同的传统界线，在京津冀区域中心落位一个新的区域极核，周边的社会经济和重大设施都进行了系统调整，改变传统京津双雄格局为京津雄三角结构，将彻底打破"环京津贫困带"格局，真正起到了带动京津冀格局转变的效果。

8.1.1.3　中国新区发展新阶段

从计划经济时期的大项目区，到改革开放时期的经济特区、经济技术开发区，都可以认为是我国的新城新区开发的溯源，但真正定名为"新区"的开发开端于1992年国家级新区——浦东新区的设立。其后在新区发展模式的探索已经有近30年的历史，虽然各级政府都会有设立新城新区的行动，但代表性的还是一系列国家级新区。自1992年10月国务院批复设立首个国家级新区上海浦东新区至今，我国先后共设立有19个国家级新区，涉及陆地面积2.24万平方千米，人口2630多万人。

我国国家级新区发展过程从新区设立时间上看可分为三个阶段：

第一阶段从1992年至2010年以前，是我国新区发展的试验和摸索阶段，在这20年间共批复设立了2个国家级新区，分别为上海浦东新区、天津滨海新区。这时期的新区被赋予较多国家扶持政策，常承载着国家战略使命，不仅着眼于自身大规模开发，还寻求带动大区域的发展，比如浦东新区承载着推动上海转型、带动长三角和长江流域发展的国家战略使命，在地区开发上树立了一个时代的旗帜。

第二阶段为2010年和2016年，这两年间共批复设立了16个国家级新区，如重庆两江新区、陕西西咸新区（图8-3）、成都天府新区等，是国家级新区大规模铺开的阶段。这一时期的国家级新区较多针对特定区域的发展路径创新和产业激活，但全国影响力有所减弱。例如，贵安新区地处贵阳，充分利用当地的气候、成本等地区优势，发展了一批以大数据技术为核心的现代化电子信息、设备制造、医药、文旅、服务业等特色产业，在一定程度上带动贵州经济社会发展面貌的转变。在国家级新区引领、各级城市仿效的情况下，这一时期的新城新区开发规模急剧扩大，加剧了土地财政依赖和资源环境消耗，但应对大城市病和区域协调发展等现实问题上仍力有不逮。2016年党中央、国

图8-3　西咸新区范围示意图
资料来源：《西咸新区总体规划（2010—2020年）》

务院联合发文要求严控新城新区设立，但随后又推出了雄安新区等新战略，着眼点在于转变开发路径，发挥空间开发应有的时代价值。

第三阶段是2017年至今，总共仅批准设立了雄安新区一个国家级新区，主要由于相关政策收紧，要求对新区设立审批严格把控，将新区发展重点由量转向质，新区面积也进一步控制。但也有北京副中心、长三角生态一体化示范区、上海郊区五大新城等其他形式的政府驱动型空间开发的实践探索。

国家级新区作为重要国家战略发展至今，总结出了一条具有中国特色的新时代新区带动地区发展模式。但到2016年《中共中央 国务院关于进一步加强城市规划建设管理工作的若干意见》出台以来，如何既呼应时代需要，科学应对"大城市病"、促进区域高质量协调发展，又避免重走传统新区简单扩张的发展老路，创新空间开发与产业开发的新路径新模式，是摆在我们面前的时代性课题。

8.1.2   雄安新区开发的提出过程

2015年4月，中央政府在《京津冀协同发展规划纲要》中提出，疏解北京的非首都功能应当把握"多点一城、老城重组"的思路，其中"一城"即是研究论证在北京之外建立新城的可行性。

中央政府有关设立雄安新区讨论的会议   表8-1

时间	会议	主要内容
2014年12月	中央经济工作会议	提出京津冀协同发展的核心问题是疏解北京非首都功能，降低人口密度，促进经济社会发展与人口资源环境相适应
2015年4月	中央政治局会议	审议通过《京津冀协同发展规划纲要》；提出推进深入研究论证在河北省内通过科学规划和新发展理念建设新城作为非首都功能集中承载地
2016年2月	国务院专题会议	讨论研究了有关建立北京城市副中心和集中承载地的规划，并提出了具体要求
2016年3月	中央政治局常委会会议	提出在北京中心城区之外，规划建设北京城市副中心和集中承载地，形成北京新的"两翼"，京津冀区域新的增长极
2016年5月	中央政治局会议	审议了《关于规划建设北京城市副中心和研究设立河北雄安新区的有关情况的汇报》，"雄安新区"一词首次正式出现在汇报稿的标题之中

资料来源：作者根据相关资料整理

中央政府对设立雄安新区进行了密集的会议讨论，国家发改委也对雄安进行了实地调研（表8-1）。最终，雄安凭借其集三大优势于一体的得天独厚的条件，被选定为本次疏解北京非首都功能的集中承载地。雄安新区位于华北平原京津保腹地，地势平坦开阔，交通便利，距北京、天津、石家庄等市均仅为一百公里左右，转移成本适中（图8-4）；雄安坐拥华北平原最大的淡水湖白洋淀，土地、水利、环境、地质等支撑条件优良，生态条件优越；雄安原本开发程度不高，人口和建筑密度较小，开发成本低，拆迁量小，可开发建设的土地资源充裕，具备一定的城市基础条件。

2017年4月，中共中央、国务院发布了有关设立雄安新区的通知，宣告雄安新区正式成立。

8.1.3 雄安新区开发建设的推进

雄安新区自提出以来，始终坚持国家级新区的高建设标准，力求通过科学规划建设"千年大计"的国家级新区，将每一寸土地都规划清楚再动工，谋定而后动，通过加强顶层设计，保证科学城市发展理念落到实处。雄安新区的规划建设初期主要集中在起步区，面积约100平方公里，在中期拓展到包括容东、容西、雄东等片区，面积约200平方公里，远期控制区面积近2000平方公里。

图8-4 雄安新区区位示意图
资料来源：笔者根据相关材料整理

2017年6月，雄安新区政府发布了《新区启动区城市设计国际咨询建议书征询书》，邀请全球范围内具有规划设计专长的咨询公司建言献策，在不到十天的报名期内，就收到了279家国内外机构的报名参与。作为自深圳、浦东之后的第三个具有全国意义的国家级新区，雄安新区的建设规划力求尽善尽美，不留历史遗憾。

2017年7月18日，中国雄安建设投资集团注册成立，注册资本100亿元，是具备独立法人资格的自主经营、独立核算的国有独资公司，是承担新区投资、融资、开发、建设、经营的主体角色。雄安建设投资集团主要布局在金融与投资、城市发展与资源运营、基础设施建设、生态环境建设、公共服务、数字城市等六个业务板块，全方位推动雄安新区建设。

2017年11月，雄安新区启动了"千年秀林"项目，将建设雄安新区森林城市，为雄安新区的生态环境提供保障。"千年秀林"项目采用政府与民间合作造林的新模式，既保障了建林的质量与效率，又能促进当地人民就业、提高人民收入。

2017年12月，雄安新区首个大规模城建项目"雄安新区市民服务中心"开工建设（图8-5），市民中心项目采用地方政府与国企协同开发模式，由雄安集团与中国建筑共同投资，中建三局负责总承包施工管理。项目总建筑面积10.02万平方米，规划总用地24.24公顷，总投资额超过8亿元，主要建设内容包括规划展示中心、会议培训中心、政务服务中心、企业办公、周转用房、雄安新区管委会办公场所、中国雄安建设投资集团有限公司办公场所和相关配套设施。

2018年4月，《河北雄安新区规划纲要》正式审议通过，规划从空间布局、生态环境、产业结构、公共服务、交通体系、智慧城市、安全体系等方面对雄安新区建设作出了科学详细的规划布局，以"世界眼光、国际标准、中国特色、高点定位"为核心规划理念，以疏解北京非首都功能的集中承载地为雄安新区建设定位，将发展成为京津冀新增长极为雄安新区未来的城市目标，为世界提供解决"大城市病"的中国方案。

2019年底，雄安新区政府陆续披露了包括启动区、起步区、雄安站枢纽片区、容东片区、

图8-5　雄安新区市民服务中心
资料来源：雄安新区官网

图8-6　雄安新区施工现场
资料来源：中国雄安官网

容西片区、雄东片区的控制性详细规划，针对各片区不同功能定位和重点任务制定了详细的规划安排，这也标志着雄安新区工程正式进入了建设阶段。各分区因其定位、区位的不同，规划也不尽相同，但都遵循着"世界眼光、国际标准、中国特色、高点定位"的规划理念。起步区作为未来雄安新区的主城区，是承接疏解北京非首都功能的主要片区，规划的核心目标是打造高质量高水平的现代化主城区；启动区作为雄安新区率先建设的地区，是负责承接首批非首都功能疏解项目落地的片区，其主要功能定位为雄安新区先行示范区、创新资源聚集区、国际金融开放区；容东、容西片区的功能定位是以生活居住为主的综合性功能区，其规划的主要目标为宜居包容的绿色新城区；雄东片区依托于雄州的历史文化底蕴和优越的区位条件，力求规划出古今交融的文化城区，同时布局了中关村科技园，打造产城融合的高新片区；雄安站枢纽片区依托于雄安站和河北自贸区，片区功能主要定位于站城一体的公共服务区和商业经济区。

自2020年2月起，雄安新区重点建设项目陆续开复工，政府在确保疫情风险得到控制下，积极推动雄安新区建设按规划进行（图8-6）。

8.1.4　小结

河北环京津贫困带是京津冀发展的短板地区，与京津两地经济水平和社会发展有着较大差距。雄安新区的设立并非市场经济自发形成的结果，而是由中央政府推动，根据京津冀地区的实际情况，经过大量考察调研做出的战略决策，其核心是达成疏解北京非首都功能的战略目标，同时也能够为河北带来新的增长极，促进河北经济发展，缩小区域发展差距。

8.2　雄安新区的政府驱动开发的成效分析

8.2.1　集中承载北京的非首都功能疏解

雄安新区的成立，其最核心的职能即为集中承载北京的非首都功能。北京既定的城市定位是全国政治中心、文化中心、国际交往中心和科技创新中心，但在经历了70余年的快速发展之后，北京目前所承载的城市功能大大超越了其规划的负荷，诸如交通堵塞、房价过高、资源紧张等"大城市病"问题凸显，发展矛盾日益严峻。北京市人口规模已经屡次超越了原先设定的人口控制线，将北京部分城市功能疏解出去、带动北京城市人口转移和功能疏解已然成为近年北京城市治理的当务之急。考虑到河北的区位条件和发展水平，中央政府将河北作为北京功能疏解的主要承接地区。

然而，北京与河北的产业结构存在着巨大的差别，疏解工作面临难以落实的现实问题。2015年北京市第三产业占比达到了近80%（图8-7），北京市的产业结构已经进入了后工业化发展阶段，是一个以高新技术和高端服务业为主的巨型城市。河北的产业结构表现为以工业为主、服务业为辅的工业化中期的特征，2015年河北省第三产业占比为40.2%，主要产业仍以低附加值、高污染的劳动密集型产业为主。可以看到，河北与北京在产业结构和发展

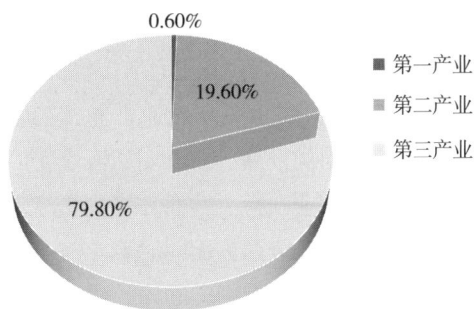

图8-7　2015年北京市产业结构
资料来源：2015北京统计年鉴

水平上存在着明显的区域差异，河北缺乏高新高端产业所必需的基础设施、产业链协同、科技成果转化等外部环境，而这些高新高端产业正是北京的主要社会部门，是疏解的重点对象。在京津冀区域协同战略实行初期，疏解工作总体进展并不如人意，疏解的主要对象仅是一些在北京现有社会部门中占比不高的低端产业和批发市场等。根据纲纳·缪尔达尔的梯度发展理论，北京对于河北的极化效应、回程效应明显，扩散效应不足，造成北京与河北间要素的单向流动，北京对于人才和企业的吸引力明显大于河北，经济差距短期内难以弥合，北京"摊大饼"式发展趋势也难以遏制。

因此，雄安新区的设立对于北京非首都功能的疏解具有至关重要的意义。雄安新区的城市定位为集绿色、科技、文化、创意于一体的中国新型城镇化示范区，主要集中承载对象为北京的高新高端产业、高校科研院所、金融机构和企业总部等，在政府驱动和政策支持下，充分发挥新区的比较优势，推动完成北京非首都功能的疏解。设立雄安新区这一举措，是中央政府对长久以来北京功能疏解困局的一次突破。雄安新区的意义在于它为河北提供了一处由中央政府推动建设的高新高端产业集中承载地，更长远地看，是一座让河北能够抗衡北京大城市虹吸效应的反磁力中心城市。

8.2.2　推动地区产业转型升级和区域发展

雄安新区因其地位的特殊性，其设立的意义决定了雄安新区以承接高端高新产业为导向。与传统意义上的产业转移"发达地区的落后产能向落后地区转移"不同的是，雄安新区所面临的是"发达地区的发达产能向落后地区转移"这一跨越性更大的转移目标。雄安新区的当地条件很

难实现对这一大跨越式产业转移的支持。雄安新区原有的经济基础比较薄弱。2017年，雄安新区三县雄县、容城、安新的总GDP为189.16亿元，工业增加值为90.62亿元，分别占河北省的0.56%和0.70%，而人均GDP更是仅有河北省平均水平的45.74%（李晓华，陈若芳，2020）。雄安地区产业结构与河北省产业结构较为类似，以劳动密集型传统工业如服装、塑料产业为主要产业，附加值较低且对环境破坏较为严重，农业人口也超过总人口的半数以上。可以看出，雄安地区现状整体发展水平确实较低。作为北京高新高端产业、高校科研院所的集中承载地，雄安新区在产业基础设施、产业链上下游协同、消费市场规模、营商环境等客观条件上均有可能难以胜任，这种客观条件与企业需求的错配倒逼了政府需提供力度更大的扶持政策为这次产业转移赋能。

雄安新区能够借助疏解北京非首都功能这一历史性机会，完成地区产业的转型升级，实现雄安与北京的协同发展。自雄安新区成立以来，雄安新区政府制定出台了包括税收、融资、产业升级、创新创业扶持、营商环境优化等多方面的扶持政策，从引导高端高新企业走进来与引导当地企业转型升级两方面同时着手，在完成北京非首都功能疏解要求的同时，带动雄安新区经济高质量发展。在较短时间内，雄安新区成功吸引了包括百度、腾讯、阿里、光启、达实智能等一百多家高新高端企业落户，政府政策扶持取得成效。

在扶持企业的同时，政府也不遗余力地通过相关政策吸引人才入驻。河北省政府出台了《关于河北雄安新区引进海内外高端人才的实施意见》，实行一人一策、特事特办，为高端人才提供个性化、人性化服务，建设雄安新区人才高地，为雄安新区规划建设提供人才和智力支持。雄安新区常住人口中高学历（本科及以上学历）人口比例在2019年同比增长了9.7%，流动人口中高学历人口比例同比增长了26.4%，与2017年相比增长率均超过了100%（百度研究院，2021）。

8.2.3　探寻中国未来城市发展模式

雄安新区作为继浦东新区后又一个具有全国意义的国家级新区，除了承担着疏解北京非首都功能的责任之外，也是我国政府在新时代对未来城市发展模式的一场历史性试验。雄安新区的发展理念在规划之初就已明确提出，要将雄安新区建设成为贯彻落实新发展理念的绿色生态宜居新城区、创新驱动发展引领区、协调发展示范区、开放发展先行区，与习近平总书记提出的新发展理念"创新、协调、绿色、开放、共享"相呼应，可以说，雄安新区是中央政府将新发展理念融入新时代城市发展中的一次验证，雄安新区模式将作为中国未来城市发展的关键样本，将对中国未来城市发展模式产生深远的影响。

当今中国的经济发展已经进入新常态，一些传统经济模式的弊端逐渐成为中国经济进一步发展的障碍，诸如区域发展不平衡、自主创新能力欠缺、资源利用率低、环境污染严重等问题亟待解决。与此同时，我国城镇化发展进入快速推进期，许多大城市面临着巨大的人口和发展压力，探索出一条符合中国国情的大城市疏解解决方案，成为摆在政府面前不可忽视的一道难题。

1992年，浦东新区在市场经济与计划经济两种模式交锋的压力下被推上历史舞台，标志着我国对中国特色社会主义市场经济模式的探索。而雄安新区同样作为历史的选择，承载着与浦东新区相类似的使命，在现有经济模式陷入瓶颈、城镇化弊端日趋严重、中国改革进入深水区的历史条件下，雄安新区所走的高标准、高定位、"千年大计、国家大事"的发展路线，凸显了其重要的战略意图与价值。

雄安新区自2017年设立以来，走出了一条有别于其他新区的新发展模式，作为可以说在一张白纸上画出的新区，政府在其中的驱动作用极为关键。在雄安新区的规划中，贯彻了包括智慧城市、人文城市、绿色城市、创新城市、紧凑城市等五方面未来城市建设理念。同时，雄安新区也在尝试一种脱离土地财政、实行共有产权的保障性住房模式。尽管这些举措的效果尚待时间检验，但无论如何，雄安新区的改革力度之大，范围之广均为一时之先。雄安模式作为新时代政府驱动型空间开发的模式探索，无疑会为未来我国新区开发和政府驱动作用提供有价值的经验借鉴。

8.3　雄安新区的政府驱动开发的机制解析

8.3.1　雄安新区开发实践中的开发主体结构

通过上文的论述可以看出，政府在雄安新区开发中参与度很高，其中把握大方向的是中央政府，而主要的行动者是地方政府。因此，在雄安新区的开发实践中，大体上形成了一种由中央政府指导、地方政府主导、社会资本共同参与的发展型城市开发主体结构（图8-8）。

中央政府在京津冀协同战略的客观要求下，提出了关于雄安新区的战略构想。作为京津冀协同的产物，具有全国意义的新区，雄安新区在推动过程中相当依赖于中央政府对于地方政府

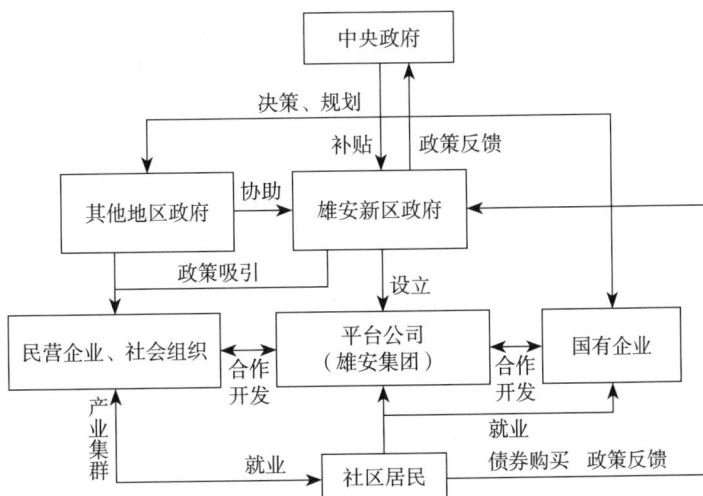

图8-8　雄安新区开发实践中的城市开发主体

资料来源：作者自绘

和市场企业的权威性影响。京津冀协同的战略构想早在2004年左右就已正式提出，然而迟迟未见成效，一大原因即是京津冀地方政府间统一协调较难，在城市功能和项目的分配上，京津冀三方对自身定位各有不同，利益冲突明显，落实到具体项目的务实层面的讨论难以达成共识。直至2014年，习近平在关于京津冀三地协同发展的座谈会明确指出，京津冀三地应当打破自身"一亩三分地"的思维定式，依靠中央政府的权威性，确保了雄安新区开发的推进。

由于雄安新区是国家战略下的产物，其政治意义要高过经济意义，外加雄安新区实行财政改革，不能依赖土地财政，因此在建设初期，雄安新区的财政来源主要为雄安政府投资，而雄安政府的资金大部分来源于中央财政和政府发债。2019年，雄安新区本地一般预算公共收入为6.7亿元，并收到186亿元的中央财政的转移支付补助，可见雄安新区的财政对外依赖程度很高。雄安新区2020年的一般债务限额为460亿元，截至2020年12月31日，雄安新区本级地方政府一般债券余额416亿元，基本达到满额发行。雄安新区地方政府作为中央政策的执行者与社会资源的分配者，在城市开发主体结构中扮演了中枢的角色。

雄安新区于2017年7月成立了中国雄安建设投资集团，在金融与投资、城市发展与资源运营、基础设施建设、生态环境建设、公共服务、数字城市等六大业务板块内，全面负责推进雄安新区开发建设。目前雄安建设项目的落地，大多是由雄安集团及其子公司负责招标投资，第三方咨询公司提供咨询，并与政府部门和社会专家共同监督。

雄安新区的建设项目大多为周期较长、盈利较低的开发项目，如城市规划、道路建设、基础建设等，准入门槛较高，因此民间资本参与度不高，城市开发主体基本以国企为主。国企具有一定的政府属性，但在决策时同时也会考虑市场因素。国企身为政府与市场二者的结合，作为市场资本在参与新区开发实践中，形成一种行政指令与市场行为相互妥协的参与行为。民营企业则更多的活跃在高新高端产业与文化科技双创产业中，为雄安新区发展新型产业集群提供助力。

雄安新区并非平地起高楼，在雄安地界原有的100余万居民的民生问题，也是雄安新区开发建设重点考虑的内容。居民既作为政府债券的购买者和城市开发的参与者，也是发展成果的参与者、发展历程的见证者，共同参与推动地区开发实践。

雄安新区的开发主体结构现已初步形成：在中央政府的顶层设计指导与权威性下，雄安新区地方政府与河北、北京地方政府通力合作，以雄安地方政府为轴心，雄安建设投资集团等企业为平台，统筹全国范围内的开发资源。开发资源在财政方面主要依托于财政补贴与地方发债，在人才方面依靠政策与行政指令聚集人才资源，结合招商引资和产业培育，逐步构建空间体系和产业集群。由于是大规模的新开发地区，原有的城市居民在开发主体结构中处于弱势地位，但仍然是城市开发主体结构的基础，居民对于空间实践的正负反馈，对于雄安新区形成其稳定的城市开发主体结构至关重要。

8.3.2 雄安新区开发实践中的空间生产

雄安新区的空间生产是在雄安新区开发主体驱动下，打破传统省域限制，由地方政府主导的对雄安已有空间在系统性规划指导下的再生产。北京、河北地方政府面临京津冀区域发展不平衡、北京城市负担过重等社会矛盾的日益积累，在区域间协同治理成效不显著的情况下，需要中央政府的介入。中央政府在研究后提出建设雄安新区的战略决策，通过中央政府的权威性推动地方政府与新区政府协同开发新区。雄安新区原有空间主要用于居住、农田和轻工业，新区空间生产的土地要素基本来自于政府征收。中央政府和雄安新区政府针对征收和补偿出台了专项法律法规，确保征收依法依规，保证人民利益不受损害。在征收土地后，根据雄安新区开发规划，将土地要素分配给雄安集团或参与产业转移的政府、社会部门，雄安集团作为雄安政府出资成立的开发公司，兼具政府和市场的角色，依托于地方和国家财政，通过招标与开发商合作完成开发。雄安新区的空间生产重构了雄安地区原有的空间结构，将原有零散的城市空间由政府进行整合，根据规划完成土地生产要素分配，由开发商和社会部门完成空间生产（图8-9）。

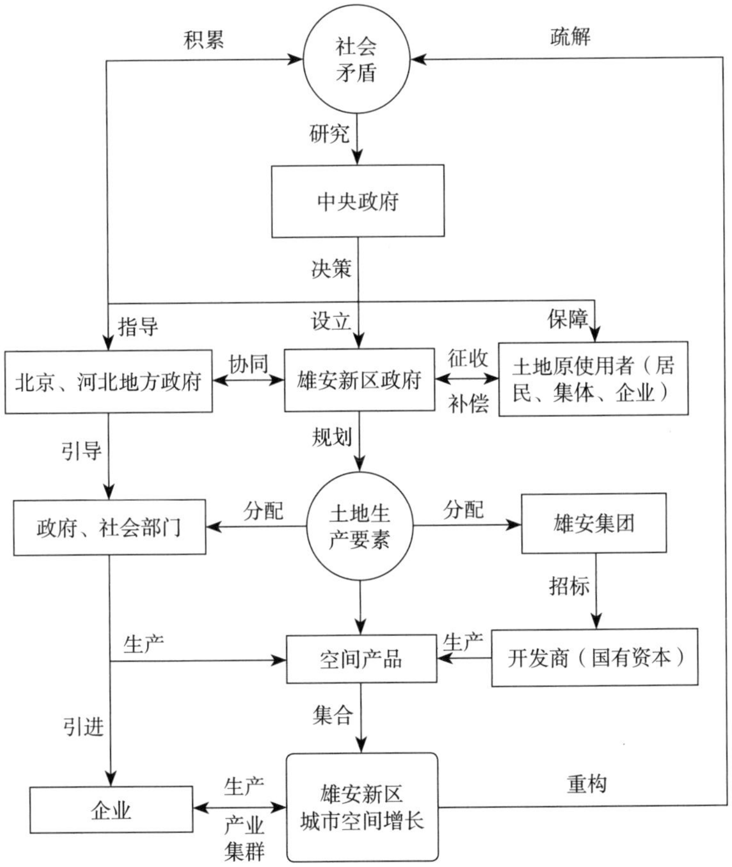

图8-9　雄安新区政府驱动下的空间生产

资料来源：作者自绘

8.3.3　雄安新区开发实践中的价值循环

综合雄安新区的历史使命与未来规划来看，雄安开发建设中的政治考量要高于经济考量。因为存在着大量不计盈亏的基础建设项目和试验性项目，雄安新区在传统意义上的价值循环目

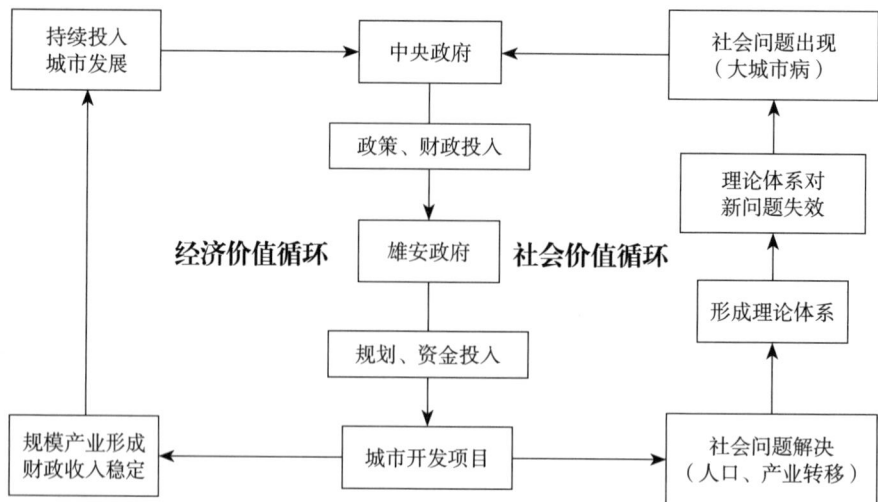

图8-10　雄安新区政府驱动开发的价值循环过程
图片来源：作者自绘

前难以厘清，需待时间来检验成效。因此，在当前分析雄安新区开发实践中价值循环时，我们考虑将社会价值放入价值循环中进行分析。

雄安新区的社会价值在前文已做过论述，作为疏解北京非首都功能的集中承载地，雄安新区的开发实践与中央政府的决策密不可分。从这个角度出发，我们可以发现一条较为明显的社会价值循环。而当我们将这种价值循环与雄安新区城市开发主体的要素流动结合起来就能发现，雄安新区的价值循环更多的是一种以短期投入换取长期回报、以经济投入换取社会回报的非对称双价值循环过程（图8-10），两种循环过程相伴相生，联系紧密。

雄安新区作为党的十八大以来首个国家级新区，是我国全新城市发展模式的试验基地，不同于以往政府驱动新区开发中所实现的项目价值循环与价值大循环，雄安新区项目从更为宏观的角度，将城市开发与社会治理相结合，科学规划，立足长远，通过经济投入创造社会价值，这是雄安"千年大计、国家大事"的战略意图所在。

8.4　本章小结

本章对雄安新区的开发历程进行了梳理，详细介绍了雄安新区开发战略提出的三大背景和推进过程，并对雄安新区战略的成效进行了初步的分析，在"政策区"模式的基础之上还原了雄安新区的开发主体、空间生产和价值循环。

雄安新区开发作为"千年大计、国家大事"，被赋予了时代性的使命，既是对北京大城市病的应对，也是促进京津冀协调发展的抓手，还是中国探索地区开发新模式的载体，被拿来与此前的深圳特区、浦东新区类比。但雄安新区和深圳、浦东不同，是在几乎空白的区域基础上进行的新区开发，其发展动能需要从头培育，这意味着关注直接项目收益的市场化开发在初期很难推动，而需要更强的政府驱动和资源投入。从实际的开发进程中可以看到，雄安新区相较于更早的片区开发更加注重开发带来的非经济价值和社会整体的全面参与。

目前，雄安新区的开发进程仍处于早期阶段，一些开发举措的效果尚待时间检验，其价值循环更多的是一种以短期投入换取长期回报、以经济投入换取社会回报的非对称双价值循环过程。从国家推动到各方聚力，雄安新区的实际开发仍在大力推进，展望未来，新的地区开发模式仍需进一步总结。

第9章

国际案例：
来自多个国家的经验

9.1.1　近代以前的政府驱动片区开发实践

广义上看，政府驱动的空间开发早在城市诞生之初就已有发生。在城市发展史的最早期阶段，王权制度是城市发展的最重要因素。国王是推动村落向城市聚集的核心，他将王国内的有生力量全部聚集到文明的心腹地带中，并置诸宫廷和庙宇的控制之下。国王既可以从头兴建一些新城，也可以将数个乡村小镇改建为城市，并安排人员管辖。在早期阶段的城市普遍是用严密围墙在王权强制下围起的封闭区域，包含着原始城市的已发展成熟的基本要素——圣祠、泉水、村落、集市、堡垒等，并在此基础之上发展、壮大，最终形成古典城市基本要素的雏形。此时的王权借助于原始宗教的力量，维持国王的统治权，统一人民的意志，推动城市的建设。这种城市形态在石器时代的美索不达米亚和尼罗河流域就长期存在。其建设逻辑在中国、印度等国的封建时期也长期可见。这时的城市主要是政府驱动的防卫居所和权力堡垒。

中世纪的欧洲出现了一种新的城市形态，由工商业者聚居而成的工商业中心，城市拥有相当高的自治权。此时的城市开发过程不同于以往的城市开发，更多的是一种自下而上的开发过程，城市由工商业者聚居于一地而形成，城市街道和房屋布局大多表现为杂乱无章，由一个个聚落自然汇集而成。在中国，工商业城市直到明代以后才有萌发，首先是大型城市的外部城厢地区出现工商业集聚，逐步演变为若干工商业城镇，但直到清朝末期，基于王权等级的政府主导型城市形制和开发建设方式仍然占据主导地位。

9.1.2　近代以来的政府驱动空间开发实践

近代以来的实践主要体现在政府驱动的区域开发、新城新区开发和城市更新，其中以西方新城开发为典型。西方新城理论及实践最早可以追溯到19世纪初期空想社会主义代表人物罗伯特·欧文的新和谐公社，但其政治构想方面的价值要大过城市设计的价值。1898年霍华德提出田园城市理论，阐述了一种平衡住宅、工业和农业区域比例的城市规划理念，在1903年和1920年建立了两个试验性质的花园城市：莱奇沃思（Letchworth）和韦林（Welwyn）。这两个城市的建设过程，综合运用社会化的推动力量和政府的推动力量。虽然这两个城市没有完全实现霍华德的设计思想，但是直到今天两个城市仍然保持着健康和持续的发展。20世纪中叶后，随着城市理论的发展完善以及城市问题的日益严峻，各国由政府驱动的片区开发实践不断增多：

英国经过了三代新城建设的不断积累，摸索形成以米尔顿·凯恩斯为代表的，通过科学规划来解决伦敦现有城市问题的新城建设方案，由政府召集地方力量主导建设，政府监督开发过程并提供财政支持。日本政府在"二战"后面临东京城市压力的现实困境，尝试效法英国伦敦城市疏解方案，通过建设远离东京市区的功能性新城来疏解东京的部分城市功能，以达到疏解东京人口的目的，其中以筑波科学城最为典型。法国政府在巴黎周围开发建设了五大新城来遏制巴黎的无序扩张，包括马恩河谷、赛日蓬图瓦斯、埃夫利、默伦塞纳和圣康坦昂伊芙林，通过新城的分区规划和政府开发，推动新城快速发展。美国的新城开发实践以市场驱动为主，通过新城建设迎合市场需求，由开发商主要负责完成新城开发，美国政府在其中扮演参与者和监管者。巴西政府为解决本国国内发展区域差异和旧首都里约的城市结构臃肿等问题，由总统推动在戈亚斯州建设新首都巴西利亚，新城从规划到建成到使用全部由政府主导。印度在印巴分治后，基于地方发展需要推动昌迪加尔城市建设，由柯布西耶作为昌迪加尔的总设计师，完整按照规划设计进行新建。韩国在自1960年起的很长一段时间里对首尔城市规模实行控制，效果均不显著，首尔都市圈的形成造就了韩国国内较大的区域差异，韩国政府选择开发世宗作为新的行政中心，重新配置国内产业资源。

国外新城建设大多是在问题导向下进行的，最初用来解决大城市人口过度聚集问题，推动人口疏解和产业转移。随着理论和实践的日趋成熟，研究重点逐渐转向细分领域——新城环境、社区、文化等方向。

下文就对这些不同国家的典型做延伸论述，作为与中国开发实践的对照参考。

9.2 英国新城运动和米尔顿·凯恩斯新城的政府驱动开发

英国是近代西方最早出现政府驱动连片空间开发的国家，自20世纪以来，尤其在"二战"结束之后，英国政府驱动开发了一系列新城，即著名的"英国新城运动"。英国新城运动的出现主要由于过快的城市化带来的日益严峻的城市问题：城市拥挤、住房紧缺、岗位不足、环境污染等。另一方面，英国自霍华德于1898年发表田园城市理论以来，对城市规划的研究和实践较为重视，田园城市理论被广泛推崇，并成功应用于1903年和1920年的莱奇沃思（Letchworth）和韦林（Welwyn）两座田园城市的建设，取得了不错的成效。

1944年规划专家阿伯克隆比（Abercrombie）提出的大伦敦计划在英国产生了强烈的反响，该计划以霍华德的田园城市理论为指导思想，对伦敦现有的大城市病通过新城规划进行破解。受到上述多重因素的影响，英国当时执政的工党政府委派瑞斯（Lord Reith）负责开展伦敦新

城建设。1946年瑞斯针对新城建设给出了研究报
告，其中提出了有关新城建设的四项建议并得到
了政府的认可：以霍华德田园城市理论为指导，
限制新城人口规模；科学规划新城区位；新城建
设以开发公司为主体，开发公司由当地社会力量
和政府人员共同构成，并对议会负责；新城建设
需要依靠政府财政支持。同年，英国议会通过
《新城法》，为新城建设提供法律保障。新城的规
划和开发主要由开发公司负责，但需要受到政府
国务大臣的监督，国务大臣有权变更、终止开发
项目。新城执行一套系统的开发流程（图9-1），
同时包含政府、市场和当地民众的共同参与。

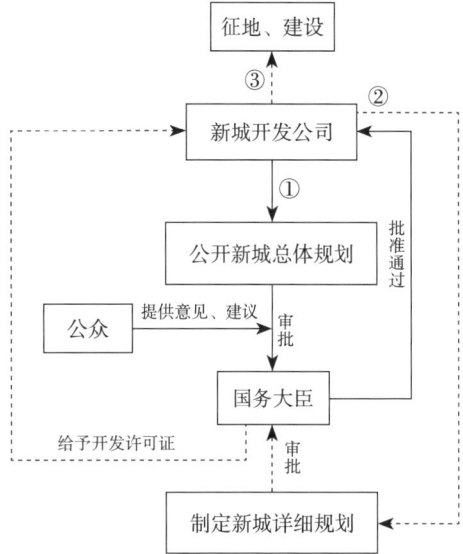

图9-1　英国新城开发流程示意图
资料来源：作者根据相关材料自绘

英国新城总体上来看可以被分为三代：

第一代新城（1946~1950年）着眼于疏散伦
敦城市中心人口，以解决住房为目的。其特征是
规模小、密度低、以邻里为单位建设，功能分区明显，道路以环形放射状为主，强调服务中心
城市和人居功能，较少考虑经济发展。

第二代新城（1950~1966年）以苏格兰坎伯诺尔德为代表，以疏散格拉斯哥人口、改善公
共交通为目的。其特点是城市规模较之前增大，密度增高，注重景观设计，功能分区不明显，
并开始考虑经济发展。

第三代新城（1967~1980年以后）以米尔顿·凯恩斯新城为代表，注重总体规划和综合功
能，将交通系统和土地利用合理分区，并留有发展备用土地，可根据实际发展灵活调整。

英国的新城开发大部分在伦敦郊区（表9-1）。通过三代新城的经验积累，总结出一套系
统科学的新城开发模式：利用分散布局，打破传统城市集聚，避免交通拥堵；同时利用功能分
区避免早晚高峰交通集中；注重低密度开发和城市景观营造；开发多种类住宅，为居民提供多
元选择；并预留土地为后续开发做准备。为了满足职住平衡需求，优先将政府工业项目安置在
新城，吸引国家和私人资本，为其提供政策优惠，同时注重产业结构平衡，控制总体失业率低
于平均水平，以达到新城规划的期望目标。

伦敦郊区新城的基本特征　　　　　　　表9-1

新城	新城划分	规划起始时间 （年）	原有人口 （千人）	规划人口 （千人）	修正人口 （千人）	至伦敦距离 （千米）
斯蒂文尼奇	第一代新城	1946	7	60	105	51.49
克劳利	第一代新城	1947	9	50	80	49.88
赫默尔亨普斯特德	第一代新城	1947	21	80	80	40.23
哈洛	第　代新城	1947	4	60	90	33.79

续表

新城	新城划分	规划起始时间（年）	原有人口（千人）	规划人口（千人）	修正人口（千人）	至伦敦距离（千米）
哈特菲尔德	第一代新城	1948	8	29	29	37
韦林花园	第一代新城	1948	18	36	50	37
巴西尔登	第一代新城	1949	25	50	133	46.66
布拉克内尔	第一代新城	1949	5	25	61	48.27
米尔顿·凯恩斯	第三代新城	1967	40	250	250	78.84
彼得博勒	第三代新城	1967	84	190	190	130.33
北安普敦	第三代新城	1968	131	300	300	106.19

资料来源：根据《新形势下上海市"1966"城镇体系规划调整完善及新城建设研究》和《英国新城发展与建设》整理

　　米尔顿·凯恩斯是英国第三代新城的重要代表，也是第三代新城中最为成功的一座，具有很高的研究价值。米尔顿·凯恩斯的开发构想起源于20世纪60年代，在1967年1月由英国政府正式宣布建设。英国政府成立了米尔顿·凯恩斯开发公司，公司董事会由中央和地方的政府要员和商人共同组成，在政治方面作出了一定的平衡。米尔顿·凯恩斯的开发工作主要由开发公司负责完成，1970年，米尔顿·凯恩斯规划正式出炉，从六大核心目标出发对新城作出了规划（图9-2）。

图9-2　米尔顿·凯恩斯新城总体规划（1970—1990）
资料来源：The Milton Keynes Planning Manual 1992

其重点规划内容包括：①居民拥有在居住、工作、教育、医疗、娱乐等方面广泛的选择权；②新城拥有通畅的城市交通路网和完备的公共交通体系；③各社会阶层的居民均能享受到同样的城市政策；④城市环境优美、宜居且独具特色；⑤居民积极参与城市决策，政府信息公开透明，居民建议得到充分反馈；⑥充分利用城市空间，合理安排道路和建筑密度。

米尔顿·凯恩斯的开发过程主要分为三个阶段：第一阶段是新城建设初期，主要以接收伦敦人口转移安置为主，建设基本的生活基础设施和出租房屋；第二阶段是新城发展建设期，在吸引了一定数量的居民迁入后，第二阶段主要目标是吸引企业进驻米尔顿·凯恩斯，并依靠加盟企业完成继续建设；第三阶段是完全市场化阶段，自1992年起，英国政府退出新城开发公司，将米尔顿·凯恩斯剩余开发项目全部转卖给私人，米尔顿·凯恩斯建设进入市场主导状态。

总体上看，米尔顿·凯恩斯的开发建设的主要阶段都是在政府驱动下完成的，政府在财政和政策方面的投入保证了以米尔顿·凯恩斯为典型的英国新城开发的顺利进行。然而，米尔顿·凯恩斯在开发过程中始终面临着巨额的亏损，至1986年米尔顿·凯恩斯开发公司已经背负了近900万英镑的巨额债务。英国政府在第三代新城项目上的亏损普遍较大，主要原因是由英国僵化的财政制度和糟糕的经济状况引起的。因此，在新城开发过程中，政府的治理能力也是决定开发成功与否的关键。

9.3　法国巴黎马恩河谷的政府驱动开发

为保持地区发展平衡，遏制巴黎城市边界无序扩张，法国着手对巴黎郊区进行了统一规划。1930~1934年间发布了《巴黎地区国土规划纲要》，对巴黎地区空间范围作出设定，并加强对非建设用地的保护，1956年出台《巴黎地区国土开发计划》提出卫星城设想以疏散中心城区人口，1960年发布《巴黎地区区域开发与空间组织计划》，规划提出疏散巴黎中心区人口的具体举措，在郊区建设核心城市而非住宅区，注重新城功能提升。20世纪60年代起，法国总统戴高乐正式任命扬·科勒为巴黎地区新城建设总规划师，编制巴黎大区总体规划。1965年巴黎制定《巴黎地区国土开发与城市规划指导纲要》，进一步提出具体新城建设方案，增强新城与巴黎的发展平衡，并对城市空间结构提出改进（图9-3）。

1969年巴黎成立新城建设开发公司和新城建设共同体联合会，负责巴黎地区五座新城（表9-2）的建设、土地征用和政治，代表地方政府进行公共设施建设和城市运营。

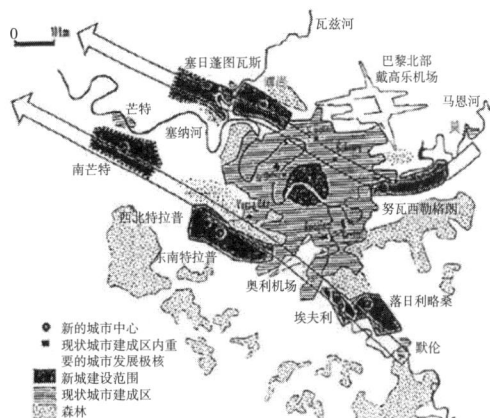

图9-3　巴黎周边新城规划

资料来源：《巴黎地区国土开发与城市规划指导纲要》

1965年以来巴黎地区五大新城规划人口及其增长变化（单位：万人）　表9-2

新城	规划人口	1968年人口	1975年人口	1982年人口	1990年人口
赛日蓬图瓦斯	33	4.2	7.0	10.3	15.9
埃夫利	50	0.8	2.2	4.7	7.3
马恩河谷	30	8.6	10.3	15.3	21.1
默伦塞纳	30	1.7	2.9	4.8	8.2
圣康坦昂伊芙林	30	2.5	5.0	9.3	12.9
合计	173	17.8	27.4	44.4	65.4

资料来源：根据《马恩拉瓦莱：从新城到欧洲中心——巴黎地区新城建设回顾》整理

马恩河谷是巴黎地区五座新城之一，位于其城市北部发展轴的东侧，由三省26市镇组成，占地约152平方公里，整体呈线性分布，东西长22公里，南北宽3～7公里，共分为4个城市分区（表9-3），是目前公认的法国新城中发展快速且成功的典范。

马恩河谷4大城市分区及其人口增长变化　表9-3

城市分区	相关市镇（个）	土地面积（km²）	实际人口（万人）				规划人口（万人）
			1975年	1982年	1990年	1999年	2006年
巴黎之门	3	21	6.12	7.44	9.06	9.97	10.66
莫比埃谷	6	38	1.57	4.70	7.90	8.51	8.66
比西谷	12	61	2.40	2.74	3.62	4.98	7.42
欧洲谷	5	32	0.25	0.33	0.52	1.19	4.05
合计	26	152	10.34	15.22	21.10	24.65	30.70

资料来源：根据《马恩拉瓦莱：从新城到欧洲中心——巴黎地区新城建设回顾》整理

马恩河谷4个城市分区建设于不同历史时期，其发展进程亦是自西向东逐步开展（表9-3）。

第一分区是新城中心所在，建于20世纪70年代初，是巴黎地区主要的第三产业就业中心之一，对协调巴黎东郊空间结构具有促进作用。目前第一分区建设已转入内涵提升，着重提升城市环境和居民生活品质。第二分区作为新城前后过渡，兼具内涵和外延发展的双重挑战，于70年代中期动工修建以容纳第一分区产生的人口外溢。

伴随巴黎地区经济发展，新型功能空间也逐步出现，第二分区吸引了大量科技研发、教育培训和基础应用研究机构，填补了巴黎东部地区研究产业的空白。

这两个分区建设大多为政府主导的规划建设，巴黎市政府负责新城的土地征收、规划和施工，并通过政策和项目引导，为新城带去了产业和人口。而随着新城发展的成熟，政府对新城开发的参与程度降低，转变为协助者的角色参与新城的开发，将新城开发的主导权交到了市场和民众的手中。

第三分区于1985年开始建设，依托原有市镇设施，设置住宅、商务办公和产业开发等功能区组，主要接纳知识经济企业，顺应巴黎地区后工业化产业结构需要。分区规划主要采用古典主义的设计语汇以及几何路网，引入大量绿化空间构建自然风格城市环境，在住宅设计中注重人性化，整体建设理念深受可持续发展思想影响。

第四分区的功能定位是以第三产业为主的就业中心，其建设始于1987年。法国政府与著名影视业公司迪士尼公司合作建设迪士尼乐园成为第四分区重要发展契机。政府为其专门修建高速铁路客运站，重新编制《巴黎地区国土开发指导纲要》，确立马恩河谷作为巴黎地区五个重点发展极核之一，为第四分区在社会、经济、旅游、税收等方面带来了巨大的收益。

巴黎的新城开发是巴黎区域城市空间的组成部分，其建设目的在于促进城市在一定合理范围内集聚发展，以加强城市空间整体性，促进区域整体发展。法国政府始终对新城发展保持极大关注，在2000年由法国设备、交通与住宅部牵头，多个政府部门共同发起了"法国新城的历史与评价"研究计划，总结法国新城建设的历史经验，在新城开发过程中完成了驱动者向监管者角色的转变。

9.4 日本筑波科学城、六本木新城的政府驱动开发

在"二战"结束时，东京人口仅有约278万人。进入20世纪50年代后，随着战后复苏和经济高速发展，东京都心三区聚集了大量政府机构、公司总部及商服设施，引发交通拥堵、人口过密和容积率高等问题。为了缓解城市压力，东京首都区域发展规划应运而生，旨在协调整合东京及周边地区城市空间，并对新城开发建设提出了明确的规定和要求。

1956年日本政府颁布《首都圈整备法》，强调在东京100公里范围内，大规模发展卫星城；1958年第一次东京区域规划效仿1944年大伦敦规划开发模式，提出在距东京都心16公里处设5~10公里宽绿环带，距中心区10~15公里建设副都心的设想，以此扼制中心城区的无限蔓延。在20世纪50年代到60年代间，东京人口和就业增长都远超预期，城市新兴地带的新城已具雏形。其中筑波科学城作为自60年代起从零开始建设的新城，具有较高的参考价值（表9-4）。

筑波科学城的开发演进 表9-4

开发阶段	时间	开发内容
筹备与规划	1963年	日本内阁批准建立筑波科学城，成立政府机构集中迁移委员会
	1964年	日本内阁设立"新学园都市建设促进本部"，政府多部门协同参与新区开发
	1966年	政府颁布《建设计划大纲》，开始征购土地
	1967年	发布筑波建设规划草案
	1970年	颁布《筑波科学城建设法》
	1971年	土地征购完成，出台《筑波科学城规划基本条例》、《筑波科学城公共设施建设计划纲要》

续表

开发阶段	时间	开发内容
迁移与建设	1972～1980年	1972年起筑波科学城进入主体建设阶段，政府、科研机构陆续迁入，至1980年筑波新城基本建成
	1973年	筑波大学成立
	1985年	筑波国际科技博览会召开
	1993年	新城迁移基本完成
调整与改良	1996年	日本政府颁布《科学技术基本规划》
	1998年	在《筑波科学城建设法》基础上，出台《研究学园地区建设计划》及《周边开发地区整备计划》，明确筑波城市新定位为科学技术中枢城市、东京都市圈核心城市、生态生活模范城市
	1998～2010年	从城市规模、产业发展、组织运行、生态环境等方面改良已有新城以匹配新功能定位
国际战略综合特区建设	2011年至今	2011年茨城县和筑波大学共同申请成立"筑波国际战略综合特区"，将筑波定位为面向未来推进全球化创新的国际科学城

资料来源：作者根据筑波政府网站相关材料整理

　　筑波科学城是典型的政府驱动开发的新城，主要建设目的为缓解东京城市压力，将东京市内各类研究、教育机构统一转移到筑波，建设以科研和高新技术产业为主的新城。筑波科学城的建设经历了科学缜密的规划（图9-4），日本政府全程主导，并辅以大量立法保障和政策优惠，确保了筑波科学城的城市开发。筑波如今已经发展成日本的科研创新中心，聚集了超过50%的日本国立研究机构，走出了6名诺贝尔奖获得者（图9-5）。

图9-4　筑波市总体规划

资料来源：日本东京筑波科学城建设的经验教训及对北京和雄安的启示［N］. 中国市长协会2020年7月9日，http://www.citieschina.org/news/c_2591/gNALBI_1.html

图9-5　筑波新城
资料来源：筑波政府网站

　　然而，到2015年时，尽管筑波科学城规划面积达到284平方千米，城市人口不过23万人。很多在筑波工作的人都选择在东京居住，依靠两地间的公共交通通勤。可以看出，城市功能单一化的新城区很难作为大城市的反磁力中心吸引城市人口转移，更多的是作为大城市远端的功能性片区存在。

　　20世纪70年代起日本政府颁布了《新住宅市街开发法》，先后开发了多摩新城、千叶新城、成田新城和港北新城等。进入90年代后，随着城市规划理论体系与实践的丰富，东京通

图9-6　六本木新城现状
资料来源：骆亭伶. 民间主导、政府配合的超大型都市更新——东京六本木Hills［J］. 动感（生态城市与绿色建筑），2016（1）：66-74

过一系列区域基础设施改造和城市功能分区的重新规划，建立起"主城—副主城—周围新城"三层结构的东京都市圈。

　　东京六本木新城是东京都市圈城市内部片区空间开发的代表项目（图9-6）。虽然名为新城，六本木在严格意义上来说是一个城市综合体，占地11.6公顷，总计包括森大厦、东方君悦酒店、朝日电视台、美术馆、综合楼和居住区等十栋建筑，容积率高达8，建成了东京著名高楼群之一。

　　六本木新城开发背景起源于森株式会社社长森稔提出的"城市复兴新政策"，森稔希望通过将现有土地体系重新分配并建造垂直城市的方式，使东京城市功能在局部更为集中，将更多

的空间用于建设生态环境和公共空间。六本木新城贯彻了森稔的理念，由日本政府与森株式会社共同完成开发，是一个企业动念、政府推动、联合开发的典型案例。

在建设之前，由政府官员、学术界和商界人士共同成立了六本木新城规划专业委员会，对六本木的开发规划做了系统的研究，并建立了一个片区行政法律自治机构来支持新城开发，将反映大多数居民意愿的决定交由政府批准并实施。

六本木片区占地面积尽管不大，由于其垂直开发理念，它涵盖了包括工作、娱乐、学习、商业、医疗所需的所有设施；六本木新城高度集约化的城市设计很好地推动了新区的产城融合、职住一体，最大限度地提高居民生活品质；六本木的绿地面积占比很高，六本木的每幢高楼外均设有40%比例的绿地，并建设了大量的诸如屋顶花园的垂直绿地。通过垂直化和功能集中的设计理念，给出了一种未来城市的设计方案。

9.5　美国"绿带城镇"、雷斯顿城开发中的政府参与

由于20世纪30年代经济危机的爆发，美国政府原先采取的自由放任经济政策遭到了质疑，美国社会迫切希望政府更多地参与经济，在这段时间里，美国政府曾经尝试主导过一些新城片区的开发，但效果不尽如人意。大部分的新城开发仍是由企业、个人或高校组织主导的，带有较强的市场行为色彩，政府的参与相对不足，而大部分由市场主导的片区开发都取得了不错的效果。

20世纪30年代，美国联邦政府为了应对大萧条，出台了著名的"罗斯福新政"。其中，为了增加和刺激就业，美国联邦政府发动了大规模的基础设施建设，其中就涉及一项名为"绿带城镇"（Greenbelt Towns）的项目。启动绿带城镇项目的主要目的有三：为失业人口提供就业岗位；解决城市中低收入人群的住房问题；寻找城乡协同发展的未来城市模型。然而实际上，联邦政府一共仅完成了三个"绿带城镇"项目，分别是马里兰州绿带（Greenbelt，Maryland）、威斯康星州绿谷（Greendale，Wisconsin）、俄亥俄州的绿山（Greenhills，Ohio）。罗斯福政府花费了高达3600万美元的财政投资在不到三年的时间里完成了大部分新城设施的建设，并将新城投入使用，在三年的建设期间，绿带城镇项目的月平均雇佣人数多达7000人。在促进就业的同时，联邦政府本意希望借此树立起政府主导城市开发的典范。然而城镇因为缺乏市场化运营，发展速度较慢，大多是为中低收入家庭提供的"可支付住房"（affordable housing）。在政府运营将近十年之后，联邦政府将城镇运营权折价50%出售给私营公司。三个城镇中，也仅有靠近华盛顿特区的绿带一直发展良好，人口持续增长，从1940年的2831人增长到2010年的23068人；相比之下，其他两个绿带城镇项目则从60年代"婴儿潮"（Baby boom）后一直存在人口减少的问题（赵星烁，杨滔，2017；Census Bureau，2016）。"绿带城镇"项目是美国政府首次尝试驱动片区开发，然而效果一般，政府为此蒙受了数千万美元的亏损。因此，从推广范围来看，绿带城镇项目很难说是成功的（赵星烁，杨滔，2017）。

绿带城镇中最为著名的一座新城是位于马里兰州的格林贝尔特（Greenbelt），即绿带。格林贝尔特位于哥伦比亚特区向东13英里处，占地12259英亩，其中3600英亩土地被规划用于绿带城镇

建设，并建成于1937年。格林贝尔特共建有800余套住宅，大多是为低收入家庭提供的保障性住房，由联邦政府公开募集迁移家庭，允许报名家庭的年收入被限制在800至2200美元之间。格林贝尔特的建设注重城市环境，新城由绿带环绕，城镇格局紧凑，商业、娱乐、公共设施集中设置在新城中心位置，与住宅区用步道相连。新城在规划中具有较大的自主权，三座绿带城镇规划各具特色，是美国城市规划史上的一次重要实践，为美国未来新城规划提供了巨大的参考价值。

跳出政府驱动的范畴看，市场主导片区空间开发的典型案例在美国也有很多，典型如20世纪60年代开发建设的弗吉尼亚州雷斯顿城（Reston Town）。来自纽约的开发商罗伯特于1961年买下了这块距华盛顿杜勒斯国际机场直线距离10公里的地块，希望规划建设一个适宜步行的高密度郊区新城。罗伯特在规划过程中，邀请了包括规划、建筑、经济、宗教、社会领域的专家组成规划小组，保证片区规划的合理性；在建设过程中，罗伯特积极与当地居民沟通，居民诉求及时得到反馈；罗伯特与当地政府合作，建立了一个雷斯顿当地的行政管理机构，组建市民组织等。雷斯顿的规划选择通过高密度组团式开发，建设高密度住宅区，将大量土地投入建设城市绿色空间，构建了一种城市与乡村结合的空间开发模式。到21世纪，雷斯顿已经发展成为拥有五万人口的新城，罗伯特也获得了相当可观的利润。

尽管在大多数案例中，美国政府在片区开发中的角色较轻，但无论是政府主导开发的绿带城镇，还是市场主导开发的新城，都有值得反思借鉴之处。美国大量由社会资本主导开发的案例证明了市场具备主导新城开发的能力。但即便是雷斯顿这样有企业主导的地区空间开发，仍然有当地政府的合作，并成了行政管理机构和市民组织。同理，在政府驱动的地区空间开发中，也应当注重同市场力量的协同，尊重市场规律，控制政府干预范围，分担开发风险，提高开发效率，推动地区开发的战略性提升，实现"有效市场与有为政府"的协同。

9.6　巴西巴西利亚的政府驱动开发

为了开发内地不发达区域，改变巴西的工业和城市过分集中在沿海地区的状况，1956年，巴西政府决定在戈亚斯州建设新都，定名为巴西利亚；同年，通过国际竞赛选取巴西建筑师科斯塔设计的新都规划方案，规划人口50万，规划用地152平方公里。

1987年，巴西利亚被联合国教科文组织确定为人类文化遗产，呈现其作为人类一座从零开始进行精良规划设计并建成的城市的文化价值。巴西利亚作为典型的完全由政府驱动开发的新城，开发过程从规划到建成到使用全部由政府主导，与雄安新区的开发模式类似，具有一定的借鉴价值。

巴西利亚的总体规划采用了卢西奥·科斯塔教授的飞机形平面总体规划，1957年起由尼迈耶总负责并开始施工。在6万建筑工人的日夜施工下，短短41个月之后，巴西利亚宣布建设完成。

在巴西政府的大力推进下，巴西利亚的建设效率很高。然而，在投入使用后，巴西利亚的规划逐渐引起了不小的争议。由于巴西利亚的开发完全由巴西政府驱动，政府掌握了所有的土地，尼迈耶得以将整片城市空间进行完整的规划。20世纪中叶流行的功能主义对巴西利亚的规划影响深远，巴西利亚的规划严格划分了城市的功能分区，将住房、工作、娱乐、交通、公共管理在空间上相互分开，整座城市由高速路网覆盖，缺少适合公共聚集的街道和广场。由于对居民生活空间的忽视，导致巴西利亚缺乏城市应有的生活气息（图9-7）。在巴西利亚工作的居民不愿意生活在巴西利亚，在巴西利亚主城区周围建立起了数十个卫星城，其中五个卫星城的人口超过了10万。这带来了在巴西利亚进出城区的道路中的严重拥堵和城市资源配置的低效。

图9-7 巴西利亚航拍
资料来源：袁奇峰.国家、市场和新城建设——来自巴西利亚的启示［J］.北京规划建设，2017（05）：160-164.

巴西利亚作为完全依照规划从零开始建设的新城，抛开其受时代和个人局限的规划本身，它的建设作为巴西政府驱动开发内陆地区的重要决策之一，取得了丰硕的成果。巴西区域发展极度不平衡，以里约、圣保罗为核心的东南沿海地区以全国11%的面积贡献了全国60%以上的GDP。自1930年起，由于世界经济危机的影响，巴西的咖啡出口受到巨大打击，传统咖啡出口经济难以为继，巴西亟需寻找其他经济模式，工业化成为政府关注的重点，非沿海地区开发势在必行。为了推动中西部地区发展，库比契克政府提出迁都的计划。迁都为巴西中西部带来了一个全新增长极，而政府为巴西利亚投资建设的公路、铁路和基础设施，为推动中西部发展带来了巨大的影响。巴西利亚周围地区迅速建立起农业和重工业并举的产业结构，将部分沿海经济产业向内陆地区转移。中西部地区在全国国民收入中所占的比重逐年上升，1959年为2.4%，1970年为3.8%，1980年达5.5%（韩凤芹，2004）。巴西利亚也从一座仅有10多万人的小城发展成为拥有16个卫星城、人口达200万的现代化城市。

巴西利亚的意义有别于传统新城，它不仅仅是对大城市病的解决对策，更多地承担着经济中心转移的重任。这也是其全程由政府负责开发的原因之一，仅靠市场无法推动一个在经济欠发达地区新建如巴西利亚这般浩大的新城项目。巴西利亚的开发是巴西政府做出的一次尝试，尽管城市在规划设计等方面存在争议，但巴西利亚不失为一个政府驱动片区空间开发的经典案例。

9.7 印度昌迪加尔的政府驱动开发

印度的昌迪加尔也是世界规划史上比较著名的一座按照完整规划设计来新建的城市，柯布西耶作为昌迪加尔的总设计师，对这座城市的规划理念和建筑风格产生了巨大的影响。

昌迪加尔是一座完全从零开始兴建的新城。1945年印巴分治，旁遮普省被印巴分界线一分为二，原本旁遮普省的首府拉合尔被划给穆斯林建立巴基斯坦。印度需要在分界线东边为旁遮普邦另选一座首府。战后的印度条件相当恶劣，整个东旁遮普区域内很难找到一个有条件改造成首府的城镇。另一方面，旁遮普邦也需要建设一座可以容纳因印巴分治而产生的印度教难民潮的西北新城。在印度开国总理尼赫鲁的支持下，旁遮普邦决定兴建一个全新的城市作为首府，尼赫鲁政府也希望借此为新印度树立起一张国际名片。

昌迪加尔的城市规划贯彻了柯布西耶功能理性主义的规划思想（图9-8）。柯布将城市模仿人体系统进行分区，行政区域如人体大脑般设计在城市顶端，商业区位于城市中心心脏位置，城市双手位置分别是大学区和工业区；整座城市被分割为一个个近乎正交的方格系统，每个方格面积约为100公顷，根据其区位分别执行不同的城市功能；城市道路用数字字母命名，分为数个不同等级，所有道路用环岛连结，且为未来预计人口增长留足宽度；各片区用宽绿带分隔，并在绿带中建设诊所、幼儿园、学校等公共设施。

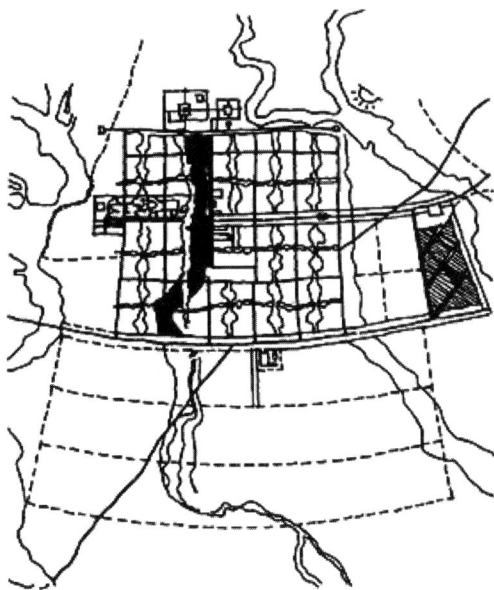

图9-8 昌迪加尔规划总平面
资料来源：谭源．"乌托邦"的终结——从昌迪加尔及巴西利亚规划谈起［J］．南方建筑，1999（4）：83-84．

1966年，由于语言族群的关系，印度政府将旁遮普邦东部区域划为新的哈里亚纳邦，而昌迪加尔正位于两个邦之间。两个邦均希望昌迪加尔划入自己的一部分作为自己的首府，印度政府决定将昌迪加尔划为联邦属地，不属任何一个邦，但又同时作为两个邦的首府。截至2019年，昌迪加尔共有人口117万人，早已超过了其原本规划的90万人口规模。

昌迪加尔的规划在当时毫无疑问是开拓性的，但以如今的标准来看仍存在着诸如过于理想化而脱离印度实情、过于追求设计而忽略居民需求等争议。另一方面，昌迪加尔作为印度新政府成立后率先驱动开发的新城，从政治意义上说，它是成功的。昌迪加尔成功在印度建立起一张非传统印度形象的印度国家名片，而这正是当时刚刚独立的新印度政府所需要的，印度政府希望借此向印度人民和国际社会传达出新印度政府摆脱殖民历史的决心和积极拥抱现代社会的理念（图9-9）。

图9-9 昌迪加尔立法议会大厦
资料来源：谭山山．不完美的城市才性感［J］．中华建设，2017（4）：42-44．

9.8   韩国世宗的政府驱动开发

韩国政府对首尔城市过度发展的控制由来已久，早在1964年，韩国政府就出台了《首尔都市区限制人口增长的特别措施》和《控制快速城市增长的国务决策》，在20世纪70年代，韩国政府确立了通过在首尔周围建立卫星城的方式来疏解首尔人口的政策，到80年代上升为首尔都市圈的规划，在距离首尔城区20千米的范围内建设盆唐、一山、坪村、山本和中洞共5座新城，总计规划人口120万人。然而对首尔都市圈的控制效果始终不如人意，占韩国国土面积不到12%的首尔都市圈在2013年时集中了韩国超过70%的产业经济和50%以上的人口（汪芳，王晓洁，等，2017），首尔都市圈与韩国其他区域发展水平严重失衡。

自2007年起，韩国政府决定推动建设世宗特别自治市作为韩国新的行政中心，将首尔的大部分政府机关转移至世宗。建设世宗特别自治市这一决策历经了漫长的酝酿和讨论，早在2002年卢武铉在竞选总统时就已作为拉票策略提出，在卢武铉当选之后开始推动迁都的讨论，但被认定违反宪法而作罢。韩国国会在2006年通过了《行政中心复合城市建设的特别法》，为世宗设立去除了宪法上的阻碍。2006年12月1日，韩国政府正式确定行政都市名称"世宗特别自治市"，并启动建设（图9-10）。自2012年起，中央行政机关陆续搬至世宗。截至2020年底，韩国超过三分之一的国家级行政部门搬至世宗，韩国国务总理直属国家部门基本全部搬至世宗，世宗建有国务总理官邸，总理可常驻世宗进行办公（表9-5）。

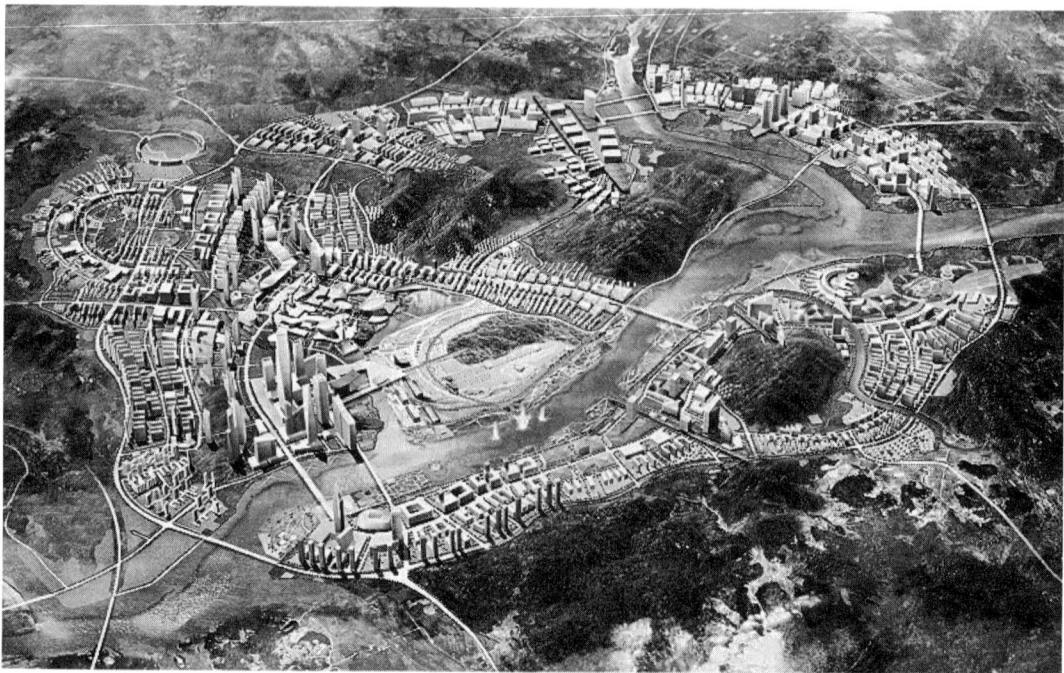

图9-10   世宗特别自治市

资料来源：湖北日报网http://www.cnhubei.com/ctdsb/ctdsbsgk/ctdsb29/201207/t2127791.shtml

世宗特别自治市开发阶段　　　　　　　　　　　　表9-5

开发阶段	时间（年）	阶段建设重点	开发目标
初期	2007~2015	建设行政办公区、完善基础设施	承接首尔行政功能，为新城吸引人口迁移
中期	2016~2020	建设高校、科研设施，发展高新产业	承接部分首尔高校科研部门，建设世宗高新产业带
后期	2021~2030	进一步完善基础设施、扩大居住区、建立高新产业集群	发展完善城市功能，建成自足性复合城市

资料来源：作者根据相关资料整理

　　世宗特别自治市位于韩国地理意义上的中心位置，距首尔120千米，其200千米辐射范围包含了绝大部分的韩国领土，作为行政中心有其得天独厚的优势；世宗同时与多个大学、科研机构相邻，同时具备担任科研、教育中心的城市发展条件。在世宗特别自治市正式投入运行的八年间，世宗市人口从11万增长至35万，预计到2030年可以到达50万。（韩国中央安全行政部统计厅数据库. 韩国中央安全行政部统计厅网站［EB/OL］. www.kosis.kr.）

　　世宗作为由政府驱动开发的新城，新城发展的原动力即是政府行政部门的迁驻。通过承接首尔的行政功能，世宗得以建立起抗衡首尔都市圈的反磁力中心，并在此基础上逐渐吸引企业和人才进驻，建立起以国家行政中心为核心功能的复合型城市，最终建成能够与首尔都市圈分庭抗礼的韩国中部忠清都市圈。韩国政府通过建设世宗特别自治市来疏解首尔的城市压力，重新配置国内产业资源，促进韩国各区域平衡发展。然而，世宗的开发同时也存在政府效率的损失和资源的浪费，是需要研究克服的问题。

9.9　本章小结

　　国际上由政府驱动的空间开发大多体现在新城建设和城市更新项目中，本章介绍了具有典型意义的部分西方发达国家和发展中国家的开发实践，包括英国的三代新城开发、法国的巴黎郊区新城开发、日本的筑波科学城和六本木新城开发、美国的"绿带城镇"实践、巴西巴西利亚开发、印度昌迪加尔开发、韩国世宗特别自治市开发等，进行了概貌介绍和其中政府驱动开发情况的梳理，以期他山之石，可以攻玉。

　　从梳理中可以看出，国际上的政府驱动型空间开发也有较多实践，各国政府在开发中角色的重要程度不一，产生的成效和结果也不尽相同，可以给我国开展的"政策区"开发研究与实践提供借鉴。

　　总体上看，各国政府在开发初期常以推动者、服务者和监管者的角色参与开发实践，常常能够快速积累突破性的资源，从而带来地区开发的超常规发展。这一点与中国的政府驱动开发有类似性。但到开发的中后期，常常将开发主导权放开到市场，以期获得市场活力和可持续的发展能动支撑。这在英、法、美、日等发达国家和巴西、印度等发展中国家的案例中都有反映。值得我国在推进地区开发时引起思考。

第10章 研究结论与展望

10.1 研究结论

本书以新中国成立以来政府驱动型空间开发为研究对象，以对改革开放前后的全视野考察为研究切入点。在纵览新中国70年地区开发实践的基础上，对贯穿其中的政府驱动开发模式进行总结，并展开理论解析和案例研究，探讨开发机制优化的策略和方向。并展望国际上政府驱动开发的经验借鉴。

本书的主要观点和研究结论归纳如下：

（1）通过对新中国成立以来70余年的政府驱动空间开发的实践纵览，本书提出：早期计划经济时期的政府驱动开发以大项目建设为主导，体现了集中式政府的资源配置机制；改革开放以来的政府驱动开发以授予倾斜性政策驱动特定空间开发为主要模式，开发机制呈现从"政府集中调配资源"向"分散化竞争性利用资源"的逐步转型。从实践情况看，这种开发方式总体上是成功的。

（2）研究发现，大项目与政策驱动的空间开发，在开发主体、空间生产和价值循环三个层面上都存在差异，但在实践中又有着交织运用和前后传承的关系。不仅二者有着类似的高层政府主导和大规模调动资源的方式，而且在早期大项目建设中有一定的政策配合，在改革开放后的政策区开发框架下也常常运用大项目来引领或"引爆"片区开发。造成这种关联性的内在根源，是发展型政府的行为逻辑的内在自洽。由此也解释了我国存在着"一以贯之"的一般发展模式。

（3）基于对这种发展模式中"政府驱动作用"的一般化特征，本书将这种开发模式称为"政策区"（Policy-drivenDistricts，PD）模式。基于实践总结，这种发展模式包括四个层面的关键特征：①借助公权力制定倾斜政策，促使广域资源向特定地区集聚；②借助大项目的"优越性"，使大量集聚的资源在可控的范围内集中处置以寻求增值；③在大项目建设和大政策驱动下，进行较快速的超常规的开发建设；④开发目标除了开发项目自身的绩效或价值增值外，还着眼于拉动周边地区发展、促进社会整体利益提升。

（4）"政策区（PD）"模式的一般形成机制可概括为："集中式资源调配"与"分散化资源利用"的组合机制。即，通过设立政策区或大项目进行集中的资源调配，但具体开发过程中的资源利用是分散化的。就我国经验而言，其早期大项目主导时期的项目运作主体是纯技术性的生产管理，而改革开放政策驱动时期的项目运作主体是分散的多主体，以竞争方式的利用资源和经营获取利益。在公权力制度支撑下，集中的资源调配能够汲取广域资源投入特定地区的开发；而分散的资源利用则通过引入竞争机制而提高了资源的利用效率。两者的结合构成了"政策区（PD）"模式的核心机制和内涵。

（5）通过构建概念模型，模拟了"政策区"开发机制的四种情境。以"集中式资源调配占绝对主导"和"分散化资源利用占绝对主导"为坐标系的两端，以这两种机制在地区开发实践中此消彼长的运用程度高低排序，形成四种情境的坐标系。研究发现，我国70年来的政府驱动的空间开发实践，实际上是从情境1往情境2、3的过渡，即从集中的资源调配占绝对主导地位向趋于分散化的资源利用状态的逐步过渡。其中，集中的资源调配以政府或公共机构为运作主体，有利于公共利益和长远利益的维护，但在具体的资源利用中会出现低效；而分散的资源利用以竞争性的小群体为运作主体，具有更高的激励相容和信息效率，从而能够实现更高的资源利用效率。由于对资源利用效率的追求是必然趋势，故而这种过渡有其必然性。但良好的"政策区"开发机制应该是多方面力量组合协作的格局，政府与市场的力量在地区开发中各有其效率优势，无法彼此取代，而宜于进行因地制宜的组合运用。故而，从情境1到情境2、3的过渡，不宜于线性过渡到情境4的完全自由竞争状态，而应该在情境2、3之间寻找某种因地制宜的中间平衡。

（6）本书提出"两次价值循环（Dual Value Cycles，DVC）"的概念框架，进一步解析"集中式资源调配"与"分散化资源利用"之间既互斥又可协同的辩证关系。其中，"分散化资源利用"与资源的市场化竞争和流动相对应，由激励相容和信息效率最直接的企业发挥主导作用，构成片区开发的"一次价值循环"，政府在这个过程中发挥服务性作用。而"集中式资源调配"与资源的集中配置制度相对应，由对激励相容和信息效率最为直接的公共机构——政府发挥主导作用，构成片区开发的"再次价值循环段"，遵循市场原则运作的企业在其中发挥辅助性作用。这两次价值循环之间是相互转化和相互支撑的，是建构起政府与企业协作体系的内在纽带，是我国"政策区"开发模式兼得政府与市场力量的关键所在。

（7）通过"两次价值循环论"的视角，便能够更好地把握政府与企业在片区开发中的相互关系，能够更好地理解其中蕴含的大群体与小群体的价值取向差异和在实践进程中的关联性。在未来的"政策区"开发实践中，企业以效率为目标主导一次价值循环，政府或公共机构为确保公共利益和长远利益而主导再次价值循环，且两次价值循环互动共融，是形成新的联合开发机制、实现政策区持续高效开发的关键所在。

10.2　引申思考与展望

各类"政策区（PD）"开发，给规划专业提供施展的舞台，但也带来难以违逆的先在要求。随着地区开发自身趋于变革，规划的理论与方法也要与时俱进积极变革。本书通过"政策区（PD）"及其"两次价值循环"的模式解析，有助于明晰政府驱动空间开发中的关键环节和本质关系，从而进一步优化市场、政府及其规划主体的各自定位关系，为提升规划学科的科学性和系统性铺垫基础。基于本研究的主要结论，设想可按照"两次价值循环"的框架，分别针对企业主导一次价值循环、政府主导二次价值分配和两次价值循环协作这三个关键环节，搭建规划学科的专业知识体系，从而将规划专业知识和具体的地区开发实践对应起来，使规划学科体系能够更加有效地贴近实践和服务实践。

本书的研究虽然取得了初步的认识，但依然有很多不足，尚有许多有待进一步深入进行的研究工作。其中至少包括以下方面：

（1）理论深化研究，即对"政策区"及其"两次价值循环"的进一步总结和论述，对其中微观机制和宏观逻辑做进一步的探讨，形成系统的理论成果，以指导相关实践。

（2）增加经验研究，即扩大此类研究的案例范围，可从我国的历史演进视角、从不同地区间差异视角、从国内外实践对比的视角等方面，拓展研究对象的范畴和深度，尤其是对国外的片区开发实践进行借鉴，值得作大量的深化研究。

（3）数量评估研究，即在数量化研究方面做进一步推进，本书的研究还主要以逻辑原理的梳理为主，但目前对片区开发的绩效提高已经是我国面临的一项重要问题，可以此为方向，发展出一系列评估片区开发绩效的数量化指标体系，对当前的实践有重大意义。

（4）新政试验研究，本书初步构想了一个基于"两次价值循环"的政府、企业新型联合开发机制，鉴于中国的城镇化和地区开发还将进一步推进，可选择若干典型地区，尝试将这种构想应用于实际的地区开发行动中，从而为地区开发的优化和相关理论的提升积累更多经验。

我国大规模的片区开发，曾经给规划专业提供令国际同行深为羡慕的"大舞台"。如今，随着整体经济的转型提升和地区开发的逐步优化，大规模增长式开发正在走向高质量更新改造式开发。加深对片区开发的认识，拓展相关领域的研究，则是恰逢其时、大有可为。在这样一个重要时点，期望本书能起到抛砖引玉的作用。

参考文献

［1］陆振华. 影响深远的苏联"156"项援建［J］. 装备制造，2008（3）：117–122.

［2］王丹莉. 新中国西部开发战略的历史演进与未来趋势分析——基于"市场—政府"协作视角［J］. 农村金融研究，2020（7）：3–9.

［3］吕连仁. 中国社会主义建设史［M］. 济南：山东大学出版社，2002：278.

［4］约翰逊. 通产省与日本奇迹［M］. 北京：中共中央党校出版社，1992：18.

［5］White G, Wade R. Developmental States and Markets in East Asia: An Introduction[M]. Palgrave Macmillan UK, 1988：13–15.

［6］郁建兴，石德金. 超越发展型国家与中国的国家转型［J］. 学术月刊，2008（4）：5–12.

［7］埃莉诺·奥斯特罗姆，余逊达，等. 公共事物的治理之道：集体行动制度的演进［M］. 上海：上海译文出版社，2012.

［8］陈春常. 转型中的中国国家治理研究［M］. 上海：上海三联书店，2014.

［9］（美国）罗伯特·韦德. 驾驭市场：经济理论和东亚工业化中政府的作用［M］. 吕行建等译. 北京：企业管理出版社，1994.

［10］耿曙，陈玮. 发展型国家：理论渊源与研究进展［J］. 中国政治学，2019（2）：175–194，219–220.

［11］郁建兴，石德金. 发展型国家：一种理论范式的批评性考察［J］. 文史哲，2008（4）：157–168.

［12］黄宗昊. 中国模式与发展型国家理论［J］. 当代世界与社会主义，2016（4）：166–174.

［13］刘鹤. 加快构建以国内大循环为主、双循环相互促进新发展格局［N］. 人民日报，2020–11–25.

［14］新浪财经，逾60%：城镇化仍有巨大潜力，5个数据读懂中国经济潜力系列报道之四 https://baijiahao.baidu.com/s?id=16697909808433373332&wfr=spider&for=pc

［15］吴敬琏. 社会转型的两大死结［J］. 山西青年，2011（7）：100–101.

［16］孟巍. 高速公路对区域经济影响分析与评价方法研究［D］. 长沙：长沙理工大学，2006.

［17］王永嘉. 事件管理［M］. 北京：清华大学出版社，2005.

［18］霍亚楼. 项目管理基础［M］. 北京：对外经济贸易大学出版社，2008.

［19］郭威. 刍议项目管理理论在我国建设工程中的开展应用［J］. 水利水电，2007（2）：80–86.

［20］张器先. 国家重点建设与城市发展［J］. 基建优化，1984（2）：41–44.

［21］林家彬. 以重要基本建设项目为主要动力的地区经济发展问题［J］. 开发研究，1997
（1）：10-11.

［22］武廷海. 大型基础设市建设对区域形态的影响研究述评［J］. 城市规划，2002（4）：
18-22.

［23］李世伟. 我国大项目带动型城市更新探析［D］. 北京：清华大学，2004.

［24］李百浩，彭秀涛，黄立. 中国现代新兴工业城市规划的历史研究［J］. 城市规划学刊，
2006（4）：84-92.

［25］彭秀涛. 中国现代新兴工业城市规划的历史研究——以苏联援助的156项重点工程为中心
［D］. 武汉：武汉理工大学，2006.

［26］黄荣华. 试论1964～1978年的"三线"建设［D］. 郑州：河南大学，2001.

［27］孙应丹. 中国三线城市形成发展及其规划建设研究［D］. 武汉：武汉理工大学，2010.

［28］郭欣. 大事件影响下的城市更新——以半淞园、董家渡街道社区为例［D］. 上海：同济
大学，2006.

［29］陈卫民. 谈重大项目与城市发展的统筹互动——以惠州市东江剑潭水利枢纽工程为例
［J］. 规划师，2006（2）：82-83.

［30］黎皇兴，王伊倜，万旭东. 北京奥运会与城市发展的研究综述［J］. 北京规划建设，
2009（2）：34-39.

［31］宋蓓. 从"大事件影响城市"谈北京奥运场馆的赛后利用［J］. 北京规划建设，2009（2）：
74-76.

［32］宋煜. 大型项目的发展与欧洲城市建设［J］. 国际城市规划，2009，（3）：65-71.

［33］Alan Altshuler, David Luberoff. *Mega-Projects: the changing politics of urban public
investment*[M]. Washington, DC: Brookings Institution, 2003.

［34］沈璐. 大型项目对城市发展和城市管理的影响［J］. 北京规划建设，2009，（2）：31-33.

［35］杨光，卫婧. 国家级新区高质量发展的特点与趋势［N］. 新华财经年报，2020-1-7.

［36］胡龙. 基于投入产出方法分析大型工程项目对社会总产出的影响［J］. 经济研究导刊，
2010（28）：171-172，177.

［37］李平，王宏伟. 大型建设项目区域经济影响评价理论基础及其评价体系［J］. 中国社会
科学院研究生院学报，2011（2）：34-41.

［38］刘启雷，陈关聚，张鹏. "十二五规划"大型项目社会影响评价研究［J］. 未来与发展，
2011（9）：2-5.

［39］樊纲. 现代三大经济理论体系的比较和综合［M］. 上海：上海三联书店，1994.

［40］张京祥，殷洁，罗小龙. 地方政府企业化主导下的城市空间发展与演化研究［J］. 人文
地理，2006（4）：1-6.

［41］［英］凯恩斯，著，李欣全，译. 就业、利息与货币通论［M］. 海口：南海出版公司，
2010.

［42］高鸿业. 一本拯救资本主义的名著：解读凯恩斯《就业、利息和货币通论》［M］. 济南：

山东人民出版社，2002.

［43］胡代光，厉以宁，袁东明. 凯恩斯主义的发展和演变［M］. 北京：清华大学出版社，2004.

［44］［美］克鲁格曼，著，朱文晖，译. 萧条经济学的回归［M］. 北京：中国人民大学出版社，1999.

［45］樊纲. 治理繁荣才最重要［J］. 山西青年，2011（7）：81.

［46］张维迎. 凯恩斯主义荼毒中国经济［J］. 山西青年，2011（7）：82.

［47］许小年. 凯恩斯主义的教训［J］. 山西青年，2011（7）：84.

［48］陶宏. "新政"中的罗斯福：观望与彷徨——兼议罗斯福"新政"与凯恩斯主义［J］. 科技信息，2009（32）：393–394，396.

［49］陈春常. 转型中的中国国家治理研究［D］. 上海：华东师范大学，2010.

［50］禹忠恩，著，曹海军，译. 发展型国家［M］. 长春：吉林出版集团有限公司，2008：2.

［51］中共中央马克思恩格斯列宁斯大林著作编译局. 马克思恩格斯选集（第1卷）［C］. 北京：人民出版社，1972.

［52］［英］鲍勃·杰索普. 治理的兴起及其失败的风险：以经济发展为例的论述［J］. 国际社会科学杂志（中文版），1999（1）：31–48.

［53］王诗宗. 治理理论及其中国适用性［M］. 杭州：浙江大学出版社，2009：41.

［54］肖辉顺. 试谈适度倾斜政策的驱动效应［J］. 当代财经，1991（11）：38–40.

［55］晓春，苏永青，韩少军. 天镇县以政策驱动绿化［J］. 山西林业，1996（4）：12.

［56］李建文. 农村信用社解困策略应由政策扶持向利益驱动转变［J］. 济南金融，2000（11）：13–15.

［57］徐新良，刘纪远，庄大方，曾澜. 近15年海南岛林地资源时空动态特征及政策驱动［J］. 资源科学，2004（2）：100–107.

［58］陈华，姜征宇. 有效的财税政策是循环经济发展的主要驱动力——国外的经验及其对中国的启示［J］. 红旗文稿，2006（10）：32–34.

［59］陶淑毅. 智能交通——因政策驱动掀起经济新浪潮［J］. 中国招标，2008（17）：55–56.

［60］俞梅珍. 增强CEPA效应：政策推动与市场驱动的有效契合——CEPA框架下香港与内地经贸合作关系发展分析［J］. 华南师范大学学报（社会科学版），2010（4）：115–120.

［61］舒文琼. 物联网发展呈现"政策驱动"特征，实现万亿级规模需至"十三五"后期［J］. 通信世界，2011（39）：4–5.

［62］张雄伟. 双轮驱动——现阶段我国货币政策与财政政策的有效性问题浅析［J］. 甘肃金融，2003（4）：29–31，37.

［63］邢树东. 做实财政政策内涵：减税与增支"双轮驱动"［J］. 当代经济研究，2005（3）：45–48.

［64］严成樑，龚六堂. 资本积累与创新相互作用框架下的财政政策与经济增长［J］. 世界经济，2009（1）：40–51.

［65］严成樑. 政府财政政策与经济增长转型——基于R&D驱动经济增长框架的分析［J］. 世界经济文汇，2011（5）：1-14.

［66］高巍，杨荣珍. 西部大开发中政策驱动的重要性［J］. 中国煤炭，2001（12）：16-18.

［67］汪劲柏. 发展型政府与大规模城镇开发的治理——"两次价值循环"理论的提出［J］. 城市规划，2016：14-22.

［68］张晓红. 用政策驱动区域金融，改善西部资金环境［J］. 探索，2004（4）：120-123.

［69］鲁先锋. 地方官员推行农村建设用地整理政策的驱动力研究［D］. 苏州大学博士学位论文，2007.

［70］冷希炎. 中国开发区制度空间研究［D］. 长春：东北师范大学，2006.

［71］许宁. 中国经济开发区发展研究［D］. 成都：西南财经大学，2007.

［72］张艳. 我国国家级开发区的实践及转型——政策视角的研究［D］. 上海：同济大学，2008.

［73］［美］讷克斯，著，谨斋，译. 不发达国家的资本形成［M］. 上海：商务印书馆，1966.

［74］［美］纳尔逊（R. R. Nelson），著，李德娟，译. 欠发达国家的一种低水平均衡陷阱理论［J］. 中国劳动经济学，2006（3）：91-109.

［75］［瑞典］冈纳·缪尔达尔，著. 经济理论与不发达地区［M］. 伦敦：达克沃思出版社，1957.

［76］［瑞典］冈纳·缪尔达尔，著，方福前，译. 亚洲的戏剧：南亚国家贫困问题研究［M］. 北京：首都经济贸易大学出版社，2001.

［77］［美］杰拉尔德·迈耶，达德利·西尔斯，编，谭崇台，等，译. 发展经济学的先驱［M］. 北京：经济科学出版社，1988.

［78］谭崇台. 发展经济学［M］. 上海：上海人民出版社，1989.

［79］［美］波金斯，等，著，黄卫平，等，译. 发展经济学［M］. 北京：中国人民大学出版社，2005.

［80］A.O.Hirschman. *The Strategy of Economic Development*[M]. Newhaven: Yale University Press, 1958.

［81］Hollis Chenery, Sherman Robinson, Moshe Syrquin. *Industrialization and Growth: A Comparative Study*[M]. Published for the World Bank, Oxford Press, 1986.

［82］陆大道. 2000年我国工业生产力布局总图的科学基础［J］. 地理科学，1986（2）：110-118.

［83］［美］罗斯托，著，郭熙保，王松茂，译. 经济增长的阶段［M］. 北京：中国社会科学出版社，2001.

［84］［英］阿瑟·刘易斯，著，周师铭，沈丙杰，沈伯根，译. 经济增长理论［M］. 北京：商务印书馆，1983.

［85］彭震伟. 区域研究与区域规划［M］. 上海：同济大学出版社，1998.

［86］徐景学. 苏联东部地区开发回顾与展望——西伯利亚四百年［M］. 长春：东北师范大学

出版社，1988．

［87］肖慈方．中外欠发达地区经济开发的比较研究［D］．成都：四川大学，2003．

［88］付磊．全球化与市场化进程中大都市的空间结构及其演化——改革开放以来上海城市空间结构演变的研究［D］．上海：同济大学，2008．

［89］张京祥．城镇群体空间组合［M］．南京：东南大学出版社，2000．

［90］杨吾扬．论城市的地域结构［J］．地理研究，1986（3）：1–11．

［91］王华．工业先导型新城空间成长及规划优化研究——以如皋市临港新城为例［D］．苏州：苏州科技学院，2011．

［92］［美］威廉．阿朗索，著，梁进社，李平，王大伟，译．区位和土地利用——地租的一般理论［M］．北京：商务印书馆，2007．

［93］［日］藤田昌久，克鲁格曼，维纳布尔斯，著，梁琦，主译．空间经济学——城市、区域与国际贸易［M］．北京：中国人民大学出版社，2005．

［94］Henri Lefebvre, Tanslated by Donald Nicholson–Smith. *The production of space*[M]. Blackwell, Oxford UK & Cambridge USA, 1991.

［95］Harvey, David. *Social Justice and the city*[M]. The University of Georgia Press, Athens, Georgia, 1973.

［96］［美］大卫哈维，著，胡大平，译．希望的空间（Spaces of Hope）［M］．南京：南京大学出版社，2006．

［97］［美］爱德华·W·苏贾，著，王文斌，译．后现代地理学——重申批判社会理论中的空间［M］．北京：商务印书馆，2007．

［98］John R. Logan, Harvey L.Molotch. *Urban Fortunes:the political economy of place*[M]. University of California Press, 2007.

［99］Clarence. N. Stone, *RegimePolicy: GovenringAtlanta, 1946—1988*[M]. University Press of Kansas, 1989.

［100］David Osborne, Ted Gaebler.Reinventing Government: How the Entrepreneurial Spirit is Transforming the Public Sector[M]. Plume, 1993.

［101］H. V. Savitch, paul Kantor.Cities in the International Marketplace: The Political Economy of Urban Development in North America and Western Europe[M]. Princeton and Oxford: Princeton University Press, 2002.

［102］Terry Nichols Clark, Vincent Hoffmann–Martinot. *The New Political Culture*[M]. Boulder, Colorado: Westview Press, 1998.

［103］何丹．城市主体模型及其对中国城市发展研究的启示［J］．城市规划，2003（11）：13–18．

［104］峦峰，何丹．企业家城市：城市发展理论的内涵及其批判［J］．城市规划学刊，2005（2）：50–54．

［105］［美］美国城市土地协会，编，郭颖，译．联合开发——房地产与交通的结合［M］．北

京：中国建筑工业出版社，2003．

［106］周祝伟．7～10世纪钱塘江下游地区开发研究［D］．杭州：浙江大学，2004．

［107］姚乐野．汉唐间巴蜀地区开发研究［D］．成都：四川大学，2005．

［108］何海龙．边缘之拓治［D］．厦门：厦门大学，2007．

［109］张宝宇．巴西对落后地区的开发——兼谈中国西部地区的开发［J］．拉丁美洲研究，
　　　1985（5）：31-37．

［110］庞跃辉．从英美开发落后地区看中国西部开发［J］．国家行政学院学报，2000（4）：
　　　53-58．

［111］吴卫卫，元真，谢健儿．外国落后地区开发途径略述［J］．理论研究，2001（1）：
　　　52-55．

［112］肖慈方．中外欠发达地区经济开发的比较研究［D］．成都：四川大学，2003．

［113］汪劲柏，赵民．我国大规模新城区开发及其影响研究［J］．城市规划学刊，2012（5）：
　　　21-29．

［114］窦玲．美、日、意开发落后地区制度供给对我国西部开发的启示［J］．经济学家，2006
　　　（6）：110-115．

［115］吕振宇．浅论日本落后地区的开发［J］．经济研究导刊，2009（7）：142-143．

［116］龚晓菊，吴琼．欠发达地区跨越式发展金融支持的国际经验借鉴［J］．现代财经（天津
　　　财经大学学报），2011（8）：53-61．

［117］孙曰瑶．西部地区怎样开发——西部地区经济开发主要观点综述［J］．经济论坛，2000
　　　（7）：44-45．

［118］王维平，赵斌．政策分类的新思路与西部开发的政策供给［J］．中国社会科学院研究生
　　　院学报，2003（5）：34-36．

［119］贾若祥．西部地区水电资源开发利用的利益分配机制研究［J］．中国能源，2007（6）：
　　　5-11．

［120］薛雯．对西部地区人力资源开发的探讨［J］．特区经济，2007（2）：201-202．

［121］吴昊，闫涛．长吉图先导区：探索沿边地区开发开放的新模式［J］．东北亚论坛，2010
　　　（2）：3-10．

［122］孙亚，陈传江，崔东．金融支持沿海地区开发面临的问题及对策——以江苏省盐城市为
　　　例［J］．海南金融，2010（2）：69-71，88．

［123］纪丽娟．土地一级开发模式研究［D］．咸阳：西北农林科技大学，2008．

［124］王莉．我省首个大型国家土地开发项目多巴土地复垦工程通过验收［J］．青海国土经
　　　略，2004（2）：47．

［125］张国凤．宁夏300多万亩大型土地开发项目启动［N］．农民日报，2009-5-29，第001版．

［126］文红．欠发达地区森林旅游开发的理论和实证研究［D］．长沙：中南林业科技大学，
　　　2008．

［127］邵帅．能源开发对我国能源型地区经济增长的影响机制研究［D］．哈尔滨：哈尔滨工

业大学，2009.

［128］杨洁. 半封闭型海湾水环境参数时空变化的研究［D］. 北京：清华大学，2010.

［129］王青. 以大型公共设施为导向的城市新区开发模式探讨［J］. 现代城市研究，2008
（11）：47-53.

［130］梁宏志. 城市新区建设开发模式研究［D］. 武汉：武汉理工大学，2010.

［131］朱一荣，田华，祁丽艳. 人口与产业分散视角下的北京新城开发成效探讨［J］. 规划
师，2010（8）：113-117.

［132］赵雷. 基于政企合作开发模式的新城发展策略研究——以南京市六合新城规划为例［J］.
中外建筑，2010（2）：107-109.

［133］夏露林. 关于我国新一轮新城开发的若干问题探讨［J］. 知识经济，2011（6）：10-11.

［134］夏南. 把握市场需求、坚持以人为本——万科地产开发城市近郊大型社区的几点思考
［J］. 建筑学报，1999（12）：40-45.

［135］崔晓青. 大型居住房地产开发项目优势、劣势分析与启发［J］. 基建管理优化，2002
（3）：7-10.

［136］夏侯蓓华. TOD理念与大型楼盘开发［J］. 上海房地，2006（12）：32-34.

［137］杨英. 城市郊区大型生地开发的定位研究［D］. 重庆：重庆大学，2006.

［138］陈建斌. 都市连绵区中心城市大型MALL的开发与建设对策讨论——以广州为例［J］.
商场现代化，2006（14）：30-31.

［139］刘春，何艳. 城市滨水地区的再开发［J］. 城市问题，2006，（7）：89-93.

［140］肖燕. 大型居住区开发探析——以北京回龙观文化居住区开发建设为例［J］. 城市开
发，2008（4）：78-79.

［141］任超，陈瑛. 依托城市大型主题景区的旅游房地产开发研究——以西安曲江新区为例
［J］. 陕西教育学院学报，2009（1）：66-70.

［142］朱嵘. 上海浦江两岸综合开发及其大型城市设计解读［C］. 规划创新：2010中国城市
规划年会论文集，重庆：重庆出版社，2010.

［143］沈玮峰. 大型港口开发与区域经济发展［D］. 南京农业大学硕士学位论文，2006.

［144］王红国，李娟文. 大型工程建设旅游开发研究——以三峡工程为例［J］. 湖北大学学报
（哲学社会科学版），2005（4）：452-455.

［145］胡渡南. 谈福建省大型专业批发市场开发建设［J］. 中国经贸导刊，2007（15）：44-45.

［146］张悦，李志铭. 大型农业综合开发项目的BOT模式分析——以德州市铁西农产品批发市
场建设项目为例［J］. 农村经济，2009（12）：83-86.

［147］王利红，张小波，梁留科. 大型主题公园成功开发的影响因素分析［J］. 现代企业教
育，2007（22）：80-81.

［148］宋振华. 城市大型风景区开发模式探索——以天津南淀风景区为例［J］. 城市，2009
（7）：55-57.

［149］金永祥. 城市经营之大岳观（三十二）为发展城市经济抛砖引玉［J］. 中国投资，

2005，（12）：115-116.

［150］李伟，宫朝岩，纪枚林. 城市经营之大岳观（二十八）大型综合开发项目土地操作模式 ［J］. 中国投资，2005（8）：114-115.

［151］李伟. 城市经营之大岳观（二十九）开发区盈利模式亟待创新 ［J］. 中国投资，2005（9）：112-113.

［152］李伟，资亮，王艾琳. 城市经营之大岳观（三十）——走出开发区招商的误区 ［J］. 中国投资，2005（10）：119-120.

［153］叶林，宋星洲. 粤港澳大湾区区域协同创新系统：基于规划纲要的视角 ［J］. 行政论坛，2019（3）：87-94.

［154］［英］菲利浦. 斯蒂芬斯，著，刘欣，毕素珍，译. 托尼. 布莱尔——一位世界级领导人的成长经历 ［M］. 北京：东方出版社，2006.

［155］［英］安东尼. 吉登斯，著，李康，李猛，译. 社会的构成：结构化理论大纲 ［M］. 北京：生活·读书·新知三联书店，1998.

［156］The Reflexive Giddens: Christopher, G. A. Bryant and David Jary in Dialogue with Anthony Giddens. C. G. A. Bryant and David Jary:The Contemporary Giddens Social Theory in a Globalizing Age[C]. New York Palsgrave Publisher L. td, 2001.

［157］Anthouy Giddens: Structuration Theory past present and future, inBryant & Jary eds, Giddens' Theory of Structuration: a critical app recitation[C]. London:Routledge Press, 1991.

［158］［美］利奥尼德赫维茨，斯坦利瑞特，著，田国强，等，译. 经济机制设计 ［M］. 上海：格致出版社，上海三联书店，上海人民出版社，2009.

［159］高萍. 经济发展新阶段政府经济职能的创新［M］. 北京：中国财政经济出版社，2004.

［160］何金玲. 中国地方政府主导下的经济发展研究 ［D］. 长春：吉林大学，2009.

［161］李百浩，彭秀涛，黄立. 中国现代新型工业城市规划的历史研究——以苏联援助的156项重点工程为中心 ［J］. 城市规划学刊，2006（4）：84-92.

［162］国家统计局，新中国50年系列分析报告之八：重点建设，成绩斐然 ［DB/OL］. 1999-09-18.http://www.stats.gov.cn/tjfx/ztfx/xzgwsnxlfxbg/t20020605_21425.htm.

［163］黄荣华. 试论1964~1978年的"三线"建设 ［D］. 开封：河南大学，2010.

［164］孙健. 中华人民共和国经济史（1949-90年代初）［M］. 北京：中国人民大学出版社，1992.

［165］孙应丹. 中国三线城市形成发展及其规划建设研究［D］. 武汉：武汉理工大学，2010：18.

［166］陈锦华. 国事忆述 ［M］. 北京：中共党史出版社，2005.

［167］陈东林. 七十年代前期的中国第二次对外引进高潮［J］. 中共党史研究，1996（2）：82. 转引自《国家计划革命委员会关于增加设备进口、扩大经济交流的请示报告》.

［168］［美］大卫·哈维. 新自由主义简史 ［M］. 王钦，译. 上海：上海译文出版社，2010.

［169］鞠天相. 争议与启示：袁庚在蛇口纪实 ［M］. 北京：中国青年出版社，1998.

［170］江潭瑜，等. 深圳改革开放史 ［M］. 北京：人民出版社，2010.

［171］中共中央文献研究室. 邓小平年谱（1975—1997）［C］. 北京：中央文献出版社，2004.

［172］王永红. 开发区的喜与忧［J］. 中国土地，2003（9）：3-6.

［173］庄林德，张京祥. 中国城市发展与建设史［M］. 南京：东南大学出版社，2002.

［174］徐国强. 解密洋苏州：中新合作苏州工业园区的故事阅读［M］. 苏州：古吴轩出版社，2009.

［175］皮黔生，王凯. 走出孤岛：中国经济技术开发区概论［M］. 北京：生活·读书·新知三联书店，2004.

［176］王峰玉，朱晓娟. 中国开发区的发展回顾与战略思考［J］. 云南地理环境研究，2006（4）：95-99.

［177］武力. 中华人民共和国经济史［M］. 北京：中国时代经济出版社，2010.

［178］王东，黄皖毅，李宏伟. 经济全球化和中国现代化［N］. 社会科学报，2002-01-10.

［179］国家统计局综合司. 庆祝新中国成立60周年，系列报告之七：基础产业和基础设施建设取得辉煌成就［DB/OL］. 2009-09-15. http://www.stats.gov.cn/tjfx/ztfx/qzxzgcl60zn/t20090915_402587081.htm.

［180］国家发展改革委印发2005年国家重点建设项目名单［DB/OL］. 2005-8-12. http://www.ndrc.gov.cn/gdzctz/tzgz/t20050812_39321.htm.

［181］卢波. 当代"大学城"规划建设问题及其战略调整研究［D］. 南京：东南大学，2005.

［182］胡超. 大学城的建设与管理模式研究——以山东三大大学城为例［D］. 山东师范大学硕士学位论文，2010.

［183］熊毅. 我国大学城问题探索［D］. 厦门大学硕士学位论文，2007.

［184］汪劲柏. 中国大型地区开发纵览及思考［J］. 国际城市规划，2014，29（1）：14-22.

［185］泉州高教发展中心管委会办公室. 赴上海、浙江等地参观学习报告［R］. 2004.

［186］专家反思大学城建设［DB/OL］. http://news.sina.com.cn/c/2004-07-14/06193699631.html.

［187］毛刚，胡月萍，唐浩，等. 潜规划作用下的行政中心规划设计——"亲和力"与"权力美学"交织中的求解［J］. 规划师，2006（9）：19-23.

［188］杨乐平，张京祥. 重大事件项目对城市发展的影响［J］. 城市问题，2008（2）：12-15.

［189］张京祥，殷洁，罗震东. 地域大事件营销效应的城市增长机器分析——以南京奥体新城为例［J］. 经济地理，2007（3）：453-457.

［190］董洁霜，范炳全. 国外港口区位相关研究理论回顾与评价［J］. 城市规划，2006（2）：83-88.

［191］甄栋. 新现实与新动向——当代铁路客运站（区）的考察与分析［D］. 天津：天津大学，2004.

［192］廉树欣. 大型铁路旅客站的综合设计［D］. 天津：天津大学，1988.

［193］沈阳市规划设计研究院. 沈阳北新客站站前区规划［J］. 城市规划，1990（4）：20-22.

［194］欧阳杰. 我国航空城规划建设刍议［J］. 规划师，2005（4）：30-33.

［195］吕斌，彭立维. 我国空港都市区的形成条件与趋势研究［J］. 地域研究与开发，2007
　　　（2）：11-15.

［196］新经济地理专刊. 从临港产业到临港新城［N］. 经济参考报，2011-6-22，第6版.

［197］王媛媛. 高速公路出入口对土地利用的影响研究［D］. 西安：长安大学，2008.

［198］袁奇峰，魏成. 从"大盘"到"新城"——广州"华南板块"的重构思考［J］. 城市与
　　　区域规划研究，2011（2）：101-118.

［199］张阳. 经济转型期大型居住区的特征、问题及建设对策研究［D］. 天津：天津大学，
　　　2006.

［200］胡方玉. 梦想与奇迹——合肥滨湖新区崛起之记录［J］. 新闻世界，2009（11）：8-10.

［201］刘本昕. 开发建设郑东新区，加快郑州城市化进程［J］. 河南政报，2001（3）：63-64.

［202］王勇. 郑东新区洋规划之争：是"窝里斗"还是"争鸣与反思"［J］. 中国经济周刊，
　　　2006（36）：36-37.

［203］殷泽，李婷. 郑东新区何时媲美浦东新区［N］. 经济视点报，2008-5-29，第B36版.

［204］罗盘，曲昌荣. 昂起中原崛起的龙头——郑州市郑东新区规划建设纪实. 党的生活，
　　　2011（4）：8-9.

［205］王庆海. 郑东新区词典［M］. 郑州：郑州市郑东新区管理委员会，2007.

［206］陆大道. 我国的城镇化进程与空间扩张［J］. 中国城市经济，2007（10）：14-17.

［207］国家统计局，中国指数研究院. 2008中国房地产统计年鉴［M］. 北京：中国统计出版
　　　社，2008.

［208］中国土地政策改革课题组. 中国土地现状解密：土地财政和地方政府［M］. 财经每周
　　　特稿，2006（第4期：封面文章）.

［209］周飞舟. 分税制十年：制度及其影响［J］. 中国社会科学，2006（6）：100-115.

［210］简玉婷. 地方政府"土地财政"形成机制与治理研究［D］. 北京：中共中央党校，
　　　2011.

［211］国家统计局. 中国统计年鉴（2009）［M］. 北京：中国统计出版社，2009.

［212］国家统计局. 中国指数研究院. 中国房地产统计年鉴（2000～2008各年）［M］. 北京：
　　　经济管理出版社，2000～2008各年.

［213］国家统计局固定资产投资统计司. 中国固定资产统计年鉴（2000～2008各年）［M］. 北
　　　京：中国计划出版社，2000～2008各年.

［214］中国国土资源年鉴编辑部. 中国国土资源年鉴（2000～2008各年）［M］. 北京：地质出
　　　版社，2000～2009各年.

［215］中国指数研究院：2009年全国土地出让金达1.5万亿元［DB/OL］. 新华网2010-01-10.
　　　http://news.xinhuanet.com/fortune/2010-01/10/content_12784141.htm.

［216］中国社会科学院农村发展研究所，国家统计局农村调查总队. 2005年农村经济绿皮书
　　　［M］. 北京：社会科学文献出版社，2005.

［217］郭艳茹. 中央与地方财政竞争下的土地问题：基于经济学文献的分析［J］. 经济社会体

制比较，2008（2）：59-64.

［218］施继元，高汝熹，戴小平. 房奴现象的成因与对策研究［J］. 江西社会科学，2007（5）：126-132.

［219］李慎明. 当前资本主义经济危机的成因、前景及应对建议［J］. 国外社会科学，2009（4）：4-9.

［220］王天龙. 美欧主权债务危机的前景及影响［J］. 中国市场，2011（37）：91-95.

［221］苏建兴. 国际金融危机的原因及对中国经济的启示［D］. 长春：吉林大学，2010：14-15.

［222］孙中栋. 全球经济失衡、金融危机与全球利益分配［J］. 生产力研究，2009（10）：10-12.

［223］夏斌. 从全球通胀到金融危机——这一轮世界经济周期的发展逻辑［J］. 中国金融，2009（3）：13-15.

［224］宋世俊. 浅谈我国4万亿投资下的国进民退［J］. 现代经济信息，2010（2）：194.

［225］陈文玲. 沿海、沿边、内地，三线发展——解读我国区域经济战略新布局［J］. 财经界，2011（11）：17-18.

［226］国务院关于推进海南国际旅游岛建设发展的若干意见，国发〔2009〕44号.

［227］国家发展改革委关于印发广西北部湾经济区发展规划的通知，发改地区〔2008〕144号. 附件：广西北部湾经济区发展规划，2008年1月.

［228］国家发展和改革委员会. 珠江三角洲地区改革发展规划纲要（2008—2020年），2008年12月.

［229］国务院关于支持福建省加快建设海峡西岸经济区的若干意见，国发〔2009〕24号.

［230］国家发展改革委关于印发长江三角洲地区区域规划的通知，发改地区〔2010〕1243号. 国家发改委，2010年6月. 附件：长江三角洲地区区域规划.

［231］国家发展改革委. 江苏沿海地区发展规划，2009年7月.

［232］国家发展改革委. 黄河三角洲高效生态经济区发展规划，2009年12月.

［233］国家发展改革委. 关中—天水经济区发展规划，2009年6月.

［234］国家发展改革委关于批准武汉城市圈和长株潭城市群为全国资源节约型和环境友好型社会建设综合配套改革试验区的通知，发改经体〔2007〕3428号.

［235］湖南省人民政府关于印发《长株潭城市群资源节约型和环境友好型社会建设综合配套改革试验总体方案》的通知，湘政发〔2009〕4号.

［236］国务院关于皖江城市带承接产业转移示范区规划的批复（国函〔2010〕5号），附件：皖江城市带承接产业转移示范区规划. 国家发展和改革委员会，2011年1月.

［237］杨微. 对四万亿投资计划的分析与思考［J］. 知识经济，2010（1）：83-84.

［238］4万亿元投资取得显著成效，全国发展和改革工作会议在京召开［J］. 中国科技产业. 2010（12）：19.

［239］经理人内参. 当初要是只有"4万亿"就好了［J］. 经理人内参. 2010（23）：8.

［240］马骏. 货币的轨迹——通胀、央行独立性和人民币国际化［M］. 北京：中国经济出版社，2011：5-15.

［241］国家统计局. 我国固定资产投资快速发展建设成就硕果累累——"十一五"经济社会发展成就系列报告之四［DB/OL］. 中国统计信息网，2011年3月. http：//www.stats.gov.cn/tjfx/ztfx/sywcj/t20110303_402707375.htm.

［242］张平. 张平谈09'投资大趋势［J］. 中国投资. 2009（1）：36-43.

［243］唐东方. 九运会对广州经济发展的影响［J］. 广东科技，2001（8）：35-38.

［244］杨乐平，张京祥. 重大事件项目对城市发展的影响. 城市问题，2008（2）：11-15，34.

［245］张京祥，殷洁，罗震东. 地域大事件营销效应的城市增长机器分析——以南京奥体新城为例［J］. 经济地理，2007（3）：453-457.

［246］胡星，金祖鑫，张万星. 99世博会对昆明发展的影响［J］. 城市发展研究，1999（1）：56-58.

［247］邱恒明. 奥运"三高"［J］. 中国投资，2008（8）：42-45.

［248］金涛. 世博经济效益是北京奥运会的3.49倍［J］. 科技与企业，2010（6）：12-13.

［249］曾军，李敏. 重大事件与城市的可持续发展问题——以上海世博会为中心［J］. 甘肃社会科学，2011（4）：142-146.

［250］上海市统计局. "10月份本市经济运行情况简析". 上海统计网，2010-11-24，http：//www.stats-sh.gov.cn.

［251］上海市统计局. 10月份本市经济运行情况简析［DB/OL］. 上海统计局网站，2010-11-24，http：//www.stats-sh.gov.cn.

［252］人大代表年终视察重大工程建设和世博场馆后续利用［DB/OL］. 中国日报网，2011-11-28，http://www.chinadaily.com.cn/micro-reading/dzh/2011-11-29/content_4509929.html.

［253］仇保兴. 绿色建筑走向低碳生态城. 2010中国节能与低碳发展论坛主题发言［DB/OL］. 广西建设科技在线，http：//www.gxcic.net/gxjskjxh/shownews.asp?newsid=7445.

［254］彭利国. 中国生态城迷失［N］. 南方周末，2010-11-25.http://www.infzm.com/content/52790.

［255］王道斌，吴耶斯，穗发宣. 中新知识城起步区5年将"产"300亿元［N］. 南方都市报（南方报业新闻网），2011-11-16. http://nf.nfdaily.cn/epaper/nfds/content/20111116/ArticelA10004FM.html.

［256］何海宁，袁端端. 城市区划调整井喷，祸兮？福兮？［N］. 南方周末，2010-7-14. http://www.infzm.com/content/47615.

［257］徐绍史. 开创国土资源管理工作新局面，为保障和促进科学发展作出新贡献——在全国国土资源工作会议上的讲话［J］. 国土资源通讯，2011（1）：10-19.

［258］胥会云. 2010"卖地"盛宴北京拔头筹［N］. 第一财经日报（1财网），2011-1-16. http://www.yicai.com/news/2011/01/645353.html.

［259］汪劲柏，赵民. 早期大项目对中部地区城市的影响及优化研究——以湖北省多城市为例［A］. 中国城市规划学会. 城市时代，协同规划——2013中国城市规划年会论文集（10-

区域规划与城市经济)〔C〕.中国城市规划学会:中国城市规划学会,2013:15.

〔260〕张培玉.十堰市建制沿革〔M〕.武汉:湖北人民出版社,1998.

〔261〕湖北省十堰市地方志编纂委员会.十堰市志(规划卷、工业建筑卷、工业卷、人口卷).
北京:中华书局,1999.

〔262〕郭力君.十堰区域经济发展研究〔J〕.地域研究与开发,1990(6):37-39.

〔263〕李晓明.武钢并购鄂钢,点石成金的故事〔J〕.中国投资,2005(10):35-37.

〔264〕湖北省发展和改革委员会.湖北重点工程建设〔M〕.湖北科学技术出版社,1999.

〔265〕宁波市北仑区地方志编纂委员会.宁波市北仑区志〔DB/OL〕.宁波北仑地方志网,
http://dfz.bl.gov.cn/images/dfz.pdf.

〔266〕1982年12月北仑港矿石中转码头主体工程竣工〔DB/OL〕.宁波文化网,http://202.107.212.146/
homepage/page03-04-01-01.php?id=1077773661&theme=393&uptheme=true.

〔267〕宁波市北仑区地方志编纂委员会.北仑纪事〔DB/OL〕.宁波北仑地方志网,http://dfz.
bl.gov.cn/images/index51.pdf.

〔268〕镇海县土地志编纂委员会.镇海县土地志〔M〕.上海:上海辞书出版社,1999.

〔269〕北仑(春晓)滨海新城2011年上半年工作总结暨下半年工作思路〔DB/OL〕.北仑(春晓)
滨海新城政府网站,http://bhxc.bl.gov.cn/show.aspx?nid=578.

〔270〕宁波市北仑区春晓镇总体规划批后公布〔DB/OL〕.北仑规划网,http://www.blplan.gov.
cn/show.aspx?nid=3218.

〔271〕崛起新的临港产业带〔DB/OL〕.北仑新闻网,2011-6-29.http://blnews.pub.cnnb.com.cn/
system/2011/03/09/010057420.shtml.

〔272〕宁波梅山保税港区情况介绍〔DB/OL〕.浙江在线新闻网站.http://zjnews.zjol.com.cn/05zjnews/
system/2008/04/09/009394387.shtml.

〔273〕宁波市统计局.2010年宁波市国民经济和社会发展统计公报〔R〕.2011-1-28.

〔274〕区情区力/经济发展页面〔DB/OL〕.北仑统计信息网,2009.http://tjj.bl.gov.cn/news.
aspx?NodeCode=00060002.

〔275〕傅之庭,等.惠及的不仅仅是吉利——北仑港区首次以滚装船方式出口汽车记〔N〕.
宁波日报,开发导刊,2010-3-2/(B01).

〔276〕陈未鸣.北仑提速〔J〕.今日浙江,2011(8):32-33.

〔277〕宁波市规划局.宁波市城市近期建设规划(2011—2015)公示稿〔DB/OL〕.宁波规划
网,2011-6.http://www.nbplan.gov.cn/zhz/news/201106/n44403.html.

〔278〕罗佳旻,周波,曹月成.炼钢原料滚滚来——宁波港北仑矿石码头见闻〔N〕.北仑新
闻网,2011-6-29.http://blnews.pub.cnnb.com.cn/system/2011/06/29/010103998.shtml.

〔279〕华伟.北仑区2011年政府工作报告〔R〕.北仑区政府网.http://www.bl.gov.cn/doc/blzw/
zfgzbg/2011_1_27/559480.shtml.

〔280〕宁波市北仑区人民政府.宁波市北仑区土地利用总体规划(2006—2020)文本〔R〕.
宁波市国土资源局北仑分局网站,2010-9.http://www.bllr.gov.cn/news_read.php?id=

4673&catg_code=news-8-3-1.

[281] 同济大学课题组. 政策驱动与大项目主导的区域空间发展与管制——对若干区域发展实践的调研［R］. 2008-5：125，138.

[282] 王志明. 宁波经济技术开发区土地出让情况调查［J］. 中共宁波市委党校学报，1996（S1）：17-18.

[283] 姚力，等. 北仑港物流产业发展对策研究［DB/OL］. 北仑区政府网. http://gtog.ningbo.gov.cn/art/2004-8-13/art_13195_653676.html.

[284] 戴国华. 支持大工程项目，服务大工程建设［J］. 宁波大学学报（人文科学版），2002（3）：131-134.

[285] 周文. 北仑港口城市空间布局优化研究［D］. 杭州：浙江大学，2010.

[286] 罗涟浩，等. 北仑六大临港工业进入"百亿元俱乐部"［N］. 宁波日报，2010-12-2，（A04）.

[287] ［美］黄建荣，著，胡元梓，编译. 浦东新区建立过程中的政策制定研究［J］. 马克思主义与现实，2001（6）：64-73.

[288] 王云帆. 一个新的大上海［N］. 网易商业频道（转引自21世纪经济报道），2005-4-18. http://biz.163.com/05/0418/09/1HK3O80B00021ESL.html.

[289] 上海城市规划设计研究院. 循迹. 创新——上海城市规划演进［M］. 上海：同济大学出版社，2007.

[290] 汪劲柏. 浦东新区的政策驱动开发及其解释——关于"政策区"发展模式的研究［J］. 上海城市规划，2014（5）：84-91.

[291] 同济大学课题组. 上海浦东地区土地开发、规划及生态的基础理论研究［R］. 1992.

[292] 上海市地方志办公室. 上海地方志：专记二，浦东开发开放［DB/OL］. http://www.shtong.gov.cn/node2/node2245/node72907/node72918/node72956/userobject1ai85510.html.

[293] 赵启正，邵煜栋. 金融先行：浦东开发的特点［J］. 浦东开发，2008（11）：54-55.

[294] 范利祥. 浦东再造［N］. 21世纪网（21世纪经济报道），2005-4-18. http://www.21cbh.com/HTML/2005-4-18/19353.html.

[295] 上海浦东新区经济体制改革办公室. 浦东新区的改革与体制创新［M］. 中国改革，2000年6月.

[296] 石正. 上海浦东开发的由来与决策［J］. 城市问题，1996（2）：59.

[297] 浦东协作办公室. 浦东新区省部楼宇政策效应热潮不减［DB/OL］. 上海合作交流网，2003-3-5. http://sports.eastday.com/epublish/gb/paper422/4/class042200003/hwz1026615.htm.

[298] 范利祥. 浦东再造. 21世纪经济报道，2005-4-18. http://www.21cbh.com/HTML/2005-4-18/19353.html.

[299] 马树来，赵焱. 国内相关地区沿海经济开发中央及地方财税支持政策概览［J］. 地方财政研究，2009（12）：14-18.

[300] 中共中央，国务院. 关于开发和开放浦东问题的批复（中委［1990］100号），1990.

［301］国务院. 关于"九五"期间上海浦东新区开发开放有关政策的通知（国函61号文件），1995.

［302］岑毅，曹莹，司春杰. 浓墨重彩建设"四个中心"核心功能区［J］. 浦东开发，2004（3）：4.

［303］国务院. 国务院办公厅关于同意上海外高桥保税区与外高桥港区联动试点的复函（国办函［2003］81号），2003.

［304］曾刚，倪外. 浦东新区发展路径研究［J］. 地域研究与开发，2009（8）：9-12，23.

［305］上海浦东发展（集团）有限公司. 2003年上海浦东发展（集团）有限公司公司债券发行公告［DB/OL］. 上海证券报（"金融界"网站），2003-01-10. http://www.jrj.com.cn/NewsRead/Detail.asp?NewsID=129917.

［306］孙笑庸. 在加大基础设施建设投入过程中地方财政融资的刍议及分析［J］. 经济研究参考，2000（52）：12-14.

［307］叶国标. 浦东："二次创业"不需优惠政策［N］. 新华每日电讯，2005-8-31（006）.

［308］贺海峰. 浦东改革新故事［J］. 决策，2010（8）：44.

［309］浦东率先试点综合配套改革［J］. 领导决策信息，2005（26）：7.

［310］姚国健. 解读浦东综合配套改革试点：涉足改革"深水区"［DB/OL］. 北方网，2005-8-14. http://news.enorth.com.cn/system/2005/08/14/001093837.shtml.

［311］国家发改委总体改革处. 浦东新区综合配套改革试点工作进展顺利［DB/OL］. 国家发展与改革委员会网站，2006-5-22. http://www.sdpc.gov.cn/tzgg/ztgg/t20060522_69830.htm.

［312］国务院. 关于推进上海加快发展现代服务业和先进制造业、建设国际金融中心和国际航运中心的意见（国发［2009］19号），2009.

［313］龙夫. 开发公司模式的浦东实践［J］. 上海国资，2010（6）：48-50.

［314］陈默. 详解企业所得税优惠新格局［N］. 21世纪经济报道，2008-1-3（001）.

［315］郁玫，庞清辉. "冷班子"谋划浦东新局［J］. 中国新闻周刊，2010-4-26：42.

［316］徐桂华，刘纯彬，金晓斌. 上海浦东新区投资效益实证分析［J］. 开放导报，1994（1）：70-72.

［317］陶建强. 上海陆家嘴中央商务区规划开发回眸［J］. 城市管理，2004（6）：9-13.

［318］徐良堆. 浦东开发资金前景及策略分析［J］. 社会科学，1991（6）：15-19.

［319］上海市浦东新区商务委员会，德勤华永会计师事务所有限公司. 2006—2010上海市浦东新区外商投资环境白皮书［R］. 2011.

［320］李芃. 浦东样本：外资主导产业转型［N］. 21世纪经济报道，2011-4-19（007）.

［321］闫海州. 浦东新区外商直接投资的三种经济效应分析——基于1990—2007年的实证检验［J］. 上海经济研究，2010（9）：104-112.

［322］曾刚，赵建吉. 上海浦东模式研究［J］. 经济地理，2009（3）：357-362.

［323］闵师林. 当前我国城市土地再开发实证研究——以上海浦东新区为例［J］. 中国房地产，2005（2）：29-32.

［324］万曾炜. 浦东新区土地滚动开发机制分析［J］. 浦东开发，1997（1）：29-32.

［325］程丹明. 格网技术支持下的人口再分布模式研究——以浦东新区为例［D］. 华东师范大学，2004：36，37.

［326］马祖琦，刘君德. 浦东新区"功能区域"的管理体制与运行机制［J］. 城市问题，2009（6）：71-76.

［327］浦东新区发展和改革研究院. 浦东开发区管理体制研究［DB/OL］. 浦东改革与发展研究院网站，2011-9-16. http://pdard.org/padcms/html.do/150.html.

［328］张卓. 新型城镇化视角下的北京"大城市病"治理研究［J］. 中国名城，2016（8）：35-40.

［329］北京市统计局. 2015年北京市国民经济和社会发展统计公报.

［330］北京市环境保护局. 2014年北京市环境状况公报.

［331］亚洲开发银行. 第三只眼睛看河北［M］. 北京：中国财政经济出版社，2005.

［332］龙茂乾，孟晓晨. 基于京津冀城镇群交通成本的北京极化—扩散效应分析［J］. 地域研究与开发，2014，33（4）：76-81.

［333］赵天奕，刘圣. 雄安新区建设思路与策略——基于深圳特区、上海浦东新区开发开放建设经验的视角［J］. 河北金融，2017（10）：9-12.

［334］高卷，梁俊，曾琳泉. 京津冀区域经济发展不平衡与雄安新区发展思路研究［J］. 中国发展，2017，17（4）：57-65.

［335］叶振宇. 雄安新区与京、津及河北其他地区融合发展的前瞻［J］. 发展研究，2017（7）：15-18.

［336］叶振宇. 雄安新区开发建设研究［J］. 河北师范大学学报（哲学社会科学版），2017，40（3）：12-17.

［337］曹保刚. 河北雄安新区建设起步开局的几点思考［J］. 河北大学学报（哲学社会科学版），2017，42（4）：86-88.

［338］李晓华，陈若芳. "大雄安"区域产业生态的构建研究［J］. 北京工业大学学报（社会科学版），2020，20（1）：54-62.

［339］百度研究院. 未来之城拔节生长——雄安新区2020年大数据报告［R］. 人民网演播厅直播，2021-1-28.

［340］刘扬，邹涛，孙施文. 上海顾村大居开发中的城市政体变迁研究——基于政策演进的视角［J］. 城市发展研究，2019，26（5）：73-80.

［341］汪鑫. 基于城市政体理论的集体土地开发模式研究［A］. //中国城市规划学会，贵阳市人民政府. 新常态：传承与变革——2015中国城市规划年会论文集（11规划实施与管理）［C］. 中国城市规划学会，贵阳市人民政府，2015：10.

［342］杨雪纯. 雄安新区人才高地建设的财税政策研究［J］. 上海商业，2020（6）：75-77.

［343］刘葭妮，成璇璇. 雄安新区人才政策的现状分析与未来规划［J］. 纳税，2019，13（25）：271，273.

[344] 李明超. 英国新城开发的回顾与分析 [J]. 管理学刊, 2009, 22（5）: 8-11.

[345] 姜洋. 新城规划有效性初探 [D]. 北京: 清华大学, 2007.

[346] 齐爽. 英国城市化发展研究 [D]. 长春: 吉林大学, 2014.

[347] 马梅, 赵民, 张捷. 新形势下上海市 "1966" 城镇体系规划调整完善及新城建设研究 [J]. 城乡规划, 2011（1）: 90-101.

[348] 迈克尔·布鲁顿, 希拉·布鲁顿, 于立, 胡伶倩. 英国新城发展与建设 [J]. 城市规划, 2003（12）: 78-81.

[349] 国家发展改革委宏观经济研究院赴英国考察团. 英国是怎么规划开发新城的 [N]. 中国经济导报, 2006-01-10（C02）.

[350] Milton Keynes Development Corporation, The Milton Keynes Planning Manual 1992[R]. Milton Keynes, Chesterton Consulting.

[351] 赵学彬. 巴黎新城规划建设及其发展历程 [J]. 规划师, 2006（11）: 95-97.

[352] 刘健. 马恩拉瓦莱: 从新城到欧洲中心——巴黎地区新城建设回顾[J]. 国外城市规划, 2002（1）: 27-31.

[353] 石晋昕. 筑波科研学园城对雄安新区建设的启示研究 [J]. 城市观察, 2019（3）: 157-164.

[354] 王涛, 苗润雨. 东京多中心城市的规划演变与新城建设 [J]. 城市, 2015（4）: 50-55.

[355] 藤原京子, 邓奕. 日本: 筑波科学城 [J]. 北京规划建设, 2006（1）: 74-75.

[356] 王海芸. 日本筑波科学城发展的启示研究 [J]. 科技中国, 2019（3）: 20-27.

[357] 日本东京筑波科学城建设的经验教训及对北京和雄安的启示 [N]. 中国市长协会, 2020-7-09, http://www.citieschina.org/news/c_2591/gNALBI_1.html.

[358] 赵勇健, 吕斌, 张衔春, 胡国华, 李金钢. 高技术园区生活性公共设施内容、空间布局特征及借鉴——以日本筑波科学城为例 [J]. 现代城市研究, 2015（7）: 39-44.

[359] 钟坚. 日本筑波科学城发展模式分析 [J]. 经济前沿, 2001（9）: 31-34.

[360] 骆亭伶. 民间主导、政府配合的超大型都市更新——东京六本木Hills [J]. 动感（生态城市与绿色建筑）, 2016（1）: 66-74.

[361] 施国庆, 郎昱. 都市旧城区改造的多方合作共赢模式——日本六本木新城模式及其启示 [J]. 城市发展研究, 2013, 20（10）: 13-16.

[362] 王洋. 20世纪30年代美国绿带城镇建设与联邦政府城市政策的转向 [J]. 全球城市研究（中英文）, 2020, 1（1）: 110-119, 191.

[363] 赵星烁, 杨滔. 美国新城新区发展回顾与借鉴 [J]. 国际城市规划, 2017, 32（2）: 10-17.

[364] 张敏. 美国新城的规划建设及其类型与特点 [J]. 国外城市规划, 1998（4）: 49-52.

[365] 魏彤岳, 田野, 杨军. "傲慢" 与 "偏见" ——柯布西耶 "现代城市" 理论在巴西利亚的实践评析 [J]. 规划师, 2011, 27（S1）: 183-187.

[366] 江宇翔, 黎恢远. 理想城市与宜居城市的距离: 以巴西利亚为例 [J]. 世界建筑导报,

2017, 32（6）：42–45.

［367］李佳琳. 现代主义城市规划理论的人性化角度评析——以巴西利亚为例［J］. 江西建材，2017（18）：14–15.

［368］袁奇峰. 国家、市场和新城建设——来自巴西利亚的启示［J］. 北京规划建设，2017（5）：160–164.

［369］刘梓洋. 柯布西耶规划思想引导下的规划——昌迪加尔［J］. 林业科技情报，2013，45（1）：74–76.

［370］谭源. "乌托邦"的终结——从昌迪加尔及巴西利亚规划谈起［J］. 南方建筑，1999（4）：83–84.

［371］谭山山. 不完美的城市才性感［J］. 中华建设，2017（4）：42–44.

［372］王红梅. 柯布西耶的昌迪加尔城规设计思想［J］. 家具与室内装饰，2009（2）：70–71.

［373］汪芳，王晓洁，崔友琼. 韩国首都功能疏解研究——从三个空间层次分析韩国世宗特别自治市规划［J］. 现代城市研究，2016（2）：62–69.

［374］高雅. 功能疏解背景下韩国公共机构外迁方案及首尔应对策略［J］. 北京规划建设，2019（6）：124–130.

［375］崔海玉. 韩国新行政中心世宗市规划与建设［J］. 南方建筑，2013（4）：28–33.

［376］韩国中央安全行政部统计厅数据库. 韩国中央安全行政部统计厅网站［EB/OL］. www.kosis.kr.

［377］［美］骁. 格兰诺维特，著，罗家德，译. 镶嵌：社会网与经济行动（增订版）［M］. 北京：社会科学文献出版社，2015.

［378］Peter B. Evans. Embedded Autonomy: Statesand Industrial Transformation[M]. Princeton, New Jersey: Princeton University Press, 1995.